曹禺戲劇與政治

陳 素 雲 著

現代文學研究叢刊

文史哲出版社印行

國家圖書館出版品預行編目資料

曹禺戲劇與政治 / 陳素雲著. --初版. --臺北市：文史哲, 民 96.08
頁； 公分. -- (現代文學研究叢刊; 27)
含參考書目
ISBN 978-957-549-727-9 (平裝)

1.曹禺 2.文學 3.學術思想 4.舞台劇 5.劇評 6.政治

854.6 96014695

現代文學研究叢刊 27

曹禺戲劇與政治

著者：陳素雲
出版者：文史哲出版社
http://www.lapen.com.tw
登記證字號：行政院新聞局版臺業字五三三七號
發行人：彭正雄
發行所：文史哲出版社
印刷者：文史哲出版社
臺北市羅斯福路一段七十二巷四號
郵政劃撥帳號：一六一八〇一七五
電話886-2-23511028 · 傳真886-2-23965656

實價新臺幣四六〇元

中華民國九十六年(2007)八月初版

ISBN 978-957-549-727-9

《曹禺研究》序

馬森

從鴉片戰爭到抗日戰爭期間的第一度西潮東漸，催生了中國的西化運動，同時爲中國帶來了新文學與新戲劇。如果說新文學是對西方文學的學習與借鑑，那麼新戲劇（或者說「話劇」），則是更進一步對西方戲劇的模仿與移植。初期的模仿與移植帶著生澀的面貌應該是無法苛求的事，但到了二十世紀三十年代曹禺的出現，由西方移植而來的中國的話劇已呈現出圓融而更具有本土色彩的形式與內涵，這就使曹禺在他同代的劇作家中顯得卓然不群了。

寫實主義的技法在五四運動之後曾經獨領風騷於一時，曹禺恰巧是最能體會寫實主義美學風格的一員，從《雷雨》到《王昭君》，他爲我們留下了十幾部膾炙人口的劇作，半個世紀來成爲海內外學者競相探研的對象。陳素雲博士的《曹禺研究》不但是其中很有份量的一部，而且是非常全面的一部，既討論了曹禺的生平，細緻地分析了他全部的劇作，又釐清了他所處身的時代背景以及與政治之間的種種糾葛。

素雲的這部百萬字的巨著，其實脫胎於她於一九九九年完成的博士論文。早在決定研究曹禺的戲劇之前，素雲每星期遠從嘉義南下台南，到成功大學來旁聽當時我所開的「現代戲劇」的課程，長達一年之久。這期間，我們當然有不少討論中國現代劇作家—特別是曹禺—的機會，於是她也就順理成章地要求我擔任了她的論文指導教授。

由於地域與時代的隔膜，對一個台灣的研究生研究大陸上三十年代的劇作家與劇作並不容易。第一、材料的蒐集就是個難題，第二、對上一代，而且是另一種時空的體會是否恰當也是個問題。後來證明這些疑慮在素雲的勤奮與努力下居然都迎刃而解了；而且我發現她還具有了大陸學者所未有的旁觀者清的優越立場，使她的發言更具有客觀性和說服力；特別是對國共之間的鬥爭，左右兩派思想的消長，身居其間的人很難毫無影響地提出無所偏頗的論據，素雲卻恰好是一個置身事外者，因此她得以比較客觀地釐清曹禺生前所遭受的政治干擾，以及無形的意識形態的影響，這對瞭解曹禺的劇作具有決定性的作用。例如她在討論《蛻變》一劇時指出：「相信共產主義的宣傳，爲其搖旗吶喊，正是《蛻變》這齣抗戰劇的致命傷。而不能超越黨派，將文學獨立於政治之外，正是劇作家的盲點。」原因是由於「腳踏著爛泥，以某種激勵的理想呼籲眾人提起勇氣，走向光明的坦途，這也是震撼人心的；然而腳踏著爛泥，卻吆喝著眾人，指引大家義無反顧地走向沼澤地，卻是愚蠢的行徑。」這樣的話，恐怕只有未曾介入任何一方的意識形態的人才說得出來。

曹禺重要的劇作已經被眾多的專家學者顛來倒去地評論過不知多少次，要想推陳出新實在難爲；但是廣蒐眾說，再加以細緻地評比分析，卻是素雲的貢獻；而經常被論者認爲失敗之作的《蛻變》、《明朗的天》和《王昭君》三劇，作者認爲是政治干擾文學的最佳例證，特別用心加以剖析，發前人之所未發，是她的另一貢獻。這本書毫無疑問地會提供給讀者對曹禺的劇作更爲細緻、更爲全面的認識。

二〇〇七年二月二十四日

自序

我在回顧這數年來夜以繼日，抱持著頑強的意志力，一心一意要完成這部百萬言的論著，究其根柢，竟訝異地發覺它的原動力，居然是出自於一股難以言喻、無法阻遏的激情。

在寫這篇論文時，我的思緒常常飄回大學時代。我進入大學就讀時，保釣運動仍在延燒，緊接著，中華民國退出聯合國、尼克森訪問北京、中日斷交，一連串外交上的挫敗，台灣的處境日趨艱難，原本是無憂無慮的青春年華，那時候的我們也開始懂得憂慮國家大事，同學們一談起國家逆境，均顯得熱血奔騰、義憤填膺。

對於國家局勢動盪不安，帶給人民的苦難，雖然未親自經歷，但周遭朋友不幸的遭遇，卻讓我們感同身受，深深體會到骨肉離散的煎熬與痛楚。一位室友是緬甸僑生，每回睡覺前均穿金戴銀，將她的所有首飾穿戴一身才能安然入睡，她說這是父母給她的嫁妝，從緬甸出來，她再也不打算回去。另一位越南僑生，在西貢淪陷時，台灣政府在漫天烽火中派軍艦撤僑，她每天一大早就到海邊等船，卻一次又一次地失望了。至今我還依稀記得夜闌人靜時，她躲在被窩裡竭力隱忍卻仍抑遏不住、令人肝腸寸斷的啜泣聲。這些點點滴滴的回憶，均是激發我寫政治這個議題的潛在因子。

我接觸左翼文學是在七十年代時期，當時政大新開了一門現代文學的課程，據說這是全國大專院校最早開現代文學課程的。上這門課相當辛苦，沒有教材，影印機還不普遍，我們必須輪流刻鋼板，刻到手指都長繭。有些長篇小說或劇本就輪流閱讀，排到夜班的，半夜也被挖起來看書。令人訝異的是這些書都沒有書皮，有些甚至還留有五馬分屍再黏合過的痕跡，老師說這是爲了逃避海關檢查，所以化整爲零，藏在毛線衣裡挾帶進來的。我就在那個讀左翼文學也會有犯法感的時代，閱讀到曹禺的《雷雨》與《日出》，也不知道是一股什麼樣的致命吸引力，竟然與同學合抄了《日出》整齣劇本。

長期以來，台灣當局對於現代文學採取全面禁絕與圍堵隔離的策略，影響是相當深遠的。前東海大學文學院院長洪銘水教授曾提到一九八一年，他自美回國應邀到清華大學客座一年，那時中文系的學生對於三〇年代的著名作家，幾乎是一問三不知，他只好用偷渡的方式來教學。目前雖然隨著解嚴開放的腳步，左翼文學作品倒也唾手可得，但是當我在作左翼文學研究時，卻驚覺左翼陣容才是主要的發言人，而宣稱是承繼國民黨政權的台灣這一方，聲音卻相當微弱；也就是說馬克思主義包辦了左翼文學批判，左翼文學的詮釋權幾乎均掌握在左翼評論家手中。

一部《三國演義》將曹操打入阿鼻地獄，永世不得超生，人們印象中的曹操，不再是橫戈賦詩的一代雄主，而是小說戲曲中狡猾多詐的奸人形象。左翼文學將國民黨清一色塑造成腐敗分子，共產黨則是道德完人。而所有的詮釋又幾乎均來自於宣稱是代表正義的一方；被醜化的一方卻瘖啞無聲、招架無力。國民黨丟失了大陸，是因爲它腐化倒退、代表著不義的一方；而中共取而代之，則是因爲它是占住公理、順乎天應乎人的一方。這種一面倒的詮釋，似乎已成了定論。

如果正如反共陣容的史論家所言，國民黨的挫敗是肇因於文藝戰的失利，劉心皇甚至痛心疾首地說：三十年代的文藝向世界提供了一整套利用文藝去滲透、宣傳、組織和叛亂的範例，它用無數萬人的血淚換來經驗，使人認識到文藝的重要性。然而國民黨卻一直未汲取這分血淋淋的教訓，第二回合兩岸意識形態的相互較勁，它甚至沒有交鋒的意志，僅是一味採取不戰而退、迴避的策略，看來國民黨似乎又再度落居下風。如果隔絕圍堵真的有效的話。爲何像陳若曦這類在國民黨制式教育下的青年，一出國即輕易地相信中共的宣傳，迫不及待地「回歸」祖國，卻不幸地趕上那場文化大革命的世紀大災難。令人不禁要問：難道台灣政府消毒隔離的結果是使人失去免疫力嗎？

身爲二二八受害者親屬的我，並無意爲國民黨披掛叫陣，因爲我不相信有全善或全惡的政權；然而卻深信未經節制、不受監督的權力，絕對是人民的大禍害，知識分子應該是清流而非幫凶。這也是我試圖打破馬克思主義壟斷的左翼文學批判，以曹禺爲例，重新詮釋左翼文學的基本信念。

當我在撰寫這篇論文時面臨相當大的壓力，因爲這麼多有名的海內外學者均曾做過這方面的研究，能否走出巨靈壓頂的陰影，提出一些新的見解來，成了籠罩在心頭的一大隱憂，也成了不斷鞭策我的推動力。然而當論文完成時，原先的膽怯與不安已消失殆盡了，取而代之的是一股喜悅與自信。想不到，寫一篇論文，也會讓人有這麼滿腔歡喜的充實感，一種自我完成的喜樂盈塞胸懷。

得以順利完成這部體製龐大的論者，最想感謝的是我的指導教授馬森老師。從決定寫「曹禺戲劇研究」這個議題起，我就申請留職停薪一年，遠赴成功大學旁聽馬森老師開的「現代戲劇」課程，加上撰寫論文的三年，整整的四年間，我有幸能得到老師的教導，充分感受到一位長者對後進的諄諄教誨與殷殷期盼。老師才學恣肆汪洋浩瀚，一直是我所景仰的，也曾暗暗萌起想超越的念頭，然而卻發覺無論如何奮力追趕也難以企及。我也要感謝另一位指導教授謝海平老師，在中文這個保守的學術領域，由於謝所長的開明與宏觀，讓我得以撰寫這麼敏感的議題。

在資料蒐集方面，感謝現、當代文學史料家秦賢次先生的鼎力支持，提供了許多寶貴的史料；又幾度到舊書攤爲我尋覓相關的書籍及大陸的過期期刊。他也是一本現、當代文學史料的活字典，遇上一些疑難雜症，找他通常能迎刃而解。此外，也要感謝中正大學圖書館的王美智與楊美莉小姐，在資料搜尋上的協助；以及老友黃崇梅在外文資料解讀上的幫忙。

令人感動的是，許多未曾有過一面之雅的學者專家，在我冒昧求教時，給予我的協助與愛護：邵玉銘教授，在我寫作期間給我的指導與鼓勵；大陸曹禺研究專家朱棟霖、田本相先生，以及台灣的戲劇學者胡耀恒、王士儀教授的接受訪問；當我論文快完成時，聽說貢敏先生那兒有最新的曹禺研討會論文集，又急如星火地向他追索，感謝他不以爲忤地適時提供資料。此外，劉紹銘教授特地從香港來擔任口試委員，我的論文有幸能得到海內外公認的曹禺研究專家親自講評與指導，使我感銘肺腑。還有，施懿琳老師，以及中興大學外文系主任吳新發老師，在口試時提供許多精闢的意見，均給我不少啓發。

本書的主體架構完成於一九九九年，當時台灣雖然已經解除戒嚴十餘年，然而兩岸對峙更加白熱化，依舊是意識形態掛帥。長期以來遭到壓抑的台灣文學獲得該有的尊榮，成了顯學；左翼文學卻還是少人碰觸的領域，因此出版這部百萬言論著的念頭只有悄悄潛隱。

最近，因感於台灣第一個專門研究中國現代文學的研究所——國立成功大學現代文學所於二〇〇七年已經誕生；而一些大專院校亦紛紛成立現代文學研究室，對於中國現代文學逐漸有蓬勃展開之勢，然而卻也聽到一些來自學界的聲音，認爲在台灣，左翼文學的研究相當缺乏。適巧我另一本由國史館出版，跨越清國與日本統治時代的台灣文學研究《林維朝詩文集》也於二〇〇六年年底出版，在這個時空點，一股想出版博士論文的念頭油然而生。這個想法，幸運地獲得文史哲發行人彭正雄先生的協助與鼓舞，重新整理、增刪拙著《文學與政治的糾葛——以曹禺及其劇作爲例》，將其分成兩部著作——《曹禺戲劇與政治》、《曹禺戲劇研究》予以出版。

這兩部書的出版，實寓有筆者強烈的獨立思維模式，試圖打破馬克思主義包辦的左翼文學批判，重新予左翼文學新的詮釋角度與客觀的定位。許多左翼文學研究中，均僅道出政治干預文學的現象，卻很少觸及爲何知識分子甘心受政治利用且九死其猶不悔地受其擺佈驅策？也幾乎未曾談到中共是如何使天下英才盡入其彀中？本論文即由此切入，探索文學與國運的互動關係，這是國民黨撤退來台理應痛定思痛卻一直未能深刻反思的議論，亦是主張去中國化的民進黨等政黨，須戒慎意識形態掛帥可能落入另一個坎陷的殷鑑，更是現今台灣瞭解中國的入門鑰。

曹禺戲劇與政治

目　錄

緒論

變，一直是我深感興趣的一個研究課題。

民國建立，數千年的君主專制宣告結束，中國就此搖搖幌幌走上民主新徑，而封建的本質依舊；外來勢力的入侵，包括軍事的、商務的、宗教的、內政的、文化的、思想的衝擊一波波地席捲而來，中國，正面臨幾千年來未有之變局。

自詡爲居天下中心的中國人將何去何從？中國人將如何面對這澎湃洶湧的巨濤？中國人的思想將歸趨何方？中國文學如何反映這急劇變革的歷史關鍵時刻？透過文學的傳達，我們又能掌握到哪些訊息？它究竟能提供哪些令人省思的現象與癥結？

曹禺戲劇研究，可說是我碩士論文《胡適的詩論與詩》的一個延續。研究胡適，最主要是探討民初熱血文人如何藉著反傳統開創文學新契機的遞變過程。研究的年限約止於五卅慘案前後。五卅慘案之後，胡適等新文學大將所主張的改良主義論調，已逐漸失去青年們的信服。時局依然紛亂，國勢岌岌可危，共產勢力的崛起，普羅文學的盛行，塑造了不同於民初的時代氛圍。

中國人的思想出路到底在哪兒？對於現實的不滿，敏感的文學家，如何呈現他眼中的社會？而他是否如實地反映了整體的社會生活？他提出的問題如何？又提供了哪些解決方案？對於讀者帶來何種導向？基於這些思索，我選擇了三、四十年代劇壇上頗具影響力的曹禺。

引起我研究這個命題的契機是：當我在翻閱曹禺的劇本時，隱隱約約浮現一條思想脈絡，似乎可以解決我的困惑：五四運動之後的青年爲何依舊彷徨無措？共產勢力爲何如滔天狂濤泛濫了中國大陸？當時的文學界爲何偏於左傾？文學與國運到底居於何等互動的關係？曹禺的劇作頗能提供我省思的線索。

曹禺是個善於思索人生真諦、生命價值的劇作家，透過他的作品，他一步步伸展敏銳的觸鬚，探索人生的意義與歸趨。在《雷雨》一劇中，他抨擊舊社會的腐化，與令人窒息的壓迫力，然而劇中人物只能奮力掙扎，卻逃不出命運的鎖鍊，劇中人物接二連三地步向死亡，正是作者胸中找不著出路的痛苦刻痕。

《日出》一劇，揭示了都會腐爛的生活，他抨擊金錢制度毒化了整個社會，扭曲了道德與人性。作家雖然不能明確地指出一條出路，但是，那滿天紅紅的曙色，那高亢的夯歌，卻暗示著人們去追求光明和希望，而生活在黑暗中的人與光明是絕緣的。在此劇中，曹禺大力撻伐資產階級，將希望寄寓在工人階級身上。

《原野》一劇裡，曹禺探索的筆觸伸向了農村，悲苦的農民在人間無法得到公平的對待，求神問鬼亦得不到正義的伸張；曹禺藉著劇中人物的口中發出了抗爭的怒吼。寫此劇時，曹禺秉持著人應該過得像「人」的生活的理念，認爲人的最佳依歸，是投向受迫害者口中那金子鋪地的烏托邦。共產世界以其迷人的宣傳向他招手，曹禺一步步向其靠攏，然而心底仍有些躊躇，故安排劇中主角仇虎在黑林子中失路狂奔。

在寫抗戰劇《蛻變》時，曹禺已受到中共總理周恩來的拉攏；並將振衰除弊的希望，寄寓於潛伏在國民黨內的共產黨員身上。到了《北京人》一劇中，作家描寫的是抗戰前一個衰敗的封建大家庭，從曾家這個暮氣沉沉的封閉世界裡，表現出整個封建制度的趨向腐朽；然而另外有一股新生的力量滋生，唯有逃開這令人窒息的壓抑，才能獲得重生。腐朽的必然滅亡，勇敢地走出陰影才能走向勝利，而希望的彼岸則隱隱指向延安。

曹禺在打擊傳統封建勢力的僵化與腐敗上，盡到了摧枯拉朽的廓清作用，但是他將觀眾導向何方呢？他似乎僅是抽象地指示一條出路：勇敢地走出陰霾，迎向陽光。然而光明何在呢？一批批熱血的青年揚棄了腐敗僵化的舊制度，想要尋覓另一塊足以安身立命的樂土，他們的思想出路何處尋覓呢？西方的帝國侵略主義既不可取；蘇聯共產主義新興的思潮正方興未艾，所主張的工農兵文學，與作家主張的人道思想頗有契合之處，因此，三、四十年代的作家左傾有其脈絡可尋。

大陸赤化之後，作家曹禺是否尋著了他的烏托邦了呢？這位作家是否在新的政治環境下自由創作呢？答案是：沒有！這位多才多藝的劇作家似乎逐漸步上創作的衰退期，晚期的幾部劇本，均是當權者直接或間接下達指令，爲配合中共政策而作。他，被視爲「劇壇彗星」，爲何這個早慧的劇作家凋零如此之匆匆呢？這些均是值得深思的課題。

當然政治干擾文學的現象，並非僅只曹禺這個單一個案。其他傑出的劇作家如夏衍及老舍等，在中共建國後，作品均大不如前，呈現滑坡的現象。夏衍是個忠貞的共產黨員，他的左傾是天經地義、毋庸置疑的；老舍在三十年代作家中，是創作力最旺盛、作品最豐富的作家，他的長篇小說《駱駝祥子》及話劇《茶館》等，至今依然光芒萬丈。從文學角度來看，老舍與曹禺均對現代戲劇的語言運用做出了巨大的貢獻。然而老舍死得早，在文革初期即因不堪紅衛兵的凌虐而投湖自盡；相較之下，曹禺則活得夠長，也最具代表性。

曹禺崛起於左翼思潮風起雲湧的三十年代，是五四風潮直接哺育下的時代產物，他的劇作反映了當時的社會意識形態，在反映過程中卻發揮了比第一代五四作家更強烈的影響力及引導作用。曹禺絢爛奪目的藝術才能，深懷憂國憂民的愛國情操，以及深遠的人道主義關懷，一出道即蜚聲劇壇，被視為堪與世界上最傑出的寫實主義劇作家並肩而立的不世之才。挾雷霆萬鈞之勢的《雷雨》一問世，旋即成了當時尚未茁壯的在野的新興政治勢力——共產黨所矚目，並獲得以周揚為首的共黨核心分子的激賞與鼓吹；對日抗戰期間，掌文藝總舵手的周恩來親自放下身段加以吸納；毛澤東更下令在延安演出《日出》，以拉攏這位非左翼陣容的傑出劇作家。可見曹禺的左傾並非僅是單純的思想傾向性，而是背後有一套高明的政治文藝政策在運作。相較之下，國民黨的文藝政策則顯得拙劣而稚嫩，只知一味地圍堵、查禁，與中共神而明之的統戰策略一交鋒隨即潰不成軍。

曹禺之所以值得研究，不僅是因為他是中國現代戲劇史上的第一人，而且他的創作也見證了左翼勢力的崛起與開展，終至成了沛然而不可禦的洪流。中國大陸自三十年代起，尤其到了抗戰時期，進入了話劇的鼎盛期，曹禺劇作光芒四射的魅力，引發了銳不可擋的影響力，可說是文藝影響時代風潮的最佳例證。而曹禺奪魂攝魄的藝術天分，在被共產黨吸納後，思想逐漸受到了桎梏；在中共執政後，竟被譏爲中共政權的御用作家，這對一個憂國憂民的人道主義作家，無疑是最大的羞辱與困窘。尤其在忍辱驚慄地度過漫長的政治黑暗期，大躍進及十年文革終於過去了，曹禺再度執筆寫作，寫的還是周恩來交待的《王昭君》，仍然爲中共的大一統國策及四個現代化政策服務。不禁令人慨嘆：是何種政治魔力，使得左翼文人歷經百般摧殘蹂躪而九死其猶不悔呢？身爲知識分子的良知與承擔何處尋呢？善於探幽發微、深邃思索人性的曹禺，似乎已全然失去了反思能力，不禁讓人痛心這樁中國現代戲劇史上的大悲劇。在曹禺身上，令人信服地看到了政治干預文學的活生生範例。

梁啓超曾談到有一類人，應該爲他作專傳：

> 思想及行為的關係很多，可以作時代或學問中心的，我們應該為他們作專傳。有些人，偉大儘管偉大，不過關係方面太少，不能作時代或學問的中心，若替他作專傳就很難作好。譬如文學家的李白杜甫都很偉大，把杜甫作中心，將唐玄宗肅宗時代的事實歸納到他身上，這樣的傳，可以作得精彩；若把李白作為中心，要作幾萬字的長傳，要包涵許多事實，就很困難。論作品是一回事，論影響又是一回事，杜詩時代關係多，李詩時代關係少。敘述天寶亂離的情形，在杜傳中是正當的背景，在李傳中則成為多餘的廢話。兩人在詩界，地

位相等，而影響大小不同。杜詩有途徑可循，後來學杜的人多，由學杜而分出來的派別亦多。李詩不可捉摸，學李的人少，由學李而分出來的派別更少。所以李白的影響淺，杜甫的影響深。二人同為偉大，而作傳方法不同。……所以作專傳，一面要找偉大人物；一面在偉大人物中，還要看他的性質關係如何，來決定我們做傳的方法。①

這一席話套在曹禺身上相當貼切。曹禺的劇作可嗅出文壇盡赤的朕兆；他的寫作史可說與中共的崛起與發跡緊密結合，更可看出共產黨神乎其技的宣傳策略的投影。藉此研究可探索知識分子爲何左傾的緣由，以及中國共產黨如何吸納、收編各種不同意識形態的知識分子的技倆；而且曹禺在劇壇上的影響力極大，對觀眾、讀者的感動力也最深，對當時社會意識形態的構成，發揮了極大的宣傳與領導力量。

幾乎所有評論家均指出了在中共建國後，許多成名作家創造力呈集體大衰退的現象，左翼評論家往往避而不談；或語焉不詳，以「左」的逆流所影響簡單帶過；或辯證地指出曹禺的思想有唯心論的不良成分，再加上他對馬克思主義的無知與誤解，以至造成創作上的瓶頸。非左翼評論家，如劉紹銘、胡耀恒、夏志清等，則指證歷歷道出在共黨思想箝制下，許多作家均失去了創作活力，曹禺的劇作無疑是最佳的例證。然而這些說法，仍然不能解除我的疑惑：爲什麼知識分子甘心受共產黨吸納和收編呢？如果說中共建國前，知識分子受共產黨宣傳的美麗烏托邦幻境所迷惑，爲了達到這個美好的願景甘心受其驅馳；然而大躍進、文革一連串的政治迫害，夢醒了，爲何知識分子仍心甘情願受其奴役呢？在汗牛充棟且大師如林的曹禺戲劇研究中，我之所以敢再以曹禺作爲研究課題，是因爲胸中仍有許多疑惑，立意要去破解它，因爲許多的研究，均僅僅道出了 What（政治干預文學的現象），卻很少觸及 Why（爲何知識分子甘心受政治利用且九死其猶不悔地受其擺佈驅策呢？）也幾乎未曾談到 How（中共是如何使天下英才盡入其彀中呢？文人又是如何襄助中共奪得政權及掌控政權呢？）這是本論文亟於探索的重點，希望藉此來探索文學與國運的互動關係；論文中亦試圖打破馬克思主義把持的左翼文學批判，提出另一套詮釋角度，從思想與藝術觀點給予曹禺較客觀的定位。

本論著基本上採取歷史研究法，把文學本身視爲一種歷史現象，透過文本的歷史溯源的考察，對文本本身進行說明；也將從事文學創作的作家看作值得深入探討的研究客體，認爲作家具有某種特殊的氣質和秉賦，以及不尋常的生活經歷，均會在作品中得到反映或下意識地流露出來，作品文本是作家的內心思想、審美情趣以及文化構成的反映；更把文學作品看成是一系列歷史和自然作用力的結果，強調社會歷史對文學的決定作用，認爲文學是對社會歷史的反映。②

體現這套歷史研究批評最明顯的是本論文第三、四、五章，將此命題看作一個中段，往上追溯它所以發生的原因；另一方面，又以它所發生的結果來評判其價值，層層剖析，步步進逼，思索下列的問題並試著找出答案：他的童年處於什麼環境？他的青少年時期在何種時空氛圍成長？他的所見、所聞、所思若何？影響他的文學作品及文學家是誰？何種際遇導致他的左傾？他創作的劇本均有個基本的模式，它的基調是什麼？他的劇本主要呈現的當時社會是什麼？在思索劇中的難題時，他又如何提出解決之道？他想將觀眾導向何種理想國度？藉著戲劇，他想滌清讀者何種悲情，打算抨擊何種社會不公？爲何他的思想逐漸向左靠攏？周恩來及左翼文人如何禮遇、賞識這位頗具影響力的劇作家？他的戲劇在當時有何影響力，提供了何種思想出路？抗日戰爭時，他如何投入街頭劇，風格有何改變？何種際遇又一步步將他推向左傾？大陸赤化後，他的創作如何？他所憧憬的烏托邦，是否提供他自由寫作的氛圍？他的創作衝動與絢爛的才華似乎在逐步減退，爲什麼？共產制度對作家創作有何干擾？逐漸瘖啞的作家將何去何從呢？並提出了如下的省思：文學呈現政治與人生，抑或文學爲政治附庸呢？

本論著中凝注的焦點，始終鎖定在身爲知識分子的曹禺如何自我定位與身心安頓上，不僅關注劇作者的政治傾向及文本本身的政治動向，而且希望能跳出當下的時空，探索劇作者在創作時的盲點與偏執；另一方面，也對知識分子與政權的迎拒間該扮演何等角色，提出了反思。並希望藉此新視角的提出，貢獻自己的一隅之見。

註　釋：

①梁啓超，《中國歷史研究法（正補編・新史學合刊）》（台北：里仁書局，一九九四年），頁二二七—二二八。

②盛寧，《新歷史主義》（台北：揚智文化出版社，一九九五年），頁一九—二〇。

第一章 曹禺研究暨傳播概況

曹禺是個寫作態度相當嚴謹的作家，自他二十三歲寫出第一部多幕劇《雷雨》之後，即蜚聲劇壇，馳譽中外。田本相於一九九一年八月十六日在南開大學舉辦的「曹禺研究國際學術討論會」的〈開幕詞〉，曾如此總括地形容曹禺在中國戲劇史上魅力四射的璀璨光芒：

> 他的一部又一部的傑作，猶如一道道豐碑，屹立在中國現代文學史和中國現代戲劇史上。這些優秀劇作，不僅奠定了他在中國話劇藝術中的歷史地位，而且成為中國話劇走向成熟的標誌。他不愧是中國的一位傑出的現代的戲劇詩人，也是蜚聲世界的戲劇家。①

曹禺的劇作可閱讀性極高，深受國內讀者的喜愛；在國外也發揮了極廣泛而深遠的影響，他的一些劇本均曾被翻譯成英、日、俄、德、法、捷等多種外文出版，引起國際劇壇的矚目。而且曹禺的劇作絕非案頭之作，幾乎每部劇作一問世，即成為劇團爭相演出的劇目，且引發了撼人心弦的影響力。他的劇本比起同時期的劇作家並不算多，但是部部震撼力十足。

三十年代抗戰前夕，是曹禺創作的高峰期，被譽為三部曲的《雷雨》、《日出》、《原野》，在人們驚歎連連聲中一部接一部地出爐，令人目不暇給。一九三七年對日抗戰開始，賁張的情緒，曹禺寫出了宣洩抗日怒火的《黑字二十八》、《蛻變》，激起了中國人同仇敵愾的激昂鬥志，在國家危急存亡之秋，發揮了它的時代任務，然而藝術性卻相對地減低，顯得略微粗糙。進入抗戰中期，他逐漸緩下步伐，沈潛地思索人性，對於民族與人生憂患的深刻反思，他寫出了《北京人》、《家》，其中的《北京人》被目為曹禺最優秀的作品，他的創作生涯又翻起了另一個突起的高峰。然而在攀登上創作最高峰的《北京人》後，曹禺卻顯出欲振乏力的窘境。

一九四九年「腐敗」的國民黨撤退來台，政權易幟，「眾望所歸」的中國共產黨躍上政治舞台。當時正值四十歲壯年的曹禺，照說得以一償夙願，在他衷心愛戴的中國共產黨統治下，應是如魚得水，一展長才。然而一直到一九九六年十二月十三日他去世時，漫長的近五十年歲月裡，才完成了三部劇作，而且這三部劇作均被論者譏諷為「遵命文學」、「國策文學」。②尤其是其中的《王昭君》一劇因大躍進、文化大革命等政治風暴中斷寫作十多年，由此可見政治對文學的干擾已至無以復加的程度。許多論者均看出了曹禺創作受到政治干預的現象，對於其劇作傳播及對曹禺戲劇研究亦受限於政治的情況卻渾然未察，事實上，從劇本的創作到演出，以至對曹禺戲劇的研究均一直籠罩在政治的影響之下。

第一節　曹禺劇作傳播的盛況

一、驚天動地的《雷雨》狂潮

曹禺的處女作《雷雨》在巴金的賞識下，將此體製龐大的四幕家庭悲劇，「破格」一次刊登在一九三四年七月《文學季刊》第一卷第三期，然而當時曹禺尚未成名，故《雷雨》未能引起國人的注意和重視。首先注意到此一劇壇奇葩的是日本人，該年八月，日本中國現代文學研究者武田泰淳和竹內好，帶著刊載《雷雨》的《文學季刊》去茅崎海濱，將之推荐給正在度夏的中國留日學生、戲劇工作者杜宣，他們展開了熱烈的討論。③

爲了演出須通過日本東京警視廳的審查，一九三五年年初，由影山三郎及鄭振鐸將《雷雨》譯成日文，這是曹禺劇作的第一個外文譯本。此譯本在秋田雨雀的推荐和三上于菟吉的協助下，於一九三六年年初由日本汽笛出版社出版。一九三五年四月廿七日，《雷雨》由中華話劇同好會（留日學生戲劇團體）在東京神田一橋講堂首演。導演杜宣、吳天、劉汝醴。接連演了三天共三場，贏得了不少觀眾。左翼文人郭沫若及日人秋田雨雀看了均撰文加以介紹和推荐。《雷雨》在日本演出後，引起了日本人士的注目。東京《帝大新聞》曾著專論加以評述，對於中國戲劇由「梅蘭芳」階段飛躍至目前狀況，表示嗟羨。鑒於此，《雷雨》劇組在五月十一、十二在日本作第二次公演。④

《雷雨》在日本獲得了矚目與一致好評，這股熱潮很快延燒到國內。該年八月十七日，天津市立師範學校孤松劇團在該校大禮堂演出《雷雨》，這是國內首次公演，在排演中該團曾邀請曹禺前往指導。天津各報對孤松劇團演出的《雷雨》紛紛發表評論，對曹禺的創作給予熱情的肯定。緊接著上海復旦劇社在洪深的推荐下試演《雷雨》，演員演出渾然忘我，效果非常之好。⑤而在中國話劇傳播推展史上最值得大書特書的一件大事，是中國旅行劇團演出《雷雨》，該團是國內第一個職業話劇演出團體。先在天津演出，後在北京、上海、南京等地演出。他們在上海卡爾登戲院演出後，才把《雷雨》一劇與「各階層小市民發生關連，從老嫗到少女，都在替這群不幸的孩子們流淚。而且，每一種戲曲，無論申曲、越劇、文明戲，都有了他們所扮演的《雷雨》。」所以曹聚仁說，一九三五年「從戲劇史上看，應該說是進入雷雨時代。」⑥

由於《雷雨》帶來的巨大社會影響，使它在北平公演時，遭到國民黨的阻力，據當時飾演周萍的演員陶金回憶說：「國民黨說我們這齣戲有傷風化，兒子跟後娘偷情不會有好影響。少爺和丫頭戀愛同樣很糟。於是這齣戲被認爲是有害的。一星期以後，警察抓走了八個主要演員，我（按：指飾演周萍的陶金）是其中一個。我們被戴上手銬腳鐐，並遭到拷打，他們逼著我們跪下，打我們，要我們承認是共產黨。」⑦然而《雷雨》的熱潮並不因執政當局的壓抑而稍退，據《大公報》的報導，到一九三六年底《雷雨》已上演了五六百場，是創作劇本中演出最多的。⑧《雷雨》的魅力呈如火燎原之勢。

國民黨漫無頭緒、鬆緊不一的文藝政策，激發了文藝工作者的反抗心理，但也給予他們在矛盾中求得生存的些微空間。一九三八年陳永倞指導學生排演《雷雨》，演出時，爲當局所阻。他們即以文化生活出版社出版並蓋有「准」字出版證明的《雷雨》，向當局交涉。震懾於《雷雨》顛覆傳統的巨大影響力，一九四五年，重慶國民黨宣傳部公佈查禁和修正的劇目，曹禺的《雷雨》被查禁。⑨

不只是以話劇的形式廣爲流傳外，一九三六年，《雷雨》在日本被拍成無聲電影上映。一九三八年，由上海新華影業公司搬上銀幕。⑩影響力更是大力複製，無遠弗屆。除了在都市演出及電影的傳播之外，僻居邊鄙的鄉下人，亦被這齣撼人心弦的話劇深深吸引，一九四一年，西北戰地服務團演出《雷雨》。在彩排時，就有許多老鄉看，一直熬到天亮。曾有一次在開演前下起了大雪，老鄉們卻仍坐在台下，要求開演。⑪而該年十一月，延安青年藝術劇院也演出《雷雨》。⑫不但是國統區，熱力更是遠傳到共產黨的根據地延安。

除了在國內勇不可擋外，與中國大陸海峽相隔的台灣，也在一九四六年十一月四日起三天，於台北市中山堂演出《雷雨》，由外省劇人組織的一個業餘劇團擔綱，青藝劇團協助演出。當時一般人士都給予極好的評價。在可容納二千多觀眾的中山堂連賣了三場九成座，可說是盛況空前。半個月後，台中市記者公會鑒於《雷雨》的轟動一時，乃特請該劇團的原班人馬赴台中公演，並爲該會籌募基金，自十一月廿五日起，連演三天。因場場客滿，應各界熱烈要求又續演了一場。

一九四八年元旦起，台灣觀眾公司旅行劇團，在台北市中山堂演出《雷雨》；澎湖業餘劇團也演出此劇，並轟動一時。同一年四月，屏東師範學校為推進師教運動，演出《雷雨》，效果和燈光的成功運用，使許多觀眾及演員均對舞台劇產生好感。⑬《雷雨》確曾激起台灣劇運的浪潮。

《雷雨》在國外也是魅力四射的，一九四六年四月，金光洲將《雷雨》譯成朝鮮文，由漢城宣文社出版。該年秋季，《雷雨》在韓國漢城接連演出七十多場。同一年十二月，《雷雨》譯成越文，在越南公演時場場客滿。一九五三年，影山三郎又重譯《雷雨》，因為一九三六年與鄭振鐸合譯出版的《雷雨》，由於戰爭的摧殘，為數不多的印本已很難找到了，他自己手頭僅存一本，但各劇團紛紛借閱，已破爛不堪了，故他發願重譯《雷雨》，以助熱愛此劇的讀者「一臂之力」，亦表達他「對中國人的好感進一步加深」。除了在亞洲大受歡迎之外，在歐洲各國，尤其是共產國家亦極受好評。一九五七年十一月至十二月，蘇聯先後有九個劇院與劇協和北京人民藝術劇院聯繫，要求演出《雷雨》。他們是卡羅斯州話劇院、伯力高爾基劇院、赤塔市劇院等。一九五八年二月，《雷雨》在蘇聯烏茲別克加盟共和國首府塔什干「高爾基話劇院」連續五十場客滿。據不完全統計，《雷雨》在蘇聯各地至五八年初已演出近兩千餘場，而它的影響力正方興未艾；緊接著三月廿二日，《雷雨》在蘇聯莫斯科劇院上演；一九六〇年一月，在蘇聯阿塞拜疆舞台上演，引發了一股熱潮。其他如羅馬尼亞等東歐國家也曾演出過，均受到觀眾的贊揚；一九六一年在捷克斯洛伐克士瓦連城耶・格・塔約夫斯基劇院上演。而一九五八年八月，《雷雨》法文版由外文出版社翻譯出版。⑭

《雷雨》的命運也隨著政海而浮浮沉沉。在國民黨執政年代，《雷雨》被視爲「爲匪宣傳」而遭到打壓；共產黨統治大陸後，《雷雨》則因它過去曾盡過打擊國民黨，襄助共產黨的「歷史任務」而受到尊崇，被認爲是具有教育意義，如一九五四年，爲慶祝「八一」建軍節，北京人民藝術劇院演出《雷雨》，招待軍委和駐京部隊指戰員。⑮然而隨著六〇年代「左」的思潮抬頭，《雷雨》有很長一段時間銷聲匿跡。

在漫長的十年文革過去後，《雷雨》才又獲得生機。挾著經濟轉趨自由化與廣大市場的潛力，資本主義國家對於閉關已久的中國充滿了興趣，曹禺的著作成爲渴望理解中國的叩門磚，他的劇作成了美國各劇團和大學時常上演的劇目。一九八〇年三月，曹禺去美國哈佛大學參觀時，發現《雷雨》、《日出》是學中文的學生二、三年級的必修課。而許多學中文的外國學生，也紛紛演出曹禺的劇作，如一九八一年一月廿三日，羅馬尼亞布加勒斯特大學中文專業同學演出《雷雨》，劇本由楊玲（伊拉娜）翻譯成羅馬尼亞文。一九八四年，日本大阪關西大學中文系學生用漢語表演《雷雨》。而《雷雨》也被改編成不同的藝術型態而傳播開來，如一九八一年，上海芭蕾舞團將話劇《雷雨》改編成芭蕾舞；一九八四年，根據曹禺劇作《雷雨》改編的同名影片，由上海電影製片廠拍攝完成。⑯

時隔半個世紀，《雷雨》的影響力仍歷久不衰。它的演出版圖浸淫日廣，一九八八年，《雷雨》在澳洲以廣東話演出，這次演出，對澳洲華人來說，是一大衝擊，引起了僑界、新聞界、學術界極大的興趣與關注。⑰

而意識型態迥異，一直視左翼著作爲毒蛇猛獸的台灣，也在一九九三年四月十七日，由台灣戲劇人才，合力在台北國家劇院演出。導演李行談到他執導《雷雨》的心路歷程，談到早在蘇州社教學院戲劇學系念書的時候，他就瘋狂地迷戀曹禺的作品，並曾排演過他的經典作《雷雨》，惜山河變色，戲未上演即倉促輾轉來台。在那個物力維艱的年代，他對戲劇持續的熱情，恐怕是緣自曹禺。他和許多戲劇表演工作者論及三○年代的劇場，都由衷殷切地期望演出曹禺的劇作，然而在政治的禁忌下，這幾乎僅能是所有台灣劇場工作者的夢想而已。如今，隨著海峽兩岸互動的腳步逐漸解禁，在台灣曾被意識型態扭曲，只能耳聞不能目睹的戲劇，亦能在台灣的劇場演出。李行說他是懷著救贖的心情，將塵封在書架底層的《雷雨》劇本找了出來，「劇中的情節與人物鮮活地從記憶裡蹦了出來，熟絡得就像分隔四十年的親友，乍然相逢，他們音容未變，而我已兩鬢飛霜。」[18]李行憶及塵封往事，不勝欷歔、滄桑之感。

以曹禺爲研究課題，獲得印第安那大學博士學位，當時正擔任國立中正文化中心主任的胡耀恒教授，特地在這齣由台灣戲劇人才擔綱的《雷雨》演出前夕，在報刊上撰文推崇《雷雨》是第一篇可與世界名劇分庭抗禮的傑作，它奠下了中國職業性戲劇活動的第一塊基石。[19]

可惜在國民黨制式的教育體制下，年輕的一代對於五四後的中國歷史記憶是一片空白的，新新人類，無論是演員或觀眾都幾乎是患了集體失憶症，無由感受民初中國封建父權社會禁錮人性的悲慘情境。劇場上不時傳來笑聲，真令人有時空錯置，情意綜大錯亂之感。真不知名導演李行情何以堪？不過這正是一個起點，文學須從不同的政治意識型態中解禁出來，撥除重重纏繞的迷障，展現出它的藝術真面貌。

二十世紀末二〇〇〇年六月十二日，台灣公共電視再度播出《雷雨》，公視這回是第三次播出《雷雨》，又選在晚上八點的黃金時段播出。更值得一提的是該劇演員集台灣、香港、大陸等地一時之選的演技派演員：台灣的知名演員歸亞蕾、趙文瑄；曾自己執導演筒拍攝《畫皮》的香港名演員鮑方，飾老爺子一角；導演則由曾執導過多部電影，也曾獲得法國、瑞士、柏林、印度等無數國外大獎及上海電影獎的大陸青年女導演李少紅擔綱，這也是李少紅執導的首齣電視劇。⑳

跨入二十一世紀，曹禺的熱潮仍未稍歇。二〇〇四年，北京人民藝術劇院為紀念《雷雨》發表七十周年、北京人藝首演《雷雨》五十周年，推出第三版《雷雨》。二〇〇五年，中國大陸又推出由潘虹、濮存昕等人主演的明星版《雷雨》，於六月一日至四日在台北國家劇院，七日至九日至中壢藝術館演出。㉑

知名導演張藝謀執導的電影《滿城盡帶黃金甲》於二〇〇六年首演，此劇亦改編自曹禺的《雷雨》，入圍奧斯卡最佳服裝獎，影評對此片毀譽參半。中共中央黨校主辦的《學習時報》罕見地大加批判：「曹禺的《雷雨》是張藝謀電影《滿城盡帶黃金甲》的藍本。只不過電影把發生於近代中國封建大家庭的一場倫理悲劇移植於唐末五代十國的宮庭後宮。」㉒看來曹禺的魅力仍歷久彌新，不同形式的重新解讀，使得曹禺劇作的流傳潺湲而流長。

二、倍受左派激賞的社會劇《日出》的傳播

《日出》在一九三六年六月開始在《文季月刊》第一期開始連載，該年九月載畢。這齣曹禺的第二部劇作一問世，即深受矚目。該年十二月廿七日，由蕭乾主持，天津《大公報．文藝》第二百七十三期對曹禺的《日出》進行集體評論。文章有燕京大學西洋文學系主任（美）謝迪克（H.E.Shadick）〈一個異邦人的意見〉、李廣田〈我更愛《雷雨》〉、楊剛〈現實的偵探〉、陳藍〈戲劇的進展〉、李影心〈多方面的穿插〉、王朔〈活現的廿世紀圖〉等。一九三七年一月一日天津《大公報．文藝》副刊第二七六期繼續刊登對《日出》的集體評論。文章有茅盾〈渴望早日排演〉、孟實（朱光潛）〈捨不得分手〉、葉聖陶〈成功的群像〉、沈從文〈偉大收獲〉、巴金〈雄壯的景象〉、靳以〈更親切一些〉、黎烈文〈大膽的手法〉、荒煤〈還有些茫然〉、李蕤〈從《雷雨》到《日出》〉等。㉓

而《日出》刊載後不到半年，即接二連三在海內外演出，首先是一九三七年二月二日至五日，上海戲劇工作社在卡爾登大戲院首次公演；緊接著三月份，中國留東劇人協會在東京神田一橋講堂公演《日出》，演出《雷雨》一劇而聲名大噪的鳳子應邀前去扮演陳白露；同一年四月廿三日，國立劇校學生在南京中正堂演出，曹禺自任導演。㉔《日出》的演出效果極佳，甚至連被他嘲諷的資產階級也愛看他的戲：「老爺太太們都喜歡《日出》，所有體面的市民也喜歡它。……他們

認爲那只是很好的娛樂。」㉕他們並不理解劇中反映的正是他們那「寄生蟲階級」的生活。而曹禺也因《雷雨》、《日出》相繼發表而聲望如日中天，在同一年五月獲《大公報》文藝獎，由葉聖陶、巴金、靳以等人組成的文藝審查委員會，對《日出》所作的評語是：「他由我們這腐爛的社會層裡雕塑出那麼些有血有肉的人物，責貶繼之以撫愛，真像我們這時代突然來了一位攝魂者。」㉖

挾著如此大的影響力，尤其是曹禺對於現實的不滿與批判，足以造成民眾對國民黨執政能力的懷疑與不滿，亦可作爲共產黨宣傳的有利武器。一九四〇年，毛澤東親自提議並支持下，延安劇協「工餘劇人協會」在延安上演《日出》。在此之前，毛澤東曾把當時魯迅藝術文學院負責人張庚找去，說延安也應當上演一點國統區名作家的作品，《日出》就可以演。他還說，這個戲應當集中一些延安的好演員來演，爲了把戲演好，應當組織一個臨時黨支部，參加的黨員都要在這個支部裡過組織生活，以保證把戲演好。㉗一九四一年夏，魯迅藝術學院在延安上演《日出》成功，給曹禺發來賀電，江安憲兵隊截獲此電，以此作爲「通匪罪證」，搜查了曹禺的家，此後曹禺就被盯梢了；過了幾天，他的幾個學生便莫名其妙地被捕了。㉘

抗戰時期，除了在大後方重慶及各個抗日根據地外，在華北華中的偏僻農村，也紛紛演出曹禺的劇作。在延安也上演過《雷雨》、《日出》、《蛻變》和《北京人》。延安在一九四〇年演出《日出》，還是毛澤東提議的。除此之外，晉綏根據地，一二〇師戰鬥劇社演出過《雷雨》；在晉冀魯豫根據地，一二九師先鋒劇團演出了《雷雨》，先鋒劇團和抗大總校文工團聯合演出了

《日出》；在山東根據地，一一五師戰士劇社一九四一年演出了《雷雨》，一九四三年演出了《日出》；在新四軍，蘇中地區幾個分區差不多都演出了《雷雨》和《日出》；在晉察冀根據地，西北戰地服務團演出了《雷雨》，軍區抗敵劇社演出了《日出》和《雷雨》，冀中火線劇社演出了《日出》，抗大二分校文工團演出了《雷雨》，平西挺進劇社演出了《雷雨》。一九四一年初，抗敵劇社演出《日出》，更是排除萬難，爲共產黨黨代會演出的，觀眾大都是八路軍的中高級幹部，演出任務是由聶榮臻司令親自下達的。㉙可見曹禺的劇作，當時是被視爲精神武裝的利器。在一九四五年，重慶國民黨宣傳部公布查禁和修正的劇目，《日出》被列爲須修正的劇目。㉚

在《日出》被公布爲須修正劇目的同一年九月，曹禺在周恩來安排下，在上清寺見到了赴重慶與國民黨和平談判的毛澤東，毛澤東對他說：「閣下春秋鼎盛，好自爲之。」十月二十一日，參加「文協」在重慶張家花園舉行的聯歡晚會，周恩來出席並講話，贊揚《日出》、《北京人》是「優秀作品」。㉛在國共圍堵與籠絡不同的策略下，曹禺更堅定左傾的決心。在國民黨統治時代，共產黨將《日出》一劇視爲打擊國民黨顢頇腐敗政權的利器；中共執政後，此劇更被視爲批評國民黨時代的反面教材。

一九四七年新中國劇社於一月廿二日起在台北公演《日出》，由歐陽予倩導演。歐陽氏爲大陸導演《日出》之第一人，但過去在大陸演出，因種種關係，第三幕常被刪除，實爲莫大遺憾。此次在台得以全部搬上舞台，誠爲快事。《日出》在台的演出效果，出乎意料的好。㉜曹禺應欣喜海外得到知音，因爲即便是國立劇校學生演出，他自任導演，亦只能排第三幕的一部分。㉝而台灣的全程演出並獲得好評，亦可見台灣人對話劇欣賞程度的提高。

曹禺的劇作在台灣光復初期，演出的盛況達到了高峰。曹禺的三部曲——《雷雨》、《日出》、《原野》，在一九四六、四七年，相繼在台灣演出；一九四八年，又再演出曹禺名劇《北京人》，並掀起一陣熱潮。然而這僅是曇花一現，一九四七年二二八事件的發生，是個重要的轉捩點，國府當局對文藝的尺度開始日趨嚴厲。

二二八事件之後，台灣當局並未馬上全面禁絕三十年代左翼文學的輸入。一九四九年一月十五、十六日，台灣師院（今之台北師範大學）「台語戲劇社」改編曹禺的《日出》爲四幕劇《天未亮》，在師院大禮堂演出兩天。師院的「台語戲劇社」，成立於一九四七年八月，選擇「台語」爲戲劇語言，含蘊著台灣人的反抗精神，在一個接一個宛如走馬燈的殖民統治政權撤離後，緊接著卻是震撼人心的二二八事件，同文同種漢族的殘酷鎮壓，敲醒了渴望回歸「祖國」懷抱的台灣人美夢，台灣人逐漸覺醒而產生了台灣人意識。然而對「祖國」的孺慕之情仍未全然斷裂，據「台劇社」社長兼導演蔡德本說：「那時候，我們抱著介紹祖國名劇的心情，演的第一齣就是曹禺的《日出》。」㉞

然而因爲《日出》劇作家的「左傾」立場，蔡德本擔心這齣戲會被視爲「左傾」的戲劇：「如果當局把我當作共產黨來抓的話，我也沒辦法辯解啊！雖然演出當時這齣戲還沒有被禁，學校也還稱讚過我們；但是，因爲曹禺的政治態度，《日出》隨時都會有思想上的問題啊！」當時「台劇社」雖因曹禺的政治立場有所疑慮，怕受到牽連，然而當時台灣當局與學校方面未禁止，《日出》

的演出並未受到干擾。劇本的改編，著重在演出的藝術效果方面，如小東西不上台、方達生的軟弱性格加了一點硬性、削除第三幕等。《日出》經過改編後，取名爲《天未亮》，除了在台灣師院演出外，亦曾在朴子地區組織學生聯誼會時演出過。㉟由於演出水準頗高，當時也還沒有電視，一般民眾沒有什麼休閒活動，《天未亮》的演出，吸引了許多民眾自動前來觀賞，相當轟動。

爲了宣傳這齣根據曹禺四幕名劇《日出》改編的《天未亮》，當時擔任師範學院「學生自治會」學術部長的朱實，特地寫了一篇介紹文章〈寫在《天未亮》演出以前〉，發表在演出當天的《新生報》「橋」副刊第二〇一期，廣爲宣傳。導演蔡德本也在一九四九年一月十五日該劇演出當天，在《新生報》「橋」副刊上登載了〈關於《天未亮》改編（原劇曹禺《日出》）〉一文，詮釋他如何改編這齣曹禺名劇。《天未亮》演出之後，師院學生自治會又聯繫了「橋」副刊主編歌雷先生，於十八日下午七時，在師院新宿舍舉行了一場「《天未亮》演出座談會」，除了歌雷及鄭鴻溪、朱實、蔡德本等十名師院學生之外，出席座談會的人還包括師院教授鄭嬰、陳雲程和台籍作家龍瑛宗。座談會的發言並全文刊登在一九四九年一月廿二日《新生報》「橋」副刊上。㊱足見《天未亮》的演出，在當時確曾引起藝文界的矚目。

類似《天未亮》這類有意識地汲取、吸收中國新文藝，來充實本土戲劇的努力，正是文學借鑒，活化本土藝術的正確道路。然而一九四九年三月廿日晚上，台大與師範學院兩學生的「單車雙載事件」，引起警方與學生衝突風波，四月六日天未亮時分的大逮捕事件即由此展開，警備總司令拘捕師院學生爆發了「四六事件」。㊲

二二八事件、四六事件，開啓了台灣五〇年代白色恐怖的序幕。一九四九年，蔣介石政權退守台灣；五月，警備總司令部宣告台灣地區戒嚴，台灣當局對藝文界採取有計劃的整肅行動。兩岸隔絕對峙，左翼作品更是防堵圍剿的首要目標，曹禺的劇作在台灣成了洪水猛獸。資深廣播人崔小萍由大陸來台後，曾經參加過《雷雨》演出，白色恐怖時期亦因此而入獄。

一九五八年六月一日，《日出》在匈牙利首都裴多菲劇院上演；一九八一年十二月九日至廿七日，《日出》由東京民藝劇團上演，由內山鶉翻譯兼導演。一九八四年，曹禺與女兒萬方一起改編的《日出》電影劇本，發表在《收獲》第三期上。由於改編的成功，獲得了金雞獎。而《日出》也譯成外文廣爲流傳，一九六〇年七月，《日出》英譯本由外文出版社出版，譯者巴恩斯；同一年十月一日，蘇聯藝術出版社出版了曹禺的兩卷集，包括《雷雨》、《日出》、《北京人》、《明朗的天》。蘇聯《文學報》在報導此事時說：「他在劇本中對舊中國的現實作出了判決」。㊳

文革後，曹禺以七十高齡遠渡重洋，在一九八〇年四月十二日至十五日到印第安那大學訪問，在印大觀賞由 T.Hernandez 教授導演的《日出》。此次赴美訪問，海外人士夏志清、劉紹銘、水晶等均撰文報導。夏志清談到他對《日出》的好感與日俱增，劉紹銘亦修正他過去對《雷雨》、《日出》極不客氣的批評。㊴曹禺的劇作在日本譯本相當多，光是《日出》就有三種之多：奧野信太郎、佐藤一郎（一九五四年）、松枝茂夫（一九六二年）、內山鶉（一九八二年）的三種譯本。㊵足見《日出》這齣社會劇在日本受歡迎的情形。

三、歷經急凍與風靡冷熱際遇的非寫實劇《原野》的傳播

曹禺的三幕劇《原野》在一九三七年四月開始在靳以主編、廣州出版的《文叢》第一卷第二期連載，至八月第一卷第五期續完。同一年八月七日至十四日於上海卡爾登大戲院舉行首次公演，由業餘實驗劇團演出，導演及舞台監督均由應雲衛擔任。由於日寇大肆轟炸上海、南京，《原野》於八月十五日停演。㊶對照於曹禺前兩部劇作的佳評不斷、喝采連連，《原野》則顯得倍受冷落。學者推論：《原野》或許是「生不逢時」，劇本連載了一半，抗日戰爭爆發了，而它又並非所謂「國防」題材，所以頗受「冷遇」。㊷當然題材與抗戰無直接關聯也是原因之一，然而最主要的因素應該是它採用了表現主義的創作手法，受到當時把持文壇，推崇現實主義寫作原則的左翼評論家所排斥。一直到文革結束，對於《原野》的評價均是一片貶抑聲，幾乎一致斷言這是曹禺的一部失敗之作。連曹禺幾次出版他的劇作選集時，也一直未將《原野》列入。

不只是左翼批評家對它不抱好感，曹禺劇作中首先被國民黨開刀的就是《原野》。一九四四年年初，重慶圖書雜誌委員會發表〈取締劇本表〉，曹禺的《原野》、陳白塵的《石達開》、歐陽予倩的《桃花扇》等均遭禁。同一年的五月三日，重慶文化界在百齡餐廳舉行茶會。曹禺等五十餘人與會，商討關於言論出版自由等問題，一致要求取消新聞圖書雜誌及戲劇演出審查制度。然而翌年一九四五年上半年，重慶國民黨宣傳部公布查禁和修正的劇目，曹禺的《原野》與《雷

雨》均在查禁之列，《日出》則被列爲須修正的劇目。於是激憤的曹禺，在一九四六年一月，與電影界、戲劇界人士一起發表〈致政治協商會議各委員意見書〉，強烈譴責國民黨對電影、戲劇運動的迫害，要求廢除一切審查制度。㊸

然而《原野》並非全然沒有知音，它的首批支持者來自遠離繁華塵囂的非城市區。一九三九年四月，日機大肆轟炸重慶，劇校奉令疏散至江安。爲了歡迎劇校遷至江安，當地小學教員席明真、雷蘭（均是中共地下黨員）等組織演出了《原野》，用四川方言演出。藉此籠絡曹禺。同一年，八月十四日至廿四日，《原野》由聯大劇團在新滇劇院演出，導演曹禺，舞台設計聞一多、雷圭元。演出轟動昆明城，座券搶購一空，不少觀衆望門而嘆。九月四日起又復演三天。《原野》的演出被譽爲在雲南話劇運動史上三大里程碑之一（其它兩劇是《孔雀膽》和《清宮外史》）。而同一年十月八日武漢合唱團在吉隆坡中華大會堂演出《原野》，並獲得郁達夫的贊賞。一九四一年，《原野》易名爲《森林恩仇記》，由上海中國聯合影業公司搬上銀幕。一九四六年，《原野》也被譯成朝鮮文。㊹

一九四七年九月十九日至同月廿四日，實驗小劇團在台北中山堂上演曹禺的《原野》，由台灣文化協進會主辦。分國語組與台語組，可惜此次上演，觀衆不踴躍以致虧損。㊺《原野》在大陸演出時，即因它採用了表現主義的手法，以及與抗戰題材無關而倍受冷落與貶抑。在台灣的演出，雖也因其創新手法尚無法讓台灣觀衆普遍接納，不過連僻處海之一隅的島國台灣，亦演出他的冷門劇目，足見戲劇界對他確是情有獨鍾，曹禺應以海外有知音爲榮。

然而稀稀疏疏的掌聲，卻被淹沒在幾乎是一面倒的否定聲中，同被視爲曹禺三部曲之一的《原野》，與另二部《雷雨》與《日出》的際遇冷熱宛如天淵之別。文革之後，它卻鹹魚翻了身，魅力銳不可當。一九七七年，日本學者飯塚容將《原野》譯成日文，載《季節》雜誌第四期。一九八一年，凌子根據曹禺原著改編並導演的影片《原野》，在意大利威尼斯電影節上獲「最受推荐電影」的榮譽。而影片《原野》在香港公映，受到熱烈歡迎。在觀眾的要求下，只得又加映兩場。㊻大陸雖不准電影《原野》上映，然而繼電影《原野》拍攝並受到好評之後，四川人民藝術劇院、中國青年藝術劇院、中央戲劇學院等單位陸續上演此劇。隨著《原野》搬上銀幕，又搬上舞台，學術界重新展開再評價和再探討，形成一股小小的「《原野》熱」。一九八六年二月，中國青年藝術劇院赴港演出《原野》，觀眾反應十分熱烈。香港總督尤德欣賞此劇後，操著流利的漢語對導演張奇虹說，他從一九四二年就讀過曹禺的《雷雨》、《日出》，今天能看到《原野》，心裡很高興。還請她代問曹禺先生好。這使張奇虹感到吃驚，想不到這位港督對曹禺劇作如此熟悉。㊼

而最令人矚目的是由曹禺的女兒萬方根據曹禺的劇本改編，金湘作曲，李稻川導演的中國歌劇《原野》，在一九八七年春節過後正式開排。一九八七年七月在北京舉行了世界首演，一炮打響。一九八七年九月在第一屆中國藝術節上再次演出，震動中外。又於一九八七年至一九九〇年在北京、上海、大連、鄭州、濟南等地由中國歌劇舞劇院、上海音樂學院周小燕歌劇中心、山東歌劇團等單位演出多場，一再受到中外觀眾及行家的歡迎與肯定。同時，在一九八八年八月，應美國尤金·奧尼爾戲劇中心之邀，在美國康乃狄克州演出，受到美國同行的肯定。㊽

一九八九年十二月，《原野》作曲者金湘又攜此劇的錄影帶應邀參加德國慕尼黑舉行的第三屆國際音樂戲劇研討會，在會上放映全劇，受到熱烈歡迎並獲大會頒發「特別榮譽證書」獎。接著一九九二年一月十八日由華盛頓歌劇院製作，在美國首都華盛頓甘迺迪中心舉行美國首演，當帷幕徐徐落下時，全場近兩千名觀眾起立、鼓掌、歡呼達十分鐘之久。[49]人們被這激動人心的音樂、緊張曲折的劇情，動人肺腑的歌唱所震撼。

一九九三年，此劇由台灣省立交響樂團耗資近二千萬，邀請了旅義歌劇女導演王斯本返台執導，於該年二月廿四日至三月十五日在台北國家劇院演出。王斯本大膽起用德籍設計者馬丁·舒勒富（Martin Schlumpf）擔任舞台、服裝及燈光設計，協助她卸掉傳統戲曲的包袱，用客觀的角度提供她更多關於《原野》的想像和思考。試圖爲《原野》注入更多人性的成分，積極開發出此劇震撼人心的悲劇力量。[50]受到藝文界的矚目與好評。

二〇〇六年五月廿六日至廿八日，台北新劇團在新舞臺演出大型京劇《原野》，第一屆金鐘獎女主角劉明亦應邀演出，並跨海請來曾榮獲金鷄獎、百花獎的大陸國際級導演謝晉執導。《原野》曾以話劇、川劇、歌劇等形式改編演出，此次李寶春將之改編成京劇演出則是第一遭。作者筆下野火燎原的情與慾，對於內斂表達的京劇而言是一大挑戰。[51]

隨著政海的幾度浮沉，久蒙塵埃的《原野》，在政治解禁及欣賞美學視野的開拓下，終於難掩它天生的麗質，展現出萬丈絢麗的光芒。

四、曇華一現的《蛻變》、《明朗的天》的傳播

曹禺的劇作通常被左翼評論家批評爲與現實有相當的距離；而《蛻變》及《明朗的天》兩劇都是爲它的時代任務服務，在當下的時空均短暫放過一陣璀璨光亮，但是都僅是曇華一現，即消失得無影無蹤了。

《蛻變》寫於一九三九年夏，曹禺在民族危急存亡的大時代裡，滿懷愛國赤忱而創作此劇。與國立劇校師生邊改、邊印、邊排，導演由張駿祥擔任。在該年秋冬之際，國立劇校《蛻變》劇組赴重慶公演，對這齣以抗日爲主題的戲劇，國民黨當局的態度十分冷淡，連演員的住處也不給安排，結果只好宿在一家歇了業的浴室裡。對劇作、演出還實行了雙重檢查。當劇本審查後，國府當局還提出了四點修正，歷經波折終於得以演出。[52]曹禺接受田本相訪問時，談及《蛻變》上演時，蔣介石也來看了，看到丁大夫揮動紅肚兜與傷兵告別，認爲是把紅旗拿到台上了，於是，把張道藩訓斥了一頓，可是張道藩認爲寫的是國民黨軍隊打到了大都市。由於蔣介石的干涉，《蛻變》一度遭禁，但迫於輿論壓力，又不得不開禁。[53]

一九四一年，《蛻變》由黃佐臨導演，作爲上海苦幹劇團的第一個劇目在「孤島」上海首次演出。每天日夜兩場，竟連續客滿三十五天，後遭上海公共租界工部局禁演。當第一場演出，就引起全場愛國熱情的高漲，台詞不斷爲雷動的掌聲所中斷。劇終以後，連續謝幕三次，很多演員

和工作人員都在後台激動得流了淚。到十一月十二日孫中山先生誕辰這天，觀衆的愛國熱情出現了新的高潮：當結尾處劇中人丁大夫向抗日戰士講話時說道「中國中國，你是應該強的」的時候，池座裡大聲地喊出了愛國口號，一時整個劇場都沸騰起來，閉幕以後，觀衆還不斷鼓掌，許多都不願意離開劇場。這種情形，引起了租界當局的側目，第二天，工部局就對《蛻變》發出了禁演令。54

一九四二年深秋，中國萬歲劇團演出《蛻變》，史東山導演。由於反映熱烈，同一年十二月廿八日，中國萬歲劇團又再度上演《蛻變》，共產黨的喉舌《新華日報》刊出了專輯，編者說道：「因爲《蛻變》的公演引起了幾乎普遍的贊美，所以今天的篇幅幾乎全部奉獻給這個戲了。」而劇宣四隊（原一隊）也在十月廿八日在桂林新華劇院演出《蛻變》。《蛻變》成了宣傳抗戰當紅劇碼。而《蛻變》也因確能激發國人激昂的抗日怒潮，在一九四三年年底，與《大地回春》、《邊城故事》、《正氣歌》同獲頒中央圖書雜誌審查委員會文藝獎金。55

《蛻變》在抗戰勝利後就被束之高閣，國民黨認爲它爲匪宣傳；而共產黨亦指責它對國民黨統治起了粉飾作用，蔣政權下怎可能出現像梁公仰那種廉潔賢明的高官？其實不但國民黨有所疑慮；共產黨內部也出現兩種不同的聲音。早在《蛻變》一問世時，共產黨的機關報《新華日報》內部旋即展開一場討論。有人說：這個戲不應該贊揚，而應該批評，因爲它歌頌了國民黨；劇中主人翁之一的梁公仰是一個國民黨的視察專員，他一來，省立醫院就面貌煥然一新，生活中哪有這麼輕而易舉的事。另外一些人則認爲這個戲的主題思想是愛國的，是對抗戰的熱情歌頌，在藝術上也是成功的，是應該贊揚的。雙方各持己見。周恩來最後裁示：曹禺是一位年輕有爲的劇作家。他從抨擊封建大家庭的題材一躍爲及時反映沸騰的抗戰現實，這說明了作者生活視野日漸開闊。《蛻變》這個戲具體地顯示了作者政治上的進步。劇本總體上是歌頌抗戰的，作者的愛國主義的立場是十分鮮明的。誠然，劇中出現的梁公仰是一個國民黨的專員，但這也反映了一定的生活真實。在實際生活中，國民黨官員也不是鐵板一塊。他們中有頑固派，有中間派，也有堅持抗戰的愛國志士。像馮玉祥、蔡廷鍇、張自忠他們不都是堅持要與敵寇血戰到底的愛國將領嗎？《蛻變》中歌頌了梁公仰，這樣的愛國志士，這對我們爭取國民黨中、上層人士積極投入抗戰是有益的，對建立鞏固的抗日民族統一戰線也是有利的。在周恩來的指引下，《新華日報》連續發表了稱贊《蛻變》的文章，其它報刊也紛紛載文推薦這個戲。㊻然而抗戰勝利後，幾乎不見它再上演；文化大革命時，「左」的氣燄更加高漲，《蛻變》遭到了批鬥的命運。

想不到它的知己竟來自當時還是英國統治、尙未「回歸」的香港，一九七五年春，香港市政局主辦「曹禺戲劇節」，演出了《蛻變》、《北京人》、《膽劍篇》。一九四一年，日本帝國主義佔領香港，燒殺擄掠，也許是這分傷痛的共同記憶，《蛻變》被選爲演出的劇目。一齣在當時曾激起抗戰怒濤的抗戰劇，竟落得如此境遇，千古滄涼，委實令人心驚！

《明朗的天》壽命更是短暫，一九五四年九月，四幕劇《明朗的天》在《劇本》和《人民文學》九月號開始連載，並預告全劇爲四幕八場。但當十月號載完時，只有四幕七場，曹禺在附記中說明緣由，是覺得第四幕缺點最多，也太長，故大大刪改一番，原來的兩場戲改爲一場戲，故與上期幕表上寫的有了出入。㊼同一年十二月十八日，四幕七場的《明朗的天》由北京人民藝術劇院公演，由焦菊隱導演，一直演到二月廿五日止，「天天客滿，受到群眾的歡迎。」為了參加第一屆全國話劇觀摩演出，曹禺在聽取了許多意見之後，又作了一次較大的修改，由原來的四幕七場改為三幕六場。㊽

第一屆全國話劇觀摩演出結束，曹禺的《明朗的天》獲劇本、導演、演出一等獎。㊾當年的評論大致都給予肯定的評價，然而它的生命力卻非常短暫。在一陣政策宣導的熱鬧大趕集之後，即銷聲匿跡，很少再見到演出。而國外也大約只有日本在二次大戰結束後近十年，才於一九五四年，由松枝茂夫、吉田幸夫譯成日文；新協劇團，在一九五五年十二月演出過。㊿觀眾的眼睛是雪亮的，只可欺瞞一時，不可欺之一世。時間正是最嚴苛也最公正的篩子，《明朗的天》是很好的例證。

五、膾炙人口的《北京人》、《家》的傳播

《北京人》與《家》二劇是保證票房長紅的雙璧。《北京人》完成於一九四〇年秋冬之際，一九四一年十二月由重慶文化生活出版社出版。在此書出版以前，已名震遐邇了。先是一九四一年十月廿四日，中央青年劇社重慶抗建堂首次公演，導演張駿祥，由擅長扮演曹禺劇作女角的張瑞芳飾演愫方；同一年十二月「旅港劇人協會」在香港排演《北京人》，導演章泯；一九四二年

二月四日，國防藝術社在桂林公演《北京人》，導演熊佛西；同一年五月八日，由香港脫險到達桂林的戲劇工作者章泯、鳳子等人，在大眾影劇院演出《北京人》。[61]幾次的演出均獲得觀眾熱烈的喝采。

一九四三年八月，陝北中學生集訓隊藝委會演出《北京人》；一九四四年，在三台的東北大學學生們組織了戲劇研究會。由在該校任教的董每戡導演。一九四五年十月廿一日，曹禺參加「文協」在重慶張家花園舉行的聯歡晚會，周恩來蒞會講話，盛贊《北京人》、《日出》是「優秀作品」。在倍受國民黨打壓的曹禺劇作中，《北京人》幾乎是難得的例外；而掌控共產黨文藝大舵的周恩來，則敏銳地嗅出它對傳統社會的巨大摧毀力。然而《北京人》在中共執政後，卻沉寂了十年之久，直到一九五七年「雙百」較寬鬆的文藝政策下，曹禺的一些劇作才又紛紛搬上舞台。該年三月，《家》重被搬上上海戲劇舞台；同月，《雷雨》、《日出》、《北京人》、《家》陸續搬上首都舞台；而《北京人》由新組建的廣播電視實驗劇團在北京兒童藝術劇院演出。這是中共建國後第一次演出此劇，導演由蔡驤擔任。周恩來觀賞此劇時，說作者對那個時代理解很深；還談到封建制度的罪惡，說公演這齣戲有教育意義。[62]

《北京人》在中國大陸受到冷遇，然而在大陸以外的地區，卻以其藝術性得到了迴響。一九四八年十月廿五日台灣省第三屆光復節，省政府舉行規模盛大的「台灣省博覽會」，話劇方面，「博覽會」請南京國立戲劇專科學校劇團來台公演。同時，在台各業餘的、學校的劇團，也參加演出。包定中山堂和新公園音樂台兩場地各一個半月，這次演出規模相當宏偉。十二月二日由台北市省立女子師範演出曹禺的《北京人》。[63]《北京人》在日本亦大受歡迎，光是它的譯本就有三種：服部隆造（一九四三年）、松枝茂夫、吉田幸夫（一九七一年）、吉村尙子（一九七五年）。[64]《北京人》在美國亦引起了重視，曹禺在一九四六年訪美期間，曾協同一位美國朋友李吉納爾·勞倫斯（Reginald Lawrence）整理過《北京人》的英譯本。此書雖沒有出版，然而一九五三年四月間，在紐約西城的 Studio Theatre 演出過，劇本的譯者正是那位勞倫斯先生。[65]一九八〇年曹禺赴美，在紐約最重要的安排是觀看《北京人》和《日出》的上演。三月廿五日，在紐約曼氏劇場上演《北京人》，導演肯特·保羅（Kent Paul）。劇本是由一位香港的留學生 Leslie Lo 翻譯的。《北京人》深受美國觀眾歡迎，得到美國同行的稱譽。前來陪同曹禺觀劇的美國劇作家阿瑟·米勒，將此劇稱之爲「感人肺腑和引人入迷的悲劇」。[66]

《北京人》在一九七五年春，香港舉辦「曹禺戲劇節」時也上演過。[67]一九九三年九月九日至十四日，《北京人》在台北的國家劇院一連演出五天。由舊金山美國藝術劇院駐院副導演姚樹華執導。在美曾英譯改編過曹禺作品《原野》的姚樹華說，她一直想導一齣中國的戲，而中國的戲非曹禺莫屬，其中她又偏愛曹禺的《北京人》。她希望此次的演出，能與現代有所結合，賦予現實社會意義，爲此，舞台必須作抽象化處理，所以特地邀請俄國舞台設計師柯許肯擔任舞台設計。[68]演出陣容結合了兩岸名演員，加上跨國色彩的製作群，及導演姚樹華的全新編導手法，呈現成果備受矚目。

由於導演姚樹華以全新手法詮釋曹禺的舊作，希望使改編後的《北京人》與現在的台北，以及中國近代史產生直接對話，導演在此劇中大量運用史詩劇場手法，讓演員經常搖身一變成爲敘事者和觀眾對話，或一語道出現代人對於傳統禮教可能產生的嘲諷，突出每個人行爲的荒謬性，讓這齣喜劇添加辛辣的滋味。姚樹華在改編此劇時，以新時代的價值觀不斷撞擊著舊社會體系，同時藉傳統觀念衝激著現今社會。[69]這種前衛性的舊劇新詮，不但考驗著來自兩岸的名演員，也是對見識過小劇場運動的台灣觀眾的另類挑戰。

由於一九九三年這一年內《原野》、《雷雨》、《北京人》逐一上場，故黃碧端宣稱「九三年的台北重新成爲曹禺年」，而她又認爲相對於《原野》和《雷雨》，《北京人》的野心更大，因爲對曹禺的批判，還想再批判，對於原作的時空還想加上後設拼貼的前衛處理。[70]看來曹禺的魅力仍歷久彌新，不同的時代迴異的詮釋，更賦予它盎然鮮活的生命力。

曹禺另一個極受歡迎的劇作《家》，是一九四二年夏創作改編自巴金的同名小說《家》。同一年十二月，《家》由重慶文化生活出版社出版。一九四三年四月十八日，《家》由中國藝術劇社爭得首演權，在重慶公演。導演章泯，覺新由金山飾演，瑞珏由張瑞芳飾演。演出盛況空前，連演三個月。同一年七月十二日，留桂劇人實驗團在廣西劇場演出《家》，歐陽予倩導演；八月初，留桂劇人協會在桂林公演《家》，導演田漢、熊佛西。九月，抗敵演劇二隊在華北興集演出《家》。[71]四〇年代初期，捲起了一陣爭演《家》的狂潮。

一九五七年，在「雙百」較寬鬆的文藝政策下，《家》又重新躍上舞台，在上海戲劇舞台、首都舞台演出。然而這僅是曇花一現，隨著「左」的思潮再度揚起，這股熱潮又急速冷卻了。這次冰河期更加漫長，直到文革結束後才又復甦。一九八四年二月，擔任美國密蘇里大學客座教授的英若誠，給美國學生排演由他改編的曹禺劇作《家》。同一年四月，英若誠發表〈從在美國排演《家》想到的〉一文，文中寫道：《家》在密蘇里州堪薩斯城的演出獲得很大的成功。美國評論界認為「《家》的演出使美國人深刻地理解了二十年代的中國社會，這是理解後來發生的偉大的中國革命的鑰匙。」[72]《家》的廣泛流傳與風靡，確實授予將國民黨醜化為封建壓迫者的共產黨很大的宣傳利器。

一九八五年九月五日到十六日，上海人民藝術劇院在日本東京陽光城劇場演出了《家》，十天演了十場。據組織演出的日本朋友說，「在日本舉行訪問公演的外國劇目，多半在東京只能公演兩三天即轉移到外地，因為只有這樣才能維持滿座；在東京能夠連續演滿十場，保持盛況不衰的，大概只有兩年前的《茶館》和這次的《家》。」[73]日本人不愧是曹禺的忠實觀眾與知音，《家》的藝術魅力確實絢爛輝煌。

六、寄寓深遠的歷史劇《膽劍篇》、《王昭君》的傳播

曹禺動手寫《膽劍篇》時，中國正面臨內憂外患，大躍進錯誤的政策帶來的糧食短缺，經濟蕭條；又接著一連串天災水患。除了內憂外，外患也接踵而至，與台灣的對峙愈形白熱化；也與印度發生了中印邊境衝突。正是這樣一種極度困難的情況下，領導給他下達的任務，由他和梅阡、

于是之合作，開始了《臥薪嘗膽》的創作。[74]一九六〇年八月，歷史劇《臥薪嘗膽》初步完成，開始徵求意見，並向沈從文請教劇中的若干史料問題；九月十六日沈從文寫長信一封，詳細說明戰國時代吳越社會各方面的狀況；一九六一年初，又分別接獲沈從文、齊燕銘、陳白塵的來函，均提出了對此劇的意見。曹禺亦在三月十日及十三日兩度參加《臥薪嘗膽》座談會，傾聽歷史學家及文化界的意見，並接受袁水拍的建議，將此劇更名爲《膽劍篇》。[75]

一九六一年七月，《膽劍篇》在《人民文學》第七、八兩期連載。同一年由北京人民藝術劇院公演。一九六二年十月，《膽劍篇》由中國戲劇出版社出版。[76]然而隨著政策的急遽大轉變，歷史劇成了禁區，《膽劍篇》受到了極度的冷遇，在大陸被打入冷宮。反而在境外還得到些許的溫暖。一九六四年，日本黎波將之譯成日文。[77]一九七五年，香港舉辦的「曹禺戲劇節」，也將之列爲演出的劇碼之一。[78]比起上一部國策文學《明朗的天》在熱熱鬧鬧喝采聲中登場，《膽劍篇》的境遇淒涼多了。

另一齣歷史劇《王昭君》的醞釀幾乎與《膽劍篇》同一時期，是周恩來親自下達的寫作任務。但因一九六三年柯慶施提出了「大寫十三年」的口號，否定文藝創作的「雙百」方針，並獲得毛澤東的支持，文藝界在文革運動前，已提前進入劫難期。[79]曹禺的《王昭君》因此中斷了十多年，直到文革結束，才又恢復寫作。於一九七八年八月完成初稿，並於該年十一月在《人民文學》第十一期刊載。一九七九年七月由北京人民藝術劇院公演。在話劇未公演之前，早在該年的二月初，王煉、謝晉兩人已將《王昭君》改編成電影劇本，刊載於《戲劇與電影》一九八一年第

七、八兩期上。[80]

一九七九年八月十七日，曹禺出席國家民委和劇協聯合舉辦的《王昭君》座談會，聽取代表們對《王昭君》一劇的意見。與會的代表如張庚、金山等人均給這部新作以高度評價，一致肯定曹禺爲鞏固和發展民族團結所作出的貢獻，並肯定了它的藝術成就。《王昭君》一劇也成爲民族政策宣傳的樣板戲，該年八月廿二日晚，曹禺陪同菲律賓文化考察團一行，及菲駐中國大使雷耶斯和夫人及大使館文化官員等觀看《王昭君》的演出；九月一日晚又陪同中共高幹胡喬木觀看《王昭君》，並獲得其大力的贊賞。[81]

曹禺的《王昭君》在大陸受到的肯定，主要的著眼點在它符合了中共的政策宣傳。一九八〇年七月，《王昭君》再次在大陸公演。[82]接著《王昭君》劇組赴香港演出。香港良友圖書公司於九月一日出版《曹禺《王昭君》及其他》。黎覺奔在〈爲曹禺的《王昭君》演出歡呼〉一文中，熱烈歡迎劇組到來。[83]香港的戲劇界在一九八〇年八月十日下午，在李援華的家中召開「曹禺與其新作《王昭君》座談會」，與會者包括譚然文、黎覺奔、李援華、莫紉蘭、張秉權、梁時杰、陳德恒。[84]誠爲香港劇壇一大盛事。

七、曹禺劇作傳播呈急遽擺盪情況之省思

由以上的概述，可看出曹禺劇作傳播在中國大陸的幾個突起的高峰：首先是抗戰前夕，尤其

是《雷雨》引發的魅力，那正是西方戲劇在中國本土紮根發芽的里程碑；其次是抗戰時期。馬森認爲這個時期是話劇的鼎盛期，因爲抗日救國運動的需要，話劇成爲有力的宣傳武器；又因爲電影製作和影片進口的停頓，話劇取代了電影的大眾娛樂地位，致使演出頻繁，觀眾人口大增；再加上一九三七年以前話劇已經獲得良好的發展，所以這一個時期造成了話劇的黃金時代。㉟然而抗戰勝利了，曹禺的劇作卻沉寂了數十年，雖然在五十年代末期因「雙百」文藝政策，有了復甦的跡象，然而緊接著大躍進、十年文革，藝文界在肅殺的氛圍下噤若寒蟬。直到文革結束，曹禺劇作才又釋放出壓抑已久的生命力。

早在中國共產黨建黨之初，即敏銳地嗅出了文學對政治的影響力，在一九二七年國共合作崩潰後，開始有計劃地運用文藝策略影響政治，尤其是以善於造勢的話劇來宣傳革命。中國共產黨收編了上海主要話劇團，並以此爲根據地，由點擴散成面的網絡，到了一九三二年，北京、廣州、漢口等地都組成了「劇聯」的分盟。也就是說，在國民黨統治下的全國主要大城市的話劇領導，完全掌握在「左翼」手裡。㊱

青年曹禺開始他的第一部劇作時，正是暴露在左傾的浪潮裡。當時的文壇無論是報章雜誌編輯或當時已成名的文人，幾乎均是左翼人士或同情共產主義者。以傳播學的理論，這批人正是掌握宣傳利器的「意見領袖」，這些「意見領袖」擴大了大眾傳播所能到達的範圍，並加入了個人的影響力；同時，這些意見領袖也是傳播過程中的「守門人」，他往往「轉播」他所「喜歡」的那一部分。㊲對於曹禺大力打擊傳統文化的部分，他們大加贊揚；對於曹禺汲汲探索的人性幽暗面及命運等觀念，則加以批判或抑遏。但這批文化人通常只將烏托邦理想主義寄託在共產黨上，他們並非真正共產黨員，故曹禺仍能在藝文界悠遊創作；等到中共建國後，所有作家和出版機構，包括報紙和雜誌，都在中共宣稱一切都是爲了黨的利益的口號下，被嚴密地組織起來，沒有作家敢發表不妥協的意見。

從傳播學的角度來說，中國共產黨成了最大的「守門人」，所有要傳遞的訊息都須經過共產黨的意識檢覈才得放行。由於透過黨所掌控的報刊、雜誌或電視等媒體在報導新聞時，施行篩選，議題設定於焉出現。新聞發布單位，作爲媒體的一名「守門人」，必須在何者須報導，如何來報導，在這兩項工作上負起責任。因此在任何時間之內，一般大眾所獲知的事件真相，其實只是媒體由「守門人」授與的「二手貨」。⑱而且這個守門人並非合議制度產生，而是毛澤東一人的意志。曹禺一廂情願式的理想主義，遭到重創與打擊；而他的天縱英才，也因而暗淡無光，他的創作只有在民族的狂熱下才能再度點燃已行將熄滅的灰燼。

爲何中國共產黨在建國以前要力捧曹禺這批不是共產黨員的文學家呢？掌握文藝政策舵手的周恩來，爲何要如此看重曹禺這個對馬克思主義毫無概念的文人呢？並大力推展曹禺劇作的散佈流傳呢？這是因爲曹禺的作品比起左翼文人少了那麼一層宣傳味，然而引爆的影響力卻相當深遠。研究大眾傳播理論享譽最盛的學者拉斯威爾（Harold Lasswell），在一九四八年發表〈傳播在社會中的結構與功能〉（*The Structure and Function of Communication in Society*）的論文中，提出了下列傳播模式：

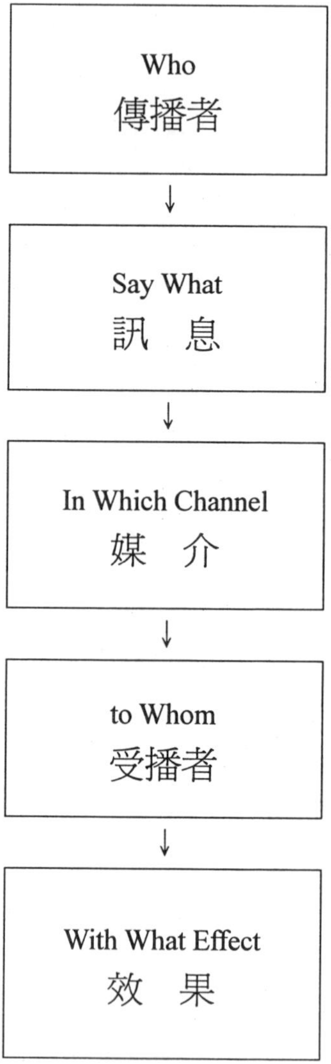

[89]

此模式亦可推論到曹禺劇作的傳播。傳播者爲曹禺這樣非左翼色彩濃厚的文人，觀眾及讀者因其非政黨屬性的作家特質，故對其毫無防患心理，對於他們所傳播的同情共產黨訊息與打擊國民黨的「事實」，亦較容易信服；而其透過的傳播媒介是撼人心弦的戲劇，曹禺的劇作技巧出神入化，寫人情則委婉動人，布局則堪稱佳構劇的經典之作，又在寫實主義的包裝下，身爲「受播者」的觀眾幾乎可說毫無抵禦地照單接受。又因爲它的傳播面相當廣泛，因此它的左傾影響力頗具引爆性。水可載舟，亦可覆舟，在中共奪權後，這些具有煽動力的文人自然成了中國共產黨馴服的標的物，只能爲其所用。鷹揚萬里、睥視昂藏的中國戲劇大師，在一再打壓拘限下，羽翮蜷伏，只有救亡圖存及民族狂熱的號角吹響時，才能再勉力飛翔。

曹禺劇作在中國大陸以外的地區流傳，當然主要是來自於其戲劇的感染力，他運用外國熟悉的戲劇形式，反映自己民族的生活情致，又表達得如此深刻、細膩。然而在流傳上，卻也不免受到了政治因素的影響。

曹禺劇作在意識型態對立的台灣，其傳播的情形亦在政治的擺弄之下。抗日勝利後，一九四六至四八年，曹禺的著名劇作《雷雨》、《日出》、《原野》、《北京人》均曾在台灣上演，這是台灣在日本人統治五十年後，對文化中國的嚮往與回歸，然而在國民黨撤退來台後，基於對左翼文學的惡感而採取全面禁絕政策，曹禺的劇作也被視爲洪水猛獸而從此銷聲匿跡。直到一九八七年七月十五日解除戒嚴，八八年解除報禁、開放黨禁，在九十年代初期，《雷雨》、《原野》、《北京人》才又紛紛在台灣上演，然而仍局限於台北市等大都會，不像光復後，曹禺劇作已傳播至台中、屏東、澎湖等地。可見這五十年的禁錮所產生的隔膜仍相當深遠。

九七「回歸」宿命已定的香港，對於中國大陸動向持續地關注著，早在文革結束前一年，一九七五年，香港舉辦「曹禺戲劇節」，乃是對大陸文化大革命的沉默抗議與對被壓迫文人精神支持的表徵；他們對於中國現當代文學的矚目，正是對文化祖國的傾心，建立文化的一個重要環節；並在被殖民與被收回的曖昧身份認同中，逐漸架構起香港自己特有的文化。而對中國文化傾心，卻在政治、經濟上敵對的日本，一直是中國現代戲劇發芽生根的肥沃園圃。曹禺的劇作正如早期的話劇活動，首先是在日本受到重視，熱潮再蔓延回中國大陸。曹禺劇作在日本演出相當頻仍，劇作譯成日文的版本也相當多，可見曹禺在日本受到的重視。其他如意識型態相同的蘇聯等共產國家，亦經常上演曹禺的劇作；而一些資本主義國家如美國等，亦將曹禺的著作視爲理解封建帝國爲何會爆發大革命的叩門磚。由此可見不但是曹禺的劇作在擾嚷的政爭中完成，它們的流傳亦受到政治的利用或干涉，即便是境外的流傳，亦因意識型態而際遇冷熱有別。

註　釋：

①田本相，〈曹禺研究國際學術討論會開幕詞〉（一九九一年八月十六日），田本相、劉家鳴主編，《中外學者論曹禺》（天津：南開大學出版社，一九九二年），頁一—二。

②劉紹銘，〈《王昭君》——曹禺第三部「國策文學」〉，《中外文學》第八卷第六期，一九七九年十一月，頁一五一—一五六。

③杜宣，〈憶《雷雨》在東京的首次上演〉，《文匯報》一九五七年十二月十五日，田本相、張靖編著，《曹禺年譜》（天津：南開大學出版社，一九八五年），頁二六—二七。

④《曹禺年譜》，頁二八。

⑤《曹禺年譜》，頁三〇—三一。

⑥曹聚仁，《文壇五十年》（上海：東方出版中心，一九九七年），頁二九二。

⑦〔西德〕烏韋·克勞特，〈戲劇家曹禺〉，原載《人物》一九八一年第四期，田本相、胡叔和編，《曹禺研究資料（上）》（北京：中國戲劇出版社，一九九一年），頁一一一。

⑧一九三七年一月廿四日《大公報》，引自《曹禺年譜》，頁四一。

⑨《曹禺年譜》，頁四七、七〇。

⑩《曹禺年譜》，頁四一、五一。

⑪賈克，〈一支活躍在敵人後方的戲劇尖兵〉，田漢、歐陽予倩等編，《中國話劇運動五十年史料集》第二輯（北京：中國戲劇出版社，一九八五年），頁一一五—一一六。

⑫《曹禺年譜》，頁六〇。

⑬呂訴上，《台灣電影戲劇（下）》（北京：國立北京大學中國民俗學會，一九六一年），頁三四三—三六三。

⑭《曹禺年譜》，頁七三—七五、八六—八七、一〇六—一一四。

⑮《曹禺年譜》，頁八九。

⑯《曹禺年譜》，頁一四五、一五〇—一六五。

⑰〔澳大利亞〕江靜枝，〈中國之行——從生活中走進《雷雨》〉，《中外學者論曹禺》，頁三二四。

⑱李行，〈政治禁忌解除　偶像劇作上台〉，《聯合報．文化廣場》一九九三年四月十七日。

⑲胡耀恒，〈曹禺的《雷雨》——父權社會倫常大批判〉，《聯合報》一九九三年四月十七日。

⑳《中國時報》二〇〇〇年六月十二日。

㉑李玉鈴，〈戲劇界　五月很曹禺〉，《聯合報》二〇〇六年三月二日；陳淑英，〈北京人藝來台搬演雷雨〉，《中國時報》二〇〇六年三月二日。

㉒〈《黃金甲》混淆價值拜金嗜血〉，《中國時報·兩岸新聞》二〇〇七年二月八日；〈黨校痛批：《黃金甲》嗜血　醜陋大片〉，《聯合報·兩岸》二〇〇七年二月八日。

㉓《曹禺年譜》，頁四一。

㉔《曹禺年譜》，頁四二—四三。

㉕同註⑦，頁一一四。

㉖一九三七年五月十五日《大公報》，引自《曹禺年譜》，頁四三—四四。

㉗鍾敬之，〈延安魯迅藝術學院概貌側記〉，北京：《新文學史料》一九八二年第二期。

㉘曹禺，〈從一件小事談起〉，《迎春集》（北京出版社，一九五八年），引自《曹禺年譜》，頁五九。

㉙胡可，〈學習曹禺同志　繁榮社會主義戲劇〉，中國話劇藝術研究會編，《曹禺戲劇研究論文集》（北京：中國戲劇出版社，一九九七年），頁一七—一八。

㉚《雜誌》第十五卷第三期，《曹禺年譜》，頁七〇。

㉛《曹禺年譜》，頁七〇—七一。

㉜同註⑬，頁三四八。

㉝《曹禺年譜》，頁四三。

㉞藍博洲，《天未亮》（台中：晨星出版有限公司，二〇〇〇年），頁二五七。

㉟同註㉞，頁二五七—二五九。

㊱同註㉞，頁三一五。

㊲藍博洲，〈四六事件大事年表〉，《天未亮》，頁三九一。

㊳《曹禺年譜》，頁一〇八、一一二—一一三、一五五、一六五。

㊴夏志清，〈曹禺訪哥大紀實——兼評《北京人》〉，《夏志清文學評論集》（台北：聯合文學雜誌社，一九八七年），頁一一四；劉紹銘，〈君自故鄉來〉，《曹禺研究專集（上）》，頁三九四。

㊵田本相，《曹禺傳》（北京十月文藝出版社，一九八八年），頁四六九。

㊶《曹禺年譜》，頁四三—四四。

㊷南卓，〈評曹禺的《原野》〉，原載一九三八年六月《文藝陣地》第一卷第五期，《曹禺研究資料（下）》，頁八八二—八八九。

㊸《曹禺年譜》，頁六八—七一。

㊹《曹禺年譜》，頁五二、五三、六一、七四。

㊺同註⑬，頁三五三—三五四。

㊻《曹禺年譜》，頁一二七、一五四—一五五。

㊼田本相，《曹禺傳》，頁四六三—四六四、四六六。

㊽金湘，〈寫在歌劇《原野》在台灣演出之前〉，台北：《表演藝術》第五期，一九九三年三月。

㊾同註㊽。

㊿石依華，〈大陸《原野》移植台灣舞台〉，《表演藝術》第五期，一九九三年三月。

51陳淑英，〈京戲原野　謝晉執導〉，《中國時報》二〇〇六年五月十七日。

52沈蔚德，〈回憶《蛻變》的首次演出〉，原載《新文學史料》一九七八年第一期，《曹禺研究資料（下）》，頁一〇〇三—一〇〇五。

53田本相訪問曹禺記錄，《曹禺年譜》，頁五五。

54柯靈、楊英梧，〈回憶「苦幹」〉，《中國話劇運動五十年史料集》第二輯，頁三四七。

55《曹禺年譜》，頁六二—六四、六八。

56佘飄，〈周恩來論曹禺及其作品〉，書同註㉙，頁一七九。

57《曹禺年譜》，頁九〇—九一。

58田本相，《曹禺傳》，頁三七九。

59《曹禺年譜》，頁九七。

60《曹禺傳》，頁四六九；《曹禺年譜》，頁九五。

61《曹禺年譜》，頁五六—六一。

62《曹禺年譜》，頁六七—七一、一〇三。

63同註⑬，頁三六四—三六五。

64田本相，《曹禺傳》，頁四六九。

65田本相，《曹禺傳》，頁四五〇。

⑥⑥余志恒、袁瑾，〈話劇《北京人》在紐約上演記〉，一九八〇年三月廿九日《人民日報》，引自《曹禺年譜》，頁一四五。

⑥⑦《曹禺年譜》，頁一二六。

⑥⑧曹韻怡，〈台北人演《北京人》〉，《聯合報》一九九三年七月六日。

⑥⑨周美惠，〈北京人今在台北重生〉，《聯合報》一九九三年九月九日。

⑦⓪黃碧端，〈《北京人》在台灣〉，《聯合報》一九九三年九月五日。

⑦①《曹禺年譜》，頁六一—六七。

⑦②《曹禺年譜》，頁一〇三、一六四、一六五。

⑦③〈日本觀眾喜歡《家》〉，一九八五年九月廿二日《文匯報》，引自《曹禺年譜》，頁四六七。

⑦④、田本相，《曹禺傳》，頁四〇二。

⑦⑤《曹禺年譜》，頁一一三—一一四。

⑦⑥《曹禺年譜》，頁一一五—一一九。

⑦⑦田本相，《曹禺傳》，頁四六九。

⑦⑧《曹禺年譜》，頁一二六。

⑦⑨葛一虹主編，《中國話劇通史》（北京文化出版社，一九九〇年），頁四三四—四四五。

⑧⓪《曹禺年譜》，頁一三二—一四一。

⑧①《曹禺年譜》，頁一四二。

⑫《曹禺年譜》，頁一四七。

⑬田本相，《曹禺傳》，頁四六六。

⑭〈曹禺與其新作《王昭君》座談會〉，王興平、劉思久、陸文璧編，《曹禺研究專集（下）》（福州：海峽文藝出版社，一九八五年），頁六〇〇。

⑮馬森，《西潮下的中國現代戲劇》（台北：書林出版公司，一九九四年），頁一四三。

⑯夏衍，〈中國話劇運動的歷史與黨的領導〉（寫於一九五七年十月），（中共）文化部黨史資料徵集工作委員會編，《中國左翼戲劇家聯盟史料集》（北京：中國戲劇出版社，一九九一年），頁三八九—三九〇。

⑰徐佳士，〈第二章　傳播的程序〉，《大眾傳播理論》（台北：正中書局，一九八七年），頁三七。

⑱S.W.Littlejohn 著，程之行譯，《傳播理論》（台北：遠流出版公司，一九九六年），頁三三三。

⑲同註⑱，頁三二五—三二六。

第二節　中國大陸的曹禺戲劇研究

一、三十年代的曹禺戲劇研究

曹禺的《雷雨》、《日出》自一九三四、三六年相繼發表後，在國內外引起了強烈的迴響，震驚了中國劇壇。對曹禺劇作的研究，是伴隨著他的處女作《雷雨》演出的成功而開始的。三十年代對曹禺劇作的研究剛起步，尙處於開拓期。大陸學者潘克明指出，大多數研究者囿於「孤立研究」，審視的角度逼促，研究領域狹窄，不善於或尙無力把曹禺及其劇作放在當時特定的社會歷史條件和藝術潮流，以及和同時代其他劇作家的橫向比較等宏觀的背景下多元化地進行探討。①

然而有少數研究已展現了不容低估的學術水準。在對《雷雨》的早期評論中，較具理論見地、能觸及其內在本質的是劉西渭的〈《雷雨》〉一文，劉文最先指出了《雷雨》中的「命運觀念」，認爲曹禺並非替天說話，命運是「藏在人物錯綜的社會關係和人物錯綜的心理作用裡」。他肯定了《雷雨》中「最成功的性格，最深刻而完整的心理分析，不屬於男子，而屬於婦女。」並指稱這個劇隱隱受到希臘悲劇《希波呂托斯》（*Hippolytus*），及法國古典劇作家哈辛（Racine）的《費德》（*Phêdre*）兩齣戲的「暗示」。②這些見解，均頗具開創性。

張庚在〈悲劇的發展——評《雷雨》〉一文中，指出了《雷雨》的作者在世界觀和創作方法上的矛盾，並點出現代的人仍舊受命運的支配，但「這命運不是不可知，而是社會的。」然而在人物典型的創作上，「作者是個不自覺的現實主義者」，也就是說人物刻畫的成功，則是現實主義的創作手法所給予他的。張庚再三惋惜《雷雨》的作者在創作過程中所表現的不幸，是他的思想未經過理論的「進步的世界觀」所「武裝」。③也就是說劇作者若具備社會主義的世界觀的話，會有更出色的表現。

一九三六年，《日出》問世後，立即引起了評論家的矚目。天津《大公報》從一九三六年底到一九三七年初，連續發表關於《日出》「集體批評」，其中以孟實（朱光潛）的意見最值得重視，他認爲作者的創作態度欠冷靜、含蓄，帶有「打鼓罵曹」式的意氣。其實只要如實地把人生世相的本來面目揭開給人看就夠了。他還認爲第三幕與全局缺乏有機聯繫，主張把第一幕後半部和第三幕「全部刪去」，實際上就是把小東西受迫害這條線索刪去。④朱光潛是從戲劇的藝術性著眼；對於劇作家應扮演的角色也提出了較中肯的態度。

三十年代後期還有一篇來自左翼評論家周揚的重要文章〈論《雷雨》和《日出》〉，此文是反駁黃芝剛的〈從《雷雨》到《日出》〉一文，黃著以粗率的庸俗社會學觀點全面否定了曹禺的《雷雨》、《日出》兩劇；而周揚則以馬克思主義辯證唯物主義法加以駁斥。周揚指出，「《雷雨》和《日出》無論在形式技巧上，在主題內容上，都是優秀的作品，它們具有反封建反資本主義的意義。」周揚還指出曹禺「對於現實也並沒有逃避，他用自己的方式去接近了它，把握了它，在他對現實的忠實的描寫中，達到了有利於革命的結論。」然而周揚並未全然同意此劇的命運觀，他認爲「如果說反封建制度是這劇本的主題，那麼宿命論就成了它的 Sub-Text（潛在主題），對於一般觀眾的原和命定思想有些血緣的樸素的頭腦會發生極有害的影響，這大大地降低了《雷雨》這個劇本的思想的意義。」⑤

田本相、焦尚志認爲周揚這篇論文相當重要，在周揚之前，沒有一位評論家明確指出過曹禺是忠實於現實的，更沒有誰指出過曹禺的劇作「達到了有利於革命的結論」。周揚的這篇文章，充滿著馬克思主義辯證唯物主義的科學精神，有一定理論深度和較強的說服力，這在三十年代戲劇研究乃至文學評論中，是一個重要的收穫。⑥其實這正是掌握左翼意識型態檢驗大權的頭號「守門人」，對非左翼的新進劇作家的審核，結論是大醇小疵，有利於革命，有助於左翼勢力的擴張。從此曹禺被共產黨員視爲同路人，也成爲共黨高層處心積慮拉攏的宣傳大將。上述這些拓荒期的幾個突起的高音，下開了曹禺研究的澎湃浪潮。

二、四十年代的曹禺戲劇研究

抗戰前後，是曹禺戲劇創作的鼎盛期，從一九三四到一九四二年，他先後創作和改編了《雷雨》、《日出》、《原野》、《黑字二十八》（與宋之的合作）、《蛻變》、《北京人》、《家》等多幕劇。其中《雷雨》、《日出》、《原野》、《北京人》更被視爲曹禺的代表作。隨著曹禺劇作的發表和演出，對曹禺及其劇作的研究亦逐步開展，除了持續對曹禺的新作如《蛻變》、《北京人》等劇作的單篇研究外，此時期亦開始出現了綜合、系統性研究，其中以一九四四年出現的呂熒的〈曹禺的道路〉及楊晦的〈曹禺論〉最具代表性，這兩篇份量不輕的論文，是對曹禺劇作進行綜合、系統研究的最早收穫。

呂熒從四個子題來分析曹禺的創作道路：一、思想的軌跡。二、社會的悲劇與喜劇。三、結構、人物、場面、動作、語言。四、劇與詩。⑦試圖全面探索曹禺的創作道路與戲劇的藝術價值。楊晦的〈曹禺論〉亦在同一年的十一月發表。楊文指出《雷雨》、《日出》和《原野》的寫作年代，是占滿了「九一八」、「一二八」及「塘沽協定」以後，到「七七」事變前的整個時間，爲何在劇中聞不到一點戰爭的血腥，看不到一點國家民族的危機，以及整個民族的恥辱。而《蛻變》是曹禺創作態度轉變後的第一部作品，可惜只邁了一步，馬上又退回他的老路，寫出了《北京人》、《家》，這真是一件令人惋惜的事！楊晦認爲曹禺劇作傳播之廣，以致在中國舞台上成爲一種支配的力量，正是生活沒有出路的知識分子以及小市民等病態心理的表現，對中國社會的發展來說，「實在是一種不幸的現象」。⑧措詞嚴厲，而且批判意味濃厚，顯現激進左翼分子對曹禺劇作已產生不滿，認爲它會麻痺革命的靈魂。亦隱然埋下曹禺劇作多舛命運的伏線。

本時期曹禺研究的另一特點，就是曹禺劇作與外國戲劇的比較研究，開始受到了人們的重視。如南卓的〈評曹禺的《原野》〉、邵荃麟的〈《北京人》與《布雷曹夫》〉、呂熒的〈曹禺的道路〉等，就是這方面研究的代表作。南卓指出了《原野》與奧尼爾、希臘悲劇、莎士比亞的聯繫。

他認爲，「總起來看，《原野》是太接近歐美的作品了」，「作者從技巧出發，模仿的作品太多，外來的成分占了上風」，「這種情形在文藝上卻是一個嚴重的失敗」。⑨邵荃麟在〈《北京人》與《布雷曹夫》〉一文中，把《北京人》與高爾基的晚年劇作《布雷曹夫》作了對比研究，指出兩者取材上頗爲相似，但從主題內容的表現上看，採用的方法顯然不同，《北京人》將矛盾孤立地局限在一個家庭之中，沒有與當時整個封建社會的勢力以及當時典型的政治與社會鬥爭的形勢之間的關係表現出來。高爾基在《布雷曹夫》中，對敵人的仇恨與鞭撻的程度之深，是《北京人》所比不上的。⑩邵文對於《北京人》的社會批判不夠有力，及對封建階級尚流露一絲溫情深表不滿。

呂熒在〈曹禺的道路〉一文中，分析了曹禺劇作的詩意與莎士比亞戲劇的聯繫。呂著還指出曹禺善於「將歐美的戲劇技巧溶進中國的生活」的特點，「一貫的，從《雷雨》到《家》」，作者運用歐美現代戲劇的技術，音樂，光，色彩，甚至於心理學，精神學，醫學。」將歐美的戲劇技巧融進中國的生活，這尤其是作者擅長的一面，中西貼切的融合之下，「在曹禺全部劇作中充溢著的中國氣息，以及風俗畫的繪寫，這是最寶貴的收獲之一。」⑪而楊晦在《曹禺論》中的論點則與此截然兩異，他認爲曹禺對外國戲劇藝術的倚重，「造成了他的高度藝術水準，也造成了他藝術上的一些缺陷。」⑫評論界「左」的氣燄逐漸高漲，然尚能保持正反意見並呈的局面。

三、中共執政後至文革結束前夕的曹禺戲劇研究

隨著政權的更替，文化事業有了短暫的繁榮與發展，五十年代中期開始，共黨中央提出了「雙百」文藝方針，有一段時間確實引發了曹禺戲劇研究的小熱潮。對曹禺的世界觀，以及關於《雷雨》、《日出》的思想藝術，都展開了熱烈的討論，不同的學術觀點交互爭鳴。如錢谷融的〈《雷雨》人物談〉⑬、陳恭敏的〈什麼是陳白露悲劇的實質〉⑭等文，對於曹禺劇作人物和思想的分析與探討，均有獨到之處，頗能探觸到人性的複雜面，與豐富多姿的內心世界。

評論界對《雷雨》中的「命運觀念」所引發對劇作家世界觀的討論，亦形成一股研究熱潮，首先是甘競、徐剛在一九五八年發表的〈也談曹禺的《雷雨》和《日出》——兼論作家的世界觀和創作方法〉一文，否認劇作家有唯心主義的宿命觀存在。⑮他們的意見一發表，就招來了一番辯駁，劉正強在〈曹禺的世界觀和創作——兼評〈也談曹禺的《雷雨》和《日出》〉〉一文中，就指出曹禺的世界觀確實有缺陷，「其中是有許多神秘性和宿命色彩的」。⑯胡炳光也與劉正強觀點一致，對錢谷融的說法提出駁難，認爲錢谷融忽視了曹禺「從書上得來的命運觀念」對劇作的影響，因而「在理解作者的創作意圖、理解作品的整個思想內容方面，還發生了一些偏差。」以致影響到對人物形象的正確分析，他毫不客氣地指出錢谷融對《日出》的跋文在解釋上有「錯誤」，「還牽涉對整個作品的研究的問題了」。⑰一九六三年一月，錢谷融寫了答辯文章〈關於

《雷雨》的命運觀念問題——答胡炳光同志〉，然此文直到一九七九年才得以發表。⑱

而一九六〇年五月，徐聞鶯也針對一九五七年三月陳恭敏發表的〈什麼是陳白露悲劇的實質〉加以駁斥，指責陳恭敏的分析，最根本性的錯誤是「沒有站在無產階級立場，用階級分析的觀點來分析陳白露。」用的是「小資產階級的溫情主義和不健康的情調」，無疑是爲「具有資產階級人生觀的小資產階級知識分子塗脂抹粉」。根本就否定陳恭敏的見解，並直指批判者的階級立場有問題。⑲文學批評至此已走入死胡同，粗暴地以階級性衡量一切價值。

後來許多史評家均不約而同地指出這段時期，是曹禺研究的停滯期，潘克明就指出，「全國解放到十年浩劫終結前的二十七年。這是曹禺研究在艱難中行進直至完全停滯的階段。」他並進一步加以詮釋說：「早從五十年代初就露頭的『左』的思想傾向，像『緊箍』一樣套在了理論批評工作者腦袋上。隨著政治氣溫的不斷升高，這個『箍』越束越緊，嚴重影響了理論批評按自身規律從廣度和深度上的發表。……人物無比豐富的多元的靈魂，被清一色地『淨化』爲單一的階級意識；人物之間錯綜微妙的關係，也被簡單化爲抽象的階級關係。……連劇作家本人也按這種傳統思維定式被劃入『小資產階級作家』之列。既是『小資產階級』，屬『改造對象』，世界觀自必『缺陷』居多。」⑳

田本相、焦尙志也認爲這一時期對曹禺劇作的研究，主要還是局限在《雷雨》和《日出》兩部作品和兩三個戲劇人物身上，而對《原野》、《北京人》等在劇作家創作中占有突出地位的作品還缺少必要的研究；對曹禺劇作的整體、系統的研究很少出現。基本上停留在就作品論作品、就人物論人物的範圍內；而「左」傾思潮的干擾和影響，在這一時期曹禺研究上尤爲突出。㉑從一九六〇年山東師院中文系部分師生編選的《曹禺研究資料匯編》（《中國現代作家研究資料叢書》之一），這是第一本曹禺研究資料的選集，對於《原野》、《蛻變》的研究未收一字，《北京人》也僅選斬以的一篇；一九五八年圍繞《雷雨》關於曹禺世界觀和創作方法的討論，也絲毫未予反映；最明顯的莫過於對待六十年代關於陳白露悲劇實質的那場討論，只收徐聞鶯批評陳恭敏的文章，卻不收陳恭敏的文章。㉒由此可見此時曹禺研究領域的狹隘性，以及「左」的傾向性之強烈，已到了伊于胡底的程度。

四、新時期曹禺戲劇研究

㈠研究新領域的拓展

一般話劇史通常將「十年浩劫」結束後的一九七六年起劃爲「新時期」，認爲這是中國歷史進入了一個撥亂反正，全面復甦的新階段。田本相、焦尙志的《中國話劇史研究概述》如此；周令飛的《夢幻狂想奏鳴曲——中國大陸表演藝術（一九四九—一九八九）》亦然。㉓這種說法招來了林克歡的駁難。他認爲將文革前十七年（一九四九—一九六六年）、文革十年（一九六六—一九七六年）各劃作一個階段，還勉強說得過去，但將一九七六年底或一九七七年當作第三階段的開始就毫無道理。因爲四人幫在政治上垮台後，雖然各種門類的表演藝術先後恢復演出，但並沒有使文藝界在藝術武庫中增加甚麼新的理論、新的方法。所謂表演藝術的「新生」，實際上只是文革前十七年習見的藝術的簡單重複。文學是在八十年代初期，才突破現實主義大一統的拘囿，走出「傷痕」、「反思」的初始階段，逐漸走向眾多風格、流派崢嶸的局面。㉔

事實上，一九七六年中共主席毛澤東死亡，江青等四人幫就逮，華國鋒就任黨主席；一九七七年，中共十屆三中全會，鄧小平復職，中共十一屆全大會宣布「第一次文革」結束。然而毛的陰魂仍掌控中國人的靈魂。一直要到一九七八年，「真理的標準」論爭開始，中共十一屆三中全會，彭德懷等平反，才開始大轉變。一九八〇年，中共十一屆五十全會，劉少奇平反；第五屆全人代第三次會議，趙紫陽取代華國鋒、林彪，四人幫接受審判。㉕中國大陸才驚魂甫定，從數十年的精神禁錮中復甦過來。因此新時期的分期，應從八十年代初期算起，較符合事實。

進入八十年代，被壓抑許久的潛藏活力整個釋放、活躍了起來。對曹禺及其劇作的研究全面展開，研究領域也不斷地拓寬而深化。許多文章涉及到過去未曾探討過的新領域。曹禺的三大名劇《雷雨》、《日出》、《北京人》依然是研究的重點，但比過去深入了許多，有的是作品總論，有的著重人物形象分析，有的對戲劇衝突和結構加以研究。此外，過去長期遭到貶抑的作品如《原野》、《蛻變》等劇也開始受到重視。最值得矚目的是背離寫實主義創作手法的《原野》，隨著改革開放的腳步，中西文化交流的頻仍，打開了人們的審美視野，受到了讀者、觀眾和評論界的重視與喜愛。而對曹禺與外國戲劇關係的研究，也更加深刻化，如王文英的〈曹禺與契訶夫的戲劇創作〉㉖及朱棟霖的〈曹禺戲劇與契訶夫〉㉗，均對曹禺借鑒契訶夫戲劇的成功經驗，作了系統深入的專題研究，並提出了精闢的見解。此外，曹禺與奧尼爾劇作的比較研究也開出了新的局面，潘克明的〈《原野》和表現主義〉㉘及劉珏的〈論曹禺創作和奧尼爾的戲劇藝術〉㉙等文，對於曹禺借鑒奧尼爾這位美國現代戲劇大師的創新寫作手法，啓發曹禺成爲現代派戲劇的開拓者，做了一番深刻的剖析。曹禺與外國戲劇關係的比較，不僅表現在不勝枚舉的單篇論文外，亦出現在許多曹禺研究的專著裡。對於曹禺如何將中西不同體系的文化水乳交融地聯結在一起，開創出具有民族特色的中國現代戲劇，一直是許多評論家的熱門研究論題。

而過去很少觸及的戲劇語言問題也開始有人研究，如陳瘦竹、沈蔚德的〈曹禺劇作的語言藝術〉㉚及錢谷融的〈曹禺戲劇語言藝術的成就〉㉛，對於曹禺攝人魂魄的語言魅力加以探索，這也是曹禺研究新開闢的處女地。由於語言問題較少牽涉到思想意識型態，故在七〇年代末期已提早出現，亦可視爲早春的第一隻燕子。

㈡研究專著相繼出版

本時期曹禺研究最重大的突破與成就，是一批研究專著的相繼問世：

田本相的《曹禺創作論》㉜——一九八一年十二月初版，這是新時期以來出現的第一部曹禺研究專著，它的開拓性並非僅在它是第一部，而是確實能洞燭幽微，有其獨到之處。田本相準確地把握住曹禺「這一個」劇作家的思想和藝術的特點，從創作個性、現實主義和話劇民族化、群眾化這三個相互聯繫的方面，對劇作家的創作道路進行多元的深入探討。尤其值得注意的是，田著對於曹禺「解放」後的創作，總的來看未能達到解放前的水平，進行了溯本探源的理論探究，頗有肯綮之見。可說是從整體上研究曹禺劇作的重要論著。然而令人遺憾的是田著雖指出了政治對曹禺的干擾，「左」的思潮禁錮了劇作家的創作天分，卻不敢對中共文藝政策提出檢討，甚或對毛政權對作家的壓迫作出抨擊。其實這正是所有中國大陸曹禺研究者不敢輕易碰觸的痛點。

辛憲錫的《曹禺的戲劇藝術》[33]——全書分兩大部分，前八章是劇作論，除了《家》和《膽劍篇》外，曹禺的全部多幕劇都論到了，可大致看出劇作家所走過的創作道路。後七章主要是創作技巧論，試圖以戲劇衝突爲貫串線索，從曹禺在幾個主要方面所表現出來的創新精神，概括這位戲劇家劇作的藝術成就。常能一針見血，有脫出窠臼的新思維。

朱棟霖的《論曹禺的戲劇創作》[34]——此書原是朱棟霖一九八一年碩士學位論文，後經修改成書，由人民文學出版社於一九八六年二月出版。這是繼田著《曹禺劇作論》之後一部對曹禺劇作做全面、系統研究的重要專著。論者認爲此書在曹禺研究上有兩點引人注目的重要突破：其一是，不僅從社會學、更從戲劇美學等角度，去研究曹禺劇作。著者有著細膩的藝術感受力和廣闊的理論視野，在傳統的社會批評方法裡，成功地結合運用戲劇美學，特別是運用藝術心理學和變態心理學原理，解釋某些藝術和生活現象，既新穎又中肯，批評角度和方法有較大更新。其二是，把曹禺劇作放在廣闊的中外戲劇史聯繫中進行考察，探索曹禺所受中外劇作家的影響及其藝術獨創性；我們看到的不僅是中國現代史上的曹禺，也是中外文化大碰撞中的曹禺，從而確定了曹禺在中國現代戲劇史上的里程碑意義和在世界戲劇史上的地位。[35]朱著的心理分析委婉細膩，又具有中西文學及美學素養，故能在前兩部專著的基礎上繼續有所突破，尤其對於心理分析更是獨樹一幟。

孫慶升的《曹禺論》㊱——此書於一九八六年出版，與朱楝霖的《論曹禺的戲劇創作》幾乎同時問世。這部專著，從曹禺的思想、創作方法、作品人物、結構、語言、影響等方面進行綜合研究，但其重點還是落在曹禺現實主義的創作方法的發展演變，及其戲劇的藝術成就上。

潘克明的《曹禺研究五十年》——此書於一九八七年出版，這是本時期第一部曹禺研究資料性著作，是一本學術性的曹禺研究指南，包括曹禺研究歷史與現狀的全面介紹概述。全書分爲單項研究篇、綜合研究篇、回顧與導向篇、資料篇。資料豐富翔實，評論沈穩貼切，對於曹禺研究五十年的概況、成果有系統的剖析、重整，而且對曹禺研究的發展趨勢有所展望，充分顯示了著者深厚的實力。

華忱之的《曹禺劇作藝術探索》㊲——評論所及涵蓋所有曹禺的多幕劇。對曹禺每一部劇作都分別作了剖析，特別是著重地對他劇作的藝術成就進行了探討。論者認爲華著的特色在：資料詳實，表述綿密、分析深入淺出，對曹禺劇作傑出的藝術成就，能作出慧心獨具的發掘與批評。㊳此書對於有關曹禺劇作的評價問題和一些爭議分歧的意見，確實常有切中要害的批評與探索。

楊海根的《曹禺的劇作道路》㊴——本書著重在研究曹禺的創作道路。敘述劇作家一生所走過的創作道路，包括他的創作活動，演劇、導演活動，戲劇教學及在戲劇理論方面的建樹，論述並無深刻之處。但較特別的是，本書提供了不少鮮爲人知的可貴資料，如記載了歷史上曹禺劇作的演出陣容和演出盛況，借此描述了中國現代話劇運動的幾個重要片斷。

田本相的《曹禺傳》㊵——這是田本相繼《曹禺劇作論》及《曹禺年譜》之後的另一力作，兼具理論和史料兩方面的深厚功力。據作者自己的剖析，這部傳記的特色在，「把史傳性、學術性同文學性結合起來，並更多地從心理視角，去觀察眾多的歷史資料。尤其那自始至終不斷插入的傳主和著著的談話記錄，提供了極其珍貴的人生和創作的隱秘，幫助著者成功地捕捉到傳主的家庭身世和閱歷在作品中的投影，挖掘出作品所蘊含的作者獨特的審美意識，描述了生活原型演變為文學形象的過程。」㊶書中呈現許多第一手資料，是直接訪問傳主的寶貴記錄，提供了許多隱晦的心理層面及獨特的個人創作經驗，是曹禺研究不可或缺的一部重要著作。

焦尚志的《金線和衣裳——曹禺與外國戲劇》㊷——是曹禺與外國戲劇比較研究專論，曹禺與希臘悲劇、莎士比亞、易卜生、契訶夫、奧尼爾等的比較研究。該書的特點不是曹禺劇作與外國戲劇個別的、局部的比較，而是從戲劇美學上，整體性與全局上系統地探討曹禺劇作與外國戲劇的關係，力圖揭開曹禺如何把外來影響與民族傳統創造性地熔於一爐，在中西文化的成功交流點陶鑄一代戲劇宗師的奧秘所在。這部書可說是探索曹禺在中外文化交流中形成戲劇美學思想經驗的拓荒之作。

曹樹鈞、俞健萌的《攝魂——戲劇大師曹禺》㊸——這部曹禺傳記專著，是曹樹鈞、俞健萌追訪曹禺生活足跡，遍布京、津、寧、滬、渝乃至長城腳下的宣化和川江邊上的小縣江安，先後尋訪了數以百計熟悉曹禺生平的人，並查閱大量史料加以核照來的。以傳主創作活動為主線，同時展開了傳主的家庭生活、愛情生活、社會關係、中外文化交流等副線，主要史實甚至許多細節均以嚴格的史料爲依據。力圖將文學性和學術性結合起來，既可作文學作品閱讀，又可作學術著作研究。

李叢中的《曹禺創作啓示錄》[44]——雖是一本小小的冊子，而且上半篇也未脫一般曹禺研究的習套，從借鑒到創新，談曹禺戲劇創新的成功之路；直到下篇才較有新意，著者觀察到不只是曹禺，其他作家如巴金、老舍、夏衍等人在中共建國後，作品均大不如前，呈現「滑坡」現象，故誠心去分析、去探討，去研究它的癥結所在。並得出不尊重藝術規律，不尊重作家的藝術個性，強求政治上追趕形勢，藝術上整齊劃一，只會窒息作家的藝術生命。這種反省雖然微弱，但在中國大陸也算是稀世之音。

馬俊山的《歷史的突進與回旋》[45]——本書企圖矯正以往曹禺研究「孤立化」的思維方式及缺乏巨大歷史感的主要盲點。馬著認爲曹禺研究的最終目標，應該是達到對於中國話劇歷史特殊的內部運動規律的認識，他稱這條思想路線做「藝術本體的歷史辯證法」。中國話劇由早期的引進、移植、模仿和嘗試，開始轉入創立適合廣大的中國市民觀眾的審美情趣，而又具有現代世界水準的新的藝術形態的成熟期；歷史精神在歷經各種異化階段後，終於在三十年代中期與曹禺個別的形式取得了有機的統一。許多研究者均注意到曹禺對前人的否定和超越，卻忽略了曹禺肯定前人和向傳統回旋的部分。馬著有意突破其他研究者局限純文學的視野，另闢蹊徑，可惜眼高手低。

田本相的《曹禺評傳》[46]——這是田本相在《曹禺劇作論》（一九八一年）、《曹禺年譜》

（與張靖合作，一九八五年）、《曹禺傳》（一九八八）後的另一部著作。這部評傳夾敘夾議，可說是《曹禺劇作論》和《曹禺傳》的綜合，當然也不是全盤因襲，亦加入更深邃的新的探索，並據此加以發揮。對曹禺戲劇的詩化現實主義的萌生、發展和成熟作了一次系統的勾勒和剖析。田本相可說是以他的生命去擁抱一個作家的靈魂，《曹禺評傳》正是另一個角度的「擁抱」。

胡叔和的《曹禺評傳》㊼——這是繼田著之後的另一部《曹禺評傳》，本書從作品入手，對曹禺幾十年的戲劇活動和創作實績，作了歷史的審美的縱橫透視，由評而傳，由傳而評，評傳結合，筆鋒直逼作家的內心世界，觸覺深入創作藝術的核心，系統地探尋了曹禺創作進程的思緒戲路，真實地揭示了曹禺與家庭、社會、時代以及古今中外文藝傳統的關係，具體地再現了曹禺的精神風貌和藝術個性。

張慧珠的《曹禺劇評》㊽——此書論述曹禺四大劇作在中國戲劇史及世界戲劇史上的地位與貢獻。這種走向的論述已浩如煙海，此書則著重研究和探討作品隱秘的傾向性，把許多隱藏在作品深處的傾向性挖掘出來，希望藉此更鞭辟入裡地鑒賞曹禺卓越、獨到、超群的思想本質和藝術功力。然綜觀全書，亦無甚新意。

其他：二〇〇〇年，中國大陸再出版三本曹禺研究工具書或專著：田本相、黃愛華主編的《簡明曹禺詞典》㊾，田本相、劉一軍著的《曹禺訪談錄》㊿，及陸葆泰著的《曹禺劇作魅力探緣》(51)，持續對曹禺訪幽探微，且由曹禺詞典的編就，更可窺知曹禺研究已成一門學問，「曹禺學」儼然成形。二〇〇一年，王曉華著《壓抑與憧憬：曹禺戲劇的深層結構》(52)。二〇〇三年，張耀杰著《戲劇大師曹禺：嘔心瀝血的悲喜人生》㊸，對曹禺劇作深入探討剖析。二〇〇六年，劉勇著《曹禺評說七十年》㊹，賈長華著《曹禺與天津》㊺，朱君、潘曉曦、星岩著《陽光天堂：曹禺戲劇的黃金夢想》㊻等書，在在均顯示出進入二十一世紀的今天，曹禺及其劇作仍未被淡忘。

此外，二十世紀末中國大陸在一九八五、一九九〇、一九九一、一九九八年，召開四次曹禺學術研討會。一九八五年十月，爲慶祝著名戲劇家曹禺七十五歲壽辰，由南開大學、中國戲劇家協會天津分會和天津人民藝術劇院聯合主辦，在南開大學召開。蒞臨大會的有中國戲劇家協會，中央戲劇學院、北京人民藝術劇院、天津劇協、天津人藝和南開大學的黨政要員；也有來自中國大陸各地的戲劇理論家、表演藝術家以及部分高校、藝術研究單位的戲劇研究工作者，共計一百餘人，曹禺亦應邀出席。會後，南開大學並將發表的論文結集成《曹禺戲劇研究集刊》㊼一書。

一九九〇年十月二十日至十一月五日，主要在北京舉行的祝賀曹禺從事戲劇活動六十五周年，則洋溢著濃濃的政治氣息。十月廿四日曹禺的半身銅像在鮮花的簇擁中，矗立在首都劇場的大廳，中顧委常委胡喬木，全國政協副主席屈武，中宣部部長王忍之，文化部部長、中宣部副部長賀敬之等均出席了這場盛會。周恩來的遺孀鄧穎超在病中也給大會發來了賀信。祝賀活動組委會主任、中國文聯黨組書記林默涵發表致開幕詞。㊽這次的研討會，雖然曹禺研究專家如田本相、孫慶升、胡叔和、潘克明、朱棟霖、曹樹鈞、焦尚志、辛憲錫、張奇虹、鄒紅等人均與會，然而政治味似乎壓過文藝性。

除了祝賀大會，祝賀活動組委會舉辦曹禺戲劇創作學術研討會外，還舉辦了一連串演出活動，活動的演出計劃如下：

演出劇目	演出單位	演出日期	演出地點
《雷雨》	北京人藝	10月20日至30日	北　京
《北京人》	同上	同上	北　京
《北京人》	中央實驗話劇院	同上	北　京
《原野》	中國青年藝術劇院	同上	北　京
《日出》	上海人藝	在本地演出時間自定，爭取在祝賀活動期間由中央電視台播放演出錄像。	上　海
《蛻變》	哈爾濱求索劇社	在本地演出時間自定，爭取10月來京演出。	哈爾濱 北　京
《鍍金》和《王昭君》片段《膽劍篇》片段	煤礦文工團	10月20日至30日	北　京
《鍍金》和《雷雨》的一幕	北師大北國劇社	同上	北　京
《原野》（花鼓戲）	湖北省潛江市荆州花鼓劇團	先在本地演出，10月來京演出	湖北和北京
《原野》（京劇）	甘肅省青年京劇團	同上	甘肅和北京
《原野》（歌劇）	上海音樂學院周小燕歌劇中心、山東歌舞劇院聯合演出	同上	濟南和北京

(59)

由這麼洋洋大觀的演出計劃表（原定由中央實驗話劇院、煤礦文工團演出的劇目因故未能演出[60]），可看出中國大陸傾全國之力在辦這場盛會。曹禺的政治行情，在九十年代初期達到了顛峰。

如果說一九八五、一九九〇年的曹禺研討會尚未脫離政治領導文學的窠臼，一九九一年八月十六至十九日，由南開大學、中國藝術研究院、中國戲劇家協會天津分會聯合舉辦，在南開大學召開的「首屆曹禺研究國際學術討論會」，則有意撥除政治味，力圖拓展研究領域與視野，除了來自全國各地高等院校與研究機關的學者教授，以及來自日本、法國、澳大利亞和香港地區的專家學者共六十多名，還有中外的一些青年研究生出席會議，一時群賢畢至，濟濟一堂。會後選取其中的三十三篇論文，由田本相、劉家鳴主編，潘克明、焦尚志參與編輯成《中外學者論曹禺》[61]一書，充分顯現中國大陸學術界意圖將左翼文學推向國際化的雄心。

一九九六年十二月十三日凌晨曹禺逝世，中國大陸追悼的文章卻寥寥無幾，大陸學界似乎顯得相當冷淡。僅有一九九八年夏，由河北師範大學在石家庄舉辦一場曹禺戲劇研討會，發表的論文，由田本相、劉紹本、曹桂方編輯成《曹禺研究論集：紀念曹禺逝世周年學術研討會論文集》[62]，與會的學者雖然不少，海外來的也有日本的牧陽一、香港的方梓勛等，然而在陣容及質量上，卻顯然遠遜於一九九一年在南開大學舉辦的那一場「首屆曹禺研究國際學術討論會」。筆者曾於一九九九年一月廿六日打電話請教北京的田本相，田先生對於曹禺走得落寞，似乎耿耿於懷，言下不勝欷歔；也隱約透露曹禺後期的作品，雖然寫得很「真誠」，然而今天看來，不免有「迎合當局」之嫌，這可能也是學術界冷漠以對的原因之一。[63]

二〇〇二年，曹樹鈞、劉清祥主編的《神州雷雨：曹禺誕辰九十周年紀念文集》出版。[64]二〇〇四年，在曹禺的故鄉潛江舉辦「中國曹禺文化周」，紀念《雷雨》問世七十周年。許多文學叢書將曹禺列入文學大師行列；影視界亦將其劇作製成ＶＣＤ或ＤＶＤ加以推廣。可見曹禺去世後，因其政治路線「正確」，及其劇作之影響力，依然未被淡忘。

註　釋：

①潘克明編著，《曹禺研究五十年》（天津教育出版社，一九八七年），頁二四八。

②劉西渭，〈《雷雨》〉，原載一九三五年八月卅一日天津《大公報》，《曹禺研究專集（上）》，頁五三八—五四三。

③張庚，〈悲劇的發展——評《雷雨》〉，原載一九三六年六月《光明》半月刊創刊號，《曹禺研究專集（上）》，頁五四六—五五四。

④孟實，〈舍不得分手〉，《大公報》一九三七年一月一日。

⑤周揚，〈論《雷雨》和《日出》〉，原載一九三七年《光明》第二卷第八期，《曹禺研究專集（上）》，頁五六五—五七六。

⑥田本相、焦尚志，《中國話劇史研究概述》（天津：天津古籍出版社，一九九三年），頁二一〇

一—二〇三。

⑦呂熒，〈曹禺的道路〉（寫於一九四三年七月），原載一九四四年九月、十二月《抗戰文藝》第九卷第三—四期及五—六期，《曹禺研究專集（上）》，頁二八七—三三五。

⑧楊晦，〈曹禺論〉（寫於一九四四年九月廿五日），原載《青年文藝》新一卷第四期，一九四四年十一月，《曹禺研究專集（上）》，頁三三六—三八一。

⑨南卓，〈評曹禺的《原野》〉，原載一九三八年六月《文藝陣地》第一卷第五期，《曹禺研究資料（下）》，頁八八二—八八九。

⑩邵荃麟，〈《北京人》與《布雷曹夫》〉，原載一九四二年《青年文藝》第一卷第二期，《曹禺研究專集（下）》，頁二五二—二六三。

⑪同註⑦，頁三二二—三三五。

⑫同註⑧，頁三四四。

⑬錢谷融，〈《雷雨》人物談〉，原載《文學評論》一九六二年第一期，《曹禺研究專集(上)》，頁六一四—六三五。

⑭陳恭敏，〈什麼是陳白露悲劇的實質〉，原載《戲劇報》一九五七年第五期，《曹禺研究專集（下）》，頁二四—三二。

⑮甘競、徐剛，〈也談曹禺的《雷雨》和《日出》——兼論作家的世界觀和創作方法〉，《處女地》一九五八年第二期，引自註⑥，頁三二三—三二四。

⑯劉正強，〈曹禺的世界觀和創作——兼評〈也談曹禺的《雷雨》和《日出》〉〉，原載《處女地》一九五八年第六期，《曹禺研究資料（上）》，頁三二一—三三一。

⑰胡炳光，〈讀〈《雷雨》人物談〉——和錢谷融同志商榷〉，原載《文學評論》一九六二年第六期，《曹禺研究專集（上）》，頁六三六—六四〇。

⑱錢谷融，〈關於《雷雨》的命運觀念問題——答胡炳光同志〉（寫於一九六三年一月），載於《戲劇藝術》一九七九年第一期，《曹禺研究專集（上）》，頁六四一—六四八。

⑲徐聞鶯，〈是鷹還是金絲鳥〉，原載《上海戲劇》一九六〇年第二期，《曹禺研究專集（下）》，頁四九—六三。

⑳同註①，頁二四九。

㉑同註⑥，頁三二六。

㉒同註①，頁二六七—二六八。

㉓周令飛，《夢幻狂想奏鳴曲——中國大陸表演藝術（一九四九—一九八九）》，台北：時報文化出版公司，一九九二年。

㉔林克歡，〈「政治決定論」的歷史命運——《夢幻狂想奏鳴曲》讀後〉，台北：《表演藝術》第五期，一九九三年三月，頁一一八。

㉕小島晉治、丸山松幸合著，葉寄民譯，〈中國近現代史年表〉，《中國近現代史》（台北：帕米爾書店，一九九二年），頁三二一。

㉖王文英，〈曹禺與契訶夫的戲劇創作〉，北京：《文學評論》一九八三年第四期。

㉗朱棟霖，〈曹禺戲劇與契訶夫〉，北京：《中國現代文學研究叢刊》一九八三年第三期。

㉘潘克明，〈《原野》和表現主義〉，《中國現代文學研究叢刊》一九八三年第三期。

㉙劉珏，〈論曹禺劇作和奧尼爾的戲劇藝術〉，《文學評論》一九八六年第二期。

㉚陳瘦竹、沈蔚德，〈曹禺劇作的語言藝術〉，原載《鍾山文藝叢刊》一九七八年第二期，《曹禺研究專集（上）》，頁四四五—四七六。

㉛錢谷融，〈曹禺戲劇語言藝術的成就〉，原載《社會科學戰線》一九七九年第二期，《曹禺研究專集（上）》，頁四七七—五二三。

㉜田本相，《曹禺劇作論》，北京：中國戲劇出版社，一九八一年。

㉝辛憲錫，《曹禺的戲劇藝術》，上海文藝出版社，一九八四年。

㉞朱棟霖，《論曹禺的戲劇創作》，北京：人民文學出版社，一九八六年。

㉟同註⑥，頁四〇八。

㊱孫慶升，《曹禺論》，北京大學出版社，一九八六年。

㊲華忱之，《曹禺劇作藝術探索》，成都：四川文藝出版社，一九八八年。

㊳同註⑥，頁四〇九。

㊴楊海根，《曹禺的劇作道路》，上海文藝出版社，一九八八年。

㊵田本相，《曹禺傳》，北京十月文藝出版社，一九八八年。

㊶同註⑥，頁四一〇。

㊷焦尙志，《金線和衣裳——曹禺與外國戲劇》，北京：中國戲劇出版社，一九九〇年。

㊸曹樹鈞、俞健萌，《攝魂——戲劇大師曹禺》，北京：中國青年出版社，一九九〇年。

㊹李叢中，《曹禺創作啓示錄》，昆明：雲南大學出版社，一九九〇年。

㊺馬俊山，《曹禺：歷史的突進與回旋》，北京：中國工人出版社，一九九二年。

㊻田本相，《曹禺評傳》，重慶出版社，一九九三年。

㊼胡叔和，《曹禺評傳》，北京：中國戲劇出版社，一九九四年。

㊽張慧珠，《曹禺劇評》，北京十月文藝出版社，一九九五年。

㊾田本相、黃愛華主編，《簡明曹禺詞典》，蘭州：甘肅教育出版社，二〇〇〇年。

㊿田本相、劉一軍，《曹禺訪談錄》，香港：三聯書店，二〇〇〇年。

(51)陸葆泰，《曹禺劇作魅力探緣》，上海：華東師範大學出版社，二〇〇〇年。

(52)王曉華，《壓抑與憧憬：曹禺戲劇的深層結構》，北京：中國社會科學出版社，二〇〇一年。

(53)張耀杰，《戲劇大師曹禺：嘔心瀝血的悲喜人生》，太原：山西教育出版社，二〇〇三年。

(54)劉勇，《曹禺評說七十年》，北京：文化藝術出版社，二〇〇六年。

(55)賈長華，《曹禺與天津》，天津：天津社會科學出版社，二〇〇六年。

(56)朱君、潘曉曦、星岩，《陽光天堂：曹禺戲劇的黃金夢想》，桂林：廣西師範大學出版社，二〇〇六年。

(57)《南開學報》編輯部編，《曹禺戲劇研究集刊》，天津：南開大學出版社，一九八七年。

(58)〈附錄一：首都文藝界隆重集會祝賀曹禺從事戲劇活動六十五周年〉，中國話劇藝術研究會編，《曹禺戲劇研究論文集》（北京：中國戲劇出版社，一九九七年），頁三一九。

(59)〈附錄二：祝賀曹禺同志從事戲劇活動六十五周年活動計劃〉，書同註(58)，頁三二八。

(60)同註(59)。

(61)田本相、劉家鳴主編，《中外學者論曹禺》，天津：南開大學出版社，一九九二年。

(62)田本相、劉紹本、曹桂方主編，《曹禺研究論集：紀念曹禺逝世周年學術研討會論文集》，石家庄：花山文藝出版社，一九九八年。

(63)陳素雲於一九九九年一月廿六日電話專訪北京的曹禺研究專家田本相之談話紀錄。

(64)曹樹鈞、劉清祥主編，《神州雷雨：曹禺誕辰九十周年紀念文集》，武漢：湖北人民出版社，二〇〇二年。

第三節　中國大陸以外地區的曹禺戲劇研究

一、香港一九九七「回歸」前的曹禺戲劇研究

㈠劉紹銘的曹禺戲劇研究

香港地區對曹禺戲劇作系統研究的，首推劉紹銘。劉氏出生於香港，一九五六年來台入台大外文系，四年後獲文學士；一九六六年以曹禺戲劇研究論文①獲頒美國印第安那大學（Indiana University）比較文學博士學位。論文英文原稿在一九七〇年由香港大學出版社以 Tśao Yü 爲題出版。②中文稿是根據論文改寫而成，先後發表於香港的《明報月刊》，單行本亦於一九七〇年香港文藝書屋出版。③此書後亦收入一九七七年台灣洪範版的《小說與戲劇》一書第二部分。④

劉紹銘是海內外第一個以嚴謹的比較文學觀點，對曹禺劇本作有系統的學術分析，論文中剖析了曹禺四大劇作《雷雨》、《日出》、《原野》、《北京人》所受西方文學的影響並加以比較，對曹禺研究開出了新局，拔出了新的高峰，故自發表以來，即倍受海內外學界的矚目。一九九一年出版，由田本相、胡叔和主編的《曹禺研究資料》，收錄了劉紹銘的四篇批評文章：〈《雷雨》所受的西方文學的影響〉、〈從比較文學的觀點去看《日出》〉、《原野》所倡導的原始精神〉、

〈論曹禺的《北京人》和柴霍甫的《伊凡諾夫》〉。⑤將劉紹銘的博士論文全數收錄。可見劉紹銘的論述已被視爲批評文學的典範而倍受推崇。

稍早，於一九八五年十月初版，由王興平、劉思久、陸文璧主編的《曹禺研究專集》⑥則無此雅量。這部一百零九萬字的巨著，被大陸學者潘克明宣稱是「迄今爲止最好的一部曹禺研究資料集」⑦，對於劉氏的評論文章竟一篇也不收，僅收錄篇幅甚少的〈《曹禺論》自序〉及〈君自故鄉來——曹禺會見記〉的節錄短文。照說兩部書選錄的篇章大同小異，爲何獨獨對於劉氏批評文字如此貶抑呢？可能是對於劉紹銘所說的，他之所以研究曹禺的動機，是因爲「曹禺在話劇史中有如此重要的歷史地位，因爲他的作品擁有如此多的讀者，因爲他的戲路曾被後期學寫戲劇的青年模仿過，因爲他的作品華而無實但卻往往被對文學批評毫無修養的人瞎捧一番——我才立意研究曹禺，以正視聽。」筆鋒還掃及與曹禺齊名的劇作家田漢和洪深，說他們比曹禺還「淺薄」。⑧

這種痛批左翼文學精神領袖的評論，顯然引起編者相當的不滿。緊隨著〈《曹禺論》自序〉一文之後，選了兩篇迎擊的文章，一篇是劉氏自掌嘴巴的文字，另一篇則是出自一位名不見經傳的香港人憶揚之手。前文是劉紹銘在曹禺一九八〇年赴美訪問，並到劉氏的母校印第安那大學演講並觀賞《日出》一劇演出，海內外均曾大幅報導這次的中美文化交流。劉氏與曹禺會面後，想是一時動了故國之思，同胞之情，嚴苛的批評刀筆轉爲無比繾綣溫柔，充滿情感地說：

我首先向曹禺招供，如果我今天重寫《曹禺論》，我對他劇作的評價，會高許多。我對《雷雨》和《日出》二劇批評得極不客氣，理由不外是那時我剛念完比較文學的課程，眼中盡

> 是希臘悲劇以來的西方戲劇大師，而把曹禺的作品與易卜生、契訶夫和奧尼爾等人，平放著來看，那曹禺自然吃虧些。那時我沒好好考慮到，第一，曹禺寫《雷雨》（一九三三）時，年紀才不過二十三歲。第二，而且也是最要緊的一點，他的作品，與易、契、奧諸人比起來，雖然失色，但在中國話劇史上，他實在是一代宗師。在他以前的別家作品，今天看得下去的，幾乎沒有。在他以後的，也不多見。我一九六六年寫成的英文《曹禺論》，論點失諸持平，也就是因為沒有兼顧到這幾點客觀因素。⑨

《曹禺研究專集》的編輯群，將該文斬去前文，一映入眼簾的即是劉氏「招供」的文字，對於將曹禺視若左翼文學典範的大陸學者，當有平反與報復的快感；在該文之後，又安排了憶揚的〈從劉紹銘博士論曹禺談起〉一文，對於劉氏的此番「招供」發表感言，深深「佩服」劉紹銘「勇於修正過去的論點」的勇氣。⑩選錄的標準，顯然有濃厚的意識型態在作祟。大陸學者華忱之亦有〈評劉紹銘《小說與戲劇》曹禺劇作專章〉一文，華文稱贊劉氏運用比較文學手法熟練警策，常能慧眼獨具，給人許多啓發。然而也批評劉著「先入爲主」的藝術偏見，與憶揚之文遙相呼應。因此「在藝術剖析上自然難免貶抑失當，不無偏頗。」⑪

也許是一九八〇年劉紹銘〈君自故鄉來〉的激情「招供」，終於獲得大陸學界的「諒解」，也許是與大陸日益開放的文學氣氛有關，當然也與編者的藝術水平有關，一九八五年出版的《曹禺研究專集》達不到選錄標準的，到了一九九一年十二月初版的《曹禺研究資料》，劉紹銘的《曹禺論》四篇論述全部入選。這種對劉紹銘曹禺研究的兩極評價，不啻如搭雲霄飛車，從谷底急遽翻升至極高峰，令人瞠目結舌。

對於曹禺劇作持續關注的劉紹銘，受感情牽引也只這麼一遭，一九七九年他的〈《王昭君》——曹禺第三部「國策文學」〉，同步發表在《中國時報》一九七九年十一月五日，及《中外文學》第八卷第六期（一九七九年十一月）；一九七九年十一月六日，在《中國時報》又續刊載〈解凍人——曹禺還能做什麼？〉，所持的評論態度，均秉持一九六六年寫《曹禺論》的論調。劉紹銘在前文中將「國策文學」解釋爲「遵命文學」，對曹禺創作「遵命文學」頗不以爲然，卻又對其遵周恩來之「命」提倡民族和睦甚表同意。⑫顯然這位深具敏銳嗅覺的比較文學專家，對於中共正如火如荼進行的統戰策略尚無警覺；或者他根本上就是一個潛意識的大中國主義者。這也使他次年見到曹禺時，一時忘情地道出了一段左派人士聞之而大快的「招供」文字，佈下了心理情境。在一九八〇年情緒化「招供」文字發表後，他仍然回到一九六六年《雷雨論》的一貫立場，以嚴格的藝術標準來評價曹禺劇作。

一九九三年台北的國家劇院舞台展現了一股曹禺熱，三月上演《原野》，四月《雷雨》，九月《北京人》陸續上場，劉紹銘接受台灣雜誌《表演藝術》的邀稿，在該年四月發表〈曹禺新論〉，對曹禺的戲劇作出總評。認爲《雷雨》所觸及的「話題現實」還沒有完全事過境遷，而曹禺的作品今天還有一讀，或上演時一看的價值，不是因其內容有什麼微言大義，而是他在文字上的特殊成就，這與他師承奧尼爾有關，同輩作家難望其項背。至於《日出》一劇，劉氏稱之爲「左派福音」，「今天看來，此劇一無是處，其病不在意識型態，而是說教腔調浮淺，每陷惡趣。」

而《原野》衍生於奧尼爾《瓊斯皇帝》一劇那種近乎魔幻的舞台技巧，今天的舞台藝術，比魔幻還魔幻的多的是，故劉氏斷言「《原野》的特技及其旨趣，均成歷史陳跡。」對一九四九年後，曹禺爲了「表態」所寫的《明朗的天》、《膽劍篇》和《王昭君》這些「遵命文學」，劉氏雖同情其有特定的「歷史意義」，卻不願多提。縱觀曹禺戲劇生涯，劉紹銘的綜論是「評價一個作家在文學史的地位，應用相對標準。獨立地看，曹禺不是什麼『不世之才』；拿他的戲劇成就跟同輩比，他確是『一代宗師』。」他也指出：「以文學價值論，《北京人》當可傳世。」⑬劉氏中西學涵養深厚，慣常以精準銳利的春秋史筆寫文學評論，他之所以偶有矛盾之處，應是潛藏的對文化中國的孺慕之思，與對禁錮人性的共產主義教條化的厭棄，兩相糾葛的情緒性言詞。

㈡戲劇工作者及新生代的曹禺戲劇研究

此外，香港的戲劇工作者對曹禺的戲劇始終懷有熱情，一九七五年，中國大陸仍處於「四人幫」的黑暗統治下，香港二十四個劇社聯合演出，市政局主辦了「曹禺戲劇節」，當時上演了《北京人》、《蛻變》和《膽劍篇》，另由李援華從曹禺的劇作《雷雨》、《原野》、《家》、《日出》、《橋》、《艷陽天》、《明朗的天》、《膽劍篇》等劇抽取片斷編成第四個劇目，名爲《曹禺與中國》，全劇共分三幕。一九八〇年北京人民藝術劇院赴港演出《王昭君》，香港良友圖書公司出版了《曹禺《王昭君》及其他》，書中收錄了李援華的《曹禺與中國》，與香港戲劇工作者座談會的談話記錄〈曹禺與其新作《王昭君》座談會〉，以及黎覺奔的〈爲曹禺的《王昭君》演出歡呼〉等文。⑭

隨著《王昭君》的在港演出，香港的報章雜誌熱情刊登了好幾篇相關的報導：H．G的〈關於《王昭君》的通信〉（《開卷》一九八〇年七月號）；黃佩玉的〈論曹禺新作《王昭君》〉（《明報月刊》一九八〇年九月號）；徐速的〈我看《王昭君》〉（《明報》一九八〇年九月十四日）；霍漢姬的〈歷史真實和藝術真實——評黃佩玉的〈論曹禺新作《王昭君》〉〉（《開卷》一九八〇年十一月號）等文。⑮若說一九七五年香港舉辦「曹禺戲劇節」，有著對文革暴政深深的不滿；而一九八〇年熱烈地謳歌《王昭君》，則有對中國大陸民主開放、施放民族和平相處的友善訊息，寄予一分憧憬與厚望。

一九九一年八月在南開大學舉辦的「曹禺研究國際學術討論會」上，楊玉峰發表了〈曹禺劇作與中國婦女解放問題〉，楊文指出曹禺對婦女解放面臨的問題十分關注，如戀愛婚姻（《雷雨》、《原野》、《北京人》）、經濟問題（《日出》）、娼妓問題（《日出》）和事業理想問題（《蛻變》）等。這些問題備受社會學家和婦女解放人士討論和重視，曹禺劇作的時代性和社會意義也就在這裡。曹禺對婦女悲慘境況的背後原因有所揭示，悲劇的根源首先是封建意識下男性對婦女的壓迫的病態文化心理現象；其次是女性之間的相互壓迫，這種女性自身不覺醒的悲劇，正是中國傳統封建家禮積澱而成的惡性循環的變態表現。再次，婦女本身狹隘的思想也局限了他們的解放出路，而且由於作家世界觀的局限，也不可能爲劇中婦女指出一條明確的道路。然而正如易卜生的《娜拉》一劇，至今仍受歡迎，並無損於作品的藝術價值和社會意義，因爲婦女問題至今還普遍存在於世界各地。⑯

港人方梓勛亦在該研討會上發表〈戲劇家與戲劇翻譯：曹禺的《柔密歐與幽麗葉》〉，從文字語言的角度，去探討曹譯本怎樣克服語言和文化系統差異的難題，以及這過程中的得與失。該文盛讚曹禺在一九四四年的譯本，是第一本採用詩劇形式的全譯本，曹禺譯本的特色，就是它是演出本，所以翻譯時，處處都以劇場的需要爲依歸。無論是從演出方面，甚至是劇本可讀性與文學性，曹禺譯本「可算是眾譯本中最完善的」。中共執政後大陸兩度上演此劇，都以曹譯爲腳本。[17]這兩篇文章正透露出一項訊息，九〇年代香港的曹禺戲劇研究，正朝廣角度探索，研究領域有了新的開展。

二、台灣的曹禺戲劇研究

㈠胡耀恒的曹禺戲劇研究

台灣光復後，曹禺劇作《雷雨》、《日出》、《原野》、《北京人》均曾在台演出過；然而隨著國民黨撤退來台，左翼文學被視爲洪水猛獸，全面遭到禁絕，曹禺研究自然是碰觸不得的禁區。首先衝破這個政治禁忌圖騰的是胡耀恒，不過這朵花卉並非在自家庭院長成。一九六九年，胡耀恒繼劉紹銘之後，亦以曹禺爲研究課題[18]，獲得印第安那大學博士學位。印大在六〇年代哺育了兩位傑出的戲劇研究專家，可說是曹禺研究的重鎮。

胡耀恒的博士論文未曾在台灣出版，僅曾作部分增減自譯結論一章，以〈論曹禺的戲劇〉爲題，刊登在《中外文學》一九七四年一月號。該文呈多角度的探索，然主線則擺在主題方面。茲撮其要點條述如下：一、曹禺是中國最優秀的話劇家。二、對於曹禺受西方近代戲劇的影響是否損及藝術創意？胡文認爲凡能在美感上激動讀者並產生獨立藝術效果的，都具有藝術創意，更何況曹禺戲劇中的主題及人物，均深植於中國傳統。三、中國在二十世紀前半期所遭遇的問題，最適宜用寫實主義及自然主義處理，故曹禺劇作殊少跨越寫實主義的範疇。四、一如其風格之一致，曹禺長劇中所處理的主題，也始終只有一個，即是「改變之必需」。五、胡著反對有批評家將《雷雨》、《日出》、《原野》視爲作者一系列之設計，目的在傳遞中國古老秩序即將解體的信息。胡著認爲此三部曲有著漸進分明的層次，《雷雨》最大的關注，顯然放在人類命運的基本問題上；《日出》則對社會的黑暗憂心勞形，焦慮地主張推翻既存秩序，即使訴之暴亂亦在所不惜。《原野》則塑造出一個烏托邦，其間黃金鋪地，人與人親如兄弟，其中透露的左傾思想相當明顯。六、《雷雨》中稍具重要性的角色都結局悽慘，但《日出》與《原野》卻有雙重結局以便利獎罰，也就是說，後二劇使用著辯證法引導觀衆達到劇作者的結論：苟活者死，反抗者生。鼓勵群衆反抗現狀。這種思索，一直貫串到他的中期作品，強調要「徹底變化改造」，深信中國之弊病在於制度之窳劣，須改良或推翻這些制度，中國才會富強。這種訊息的傳播被中共利用爲顛覆的工具。七、中共執政後，曹禺的劇作卻不敢再觸及現實，篇幅也大量減少，角色不敢暢所欲言，剖析畏首畏尾，他所創造的人物沒有感情，缺乏感動力。曹禺變爲因政治的需要執筆，被迫向一個已背棄他當初所熱情謳歌的人道與理想的新秩序服役，這是曹禺的悲哀。⑲

七〇年代初期，台灣尚處於戒嚴時期，胡著未全文譯出當與當時的政治局勢有關。而大陸當時正處於文革浩劫期，文獻蒐羅匪易，兩岸均不利這方面的研究，胡耀恒在當時觸及意識型態的探討，是相當吃力不討好的工作。他敏銳地嗅出了曹禺劇作之所以走下坡，正是來自於政治干擾，曹禺之所以失去創作活力，是肇因於共產主義的迷思。胡著在這蠻陌的研究領域邁出了第一步，頗有拓荒的意義在。

一九九三年三月《原野》，四月《雷雨》，九月《北京人》陸續在台北國家劇院上演，當時胡耀恒正擔任國立中正文化中心主任，曹禺劇作的在台演出，當與他的大力推動或協助有關（筆者曾於一九九九年一月上旬訪問胡耀恒，胡教授指出一九九〇年至一九九四年間他擔任中正文化中心主任，九三年演出的曹禺劇作都是演出者主動申請。他並謙稱對於這幾場的曹禺戲劇演出，他只是協助，並未推動）。《雷雨》由台灣戲劇人才合力演出，李行導演，演出前夕，胡耀恒還在報刊上撰文推崇《雷雨》是第一篇可與世界名劇分庭抗禮的傑作，它奠定中國職業戲劇活動基石。胡文亦稱許曹禺在《雷雨》之後的兩三年裡，緊接著寫出了《日出》和《原野》，奠定了他在中國劇壇的領袖地位。不幸的是，從抗戰起，環境和時代急遽惡化，他無法力挽狂瀾，甚至被其所吞噬。只有在他隨劇校遷到偏僻的湖南江安的兩三年裡，他的生活比較安定自由，趁機完成了《蛻變》、《北京人》和《家》。[20]

對於千古奇葩遭惡劣的時局所摧毀，胡耀恒言下不勝欷歔惋惜。認爲政治對天才劇作家曹禺造成莫大的戕害。文中對其早期劇作仍低迴嚮往不已。他對曹禺劇作的分析確實能鞭辟入裡，深中要害。一九八八年，曹禺曾對來訪的文化大學教授王士儀說：「胡耀恒是最了解我的人，他比曹禺還更了解曹禺。」（筆者於一九九九年一月廿五日打電話向王士儀求證，王教授親口證實曹禺確曾說過這些話。）

胡耀恒的論述，有著令人怵目驚心的事實作佐證，文革期間，曹禺被嚴厲地批鬥，他被折磨得病倒了，住進協和醫院。後來因爲周恩來的關係，把他調回首都劇院傳達室，每天接待來往客人登記，打掃院落。不久，從國外傳出中國的莎士比亞曹禺在傳達室打掃院子的消息，於是又把他安排到東城史家胡同五十六號北京人藝的家屬宿舍看守傳達室，傳呼電話，接收信件，掏大糞，倒垃圾。以後，又到北京郊區的團河農場等地勞動改造。一九七四年，其妻方瑞也因極度驚恐而病死。[21]不僅是肉體上的摧殘，更是精神上的百般折磨。一個天才就在政治的煉獄中燈枯油盡。因此胡耀恒一九六九年的整體思考架構，與事實是環環相扣的。而中國大陸直至八〇年代初期，探討曹禺創作力衰退的原因猶抱琵琶半遮面，將之歸咎於四人幫與「左」的思潮作祟，似乎將此逆流排除於共產主義本體以外。而胡耀恒在六九年即一針見血地直指出元凶所在，可說是在政治干預文學的研究領域上作了開路先鋒。

㈡丁韶華的曹禺戲劇研究

同樣也是針對政治課題加以探索的，還有政治作戰學校政治研究所丁韶華的碩士論文《曹禺及其戲劇作品之研究》，該論文完成於一九八七年，故探討的劇作下探到曹禺最後一個劇作《王昭君》。該文肯定曹禺的著作頗具感染力，然其主題意識皆在暴露家庭、社會及政府的黑暗面，擴大了觀眾對現實社會不滿的情緒；同時其劇中隱隱透露的訊息，對當時洶湧而進的共產主義浪潮有推波助瀾之效，影響所及，使觀眾們在盲目的期待下，加速促成共產勢力的發展。而中共執政後，曹禺劇作不再是揭發社會的黑暗面，相反的卻大寫其「歌德作品」——歌頌共產黨的德政；或寫宣傳八股的「國策文學」——宣傳中共當局的政策，爲求活命及保有既得官銜，曲奉中共的旨意。曹禺早年的人道理想至此完全喪失，創作深受政治概念的束縛，以致才華無法發揮。㉒

丁韶華的碩論純然從反共的立場著墨，不過「曹禺現象」確實是政治干擾文學最明顯的範例，從文學自由的角度看來，共產黨比國民黨專制多了。丁文以曹禺後來的劇作數量及藝術成就，均不能與其在中共執政前相提並論，證明環境不自由是不利於創作的。這些言論並未有超越胡耀恒的研究之處，只是研究的劇本兼及曹禺的最後一個劇作《王昭君》，然而也僅是浮光掠影般一筆帶過。丁著可算是胡耀恒研究的餘緒，並未開出什麼新的格局來。

(三)馬森的曹禺戲劇研究

九〇年代，台灣的曹禺研究開始掙脫政治爲唯一思索，視野縱深而恢宏，開出嶄新契機的是馬森。在他開始寫曹禺研究時，已是著作等身，除了中文、社會學領域的論著外，還有電影、戲劇、小說的評論，以及短篇小說、社會素描及獨幕劇的著作經驗。㉓他也曾到過大陸幾所著名大學講學，對著大陸學子暢談他們聞所未聞的荒謬主義戲劇；並寫出了對中國政治制度及社會現象的思索：《中國民主政制的前途》（台北圓神出版社，一九八八年）、《大陸啊！我的困惑》（台北聯經出版公司，一九八八年）。以這種學經歷積累與涵養，在他九〇年代動手寫曹禺研究時，即展現相當高的起點，顯出渾厚的功力。又以他一顆飄泊而又汲汲向內尋索的不安的靈魂，以及與政治保持適當距離，故常能挖掘劇作者深邃而隱晦的靈魂，並道出較具客觀性而超然的批評文字。在意識型態掛帥的兩岸三地曹禺研究領域中，開出了一簇奇異的花卉。

一九九一年八月，馬森在中國古典文學研究會主辦之「二十世紀中國文學——台灣、香港、日本三地學者學術交流會」上，宣讀〈中國現代舞台上的悲劇典範〉，針對中國學者擾嚷不休的「中國傳統戲曲中是否有悲劇的爭論」，提出了「不若以中國的原有類別來研究中國的傳統戲曲，不必方枘圓鑿地勉爲西方的文學概念於風馬牛不相干的中國傳統戲曲之上。」[24]這正是在他發表〈《竇娥冤》的時代意義〉[25]一文，引來唐文標的「辯駁」[26]後所做的答覆。

從這種思路推衍，他尋找中國戲劇中是否有「悲劇」，選出受了西方戲劇影響，同時也接受西方的文類概念以後的現代戲劇中，有意模仿西方悲劇形式和寫法，第一齣值得討論的中國悲劇——曹禺的《雷雨》，來做爲中國現代戲劇中的「悲劇典範」。[27]論文的重點在檢覈《雷雨》是否符合希臘悲劇的條件。

馬森認爲，就結構而言，曹禺的《雷雨》的確是打破了中國傳統戲劇的結構規格，而直接採取了希臘悲劇的結構法；這部戲大體上遵照希臘悲劇的原則，符合「三一律」的要求。就亞里士多德的《詩學》對悲劇的定義，《雷雨》是符合的，因爲它確實能引發「哀憐與恐懼」；唯一與希臘劇不同的是《雷雨》中的人物並非王公貴族，然而現代悲劇如阿瑟·米勒（Arthur Miller）的《推銷員之死》（*Death of Salesman*）中的偉利·洛門，也是一般平民百姓，人們能接受《推銷員之死》爲一現代悲劇，自然沒有理由不接受《雷雨》是現代悲劇。而劇中的繁漪，做爲《雷雨》中的主要悲劇人物，其最後的結局雖然不是死亡，而是發瘋，這種懲罰其實尤超過死亡之上，就如伊底帕斯國王自挖雙目、自我流放，其痛苦遠甚於死亡一樣。由此而論，繁漪的悲劇性是強烈的。馬森以悲劇的條件剖析檢驗，認爲《雷雨》「在各方面均符合悲劇做爲一種文類所需要的條件的戲」。㉘

最後馬森以《雷雨》之所以撼人心弦，是來自於劇作者的親身經驗以及他那不能扼止的激情。馬文並獨家專訪一位曹禺繼母的乾女兒鄒大姑，據說以前差點與曹禺成親。鄒大姑提供了一條馬森亟於探索的訊息，說曹禺確有一位嚴厲的父親，而曹禺同父異母的大哥萬家修也確曾與曹禺的繼母有一段曖昧的戀情。馬森參照曹禺在〈《雷雨》．序〉、〈曹禺談《雷雨》〉、〈《雷雨》的誕生〉等文章，及趙浩生、田本相與曹禺談話紀錄中，均有可資互相印證的資料，以此推論這些痛苦往事一定早已鬼魅似地纏擾在少年曹禺的腦際，以致激發澎湃的藝術創造激情。因爲《雷雨》的來自於生活，而非全出於虛構，才使《雷雨》中的人物顯得血肉豐盈。再加上《雷雨》中所呈現的家庭問題正符合了當日反封建家庭的時代潮流，遂使《雷雨》不旋踵即成爲一個轟動全國的劇目，也竟因此打破了中國人不欣賞悲劇的迷思。㉙馬森從創作激情所點燃的藝術感染力，來探索《雷雨》爲何能打破傳統戲曲「大團圓」的概念，而贏得中國觀眾接納與喝采的緣由。

對於劇作家及評論者均指稱《雷雨》的結構「太像戲」，甚至曹禺也對於自己在技巧上用得過分，而產生厭棄、作嘔的感覺。㉚馬森卻以嚴謹的悲劇結構來檢驗它，不僅止於將之視爲佳構劇，更將之提昇爲「中國現代舞台上的悲劇典範」的冠冕；並挖掘它所以感動人的藝術感染力在於其獨創性，不再僅止於作中西文學比較研究。此外，馬文也對劇作家幽晦的抑遏激情，作出更深邃的汲取與探索，可說是開拓了《雷雨》研究的新領域。只是他獨家報導曹禺兄長與繼母的一段「不倫」之戀，雖符合「藝術是苦悶的象徵」之典律，然而卻是個不易求證的孤證。

一九九五年六月，馬森再度出擊，寫出了〈哈哈鏡中的映象——三十年代中國話劇的擬寫實與不寫實：以曹禺的《日出》爲例〉㉛。這是一九八五年他寫〈中國現代小說與戲劇中的擬寫實主義〉㉜一文的深化。他以嚴謹的寫實主義定義來檢覈中國現代小說與戲劇，發現符合寫實主義的幾乎微乎其微。馬森對《日出》的探索，更是對上文整體思索的具體剖析。他指出在五四運動後，寫實主義受到中國話劇界的垂青，這時期的劇作也明顯帶出了有意模仿西方寫實劇作的跡象。但是主觀的意圖並不能保證客觀的成就。中國的劇作家常忽略了西方劇作家爲達到忠實反映社會的目的所服膺的客觀創作態度。這時期的所謂「寫實主義」的劇作，若與西方同類的劇作比較，顯現出它並不十分寫實，甚至常常帶出極明顯的理想主義及教訓色彩以及浪漫的情懷，因此他稱這類作品爲「擬寫實主義」（Pseudorealism）。㉝他以曹禺的《日出》爲例，分析話劇中的「擬寫實」及「不寫實」的狀貌。

馬森指出寫實主義最忌主題先行，真正的寫實主義作品並非全無主題，而是主題必須蘊含在「人生橫斷面」之中，是後來的，是由讀者或觀眾自己體會出來的一番道理。在曹禺孕育及撰寫《日出》的三十年代初期，正是左派勢力主導文學思潮的一個時代。在《雷雨》中，曹禺已穿插了與家庭悲劇無關的勞資衝突，在《日出》中階級衝突更成爲主流。代表資產階級的金八與代表工人階級的打夯工人雖然沒有出場，但其影子籠罩了全劇。出場的劇中人物，一邊是醉生夢死的資產階級，另一邊是被剝削受壓迫的可憐人，方達生則是居於二者之間的一個知識分子。先具有這樣的階級觀念，曹禺才下筆撻伐前一類而同情後一類。這些人物沒有自己的個性，沒有自己的心理感情，他們負荷的是社會地位和職業的原罪。這是馬克思階級鬥爭理論的圖解，而不是寫實主義所追求的具有個性的人物。㉞

馬森可以說是台灣第一個跳脫反共意識型態去做曹禺研究的學者，雖然他不否認一個作家也須擔負某種社會責任，然而在文學創作或評論上，馬森卻是個政治的潔癖者。他認爲作家亦可積極地參與社會上的公益活動或建立政治關係，當然也可以擁護或反對某一黨派，但這一切活動都該只是做爲一個公民的人格表現，而不必帶入創作的領域中。否則會使文學受到如下的干擾：

> 在國家社會遭逢危機的關頭，作家的公民人格便容易擴張，使他不能再繼續保持冷靜，他也會以筆為矛、為槍，發為戰鬥文藝，但這樣的作品常常不免流於粗糙的情緒發洩，事過境遷，幾同廢紙！創作所需要的是超然和客觀，作家的心靈在創作的過程中需要超越於他的公民人格之上。否則，他的創作不是蒙上過多個人的偏執，就是太過局限於實利的顧慮。歸根，創作應該是使一個人的人格向更高更上的層次升華的一種鍛鍊。㉟

馬森剖析《日出》一劇的非寫實性，並稱之爲「擬寫實主義」作品，並非出自他的反共思維，而是來自文學典律的分析，這種說法，幾乎顛覆了海內外曹禺研究將《日出》視爲寫實主義典範作品的共識。大陸學者一貫將寫實主義視爲左翼文學創作的金科玉律，如今在馬森嚴謹的文學理論批評的檢覈下，卻幾乎均成了贗品，這種論述確實具有相當大的震撼性。事實上《日出》非純屬客觀寫實之作，大陸學界亦非毫無察覺，戲劇學者田本相在稱讚《日出》的寫實主義特色時，也透露它並非客觀寫實的性質：

> 一個現實主義的作家，並不是現實生活的複製者，即使揭露黑暗，他也決不自然主義地加以描繪。所謂真實性，畢竟是經過作家主觀世界過濾了的真實。在真實的描繪中總是滲透著作家的政治觀點、思想傾向、審美的評價和道德感情。[36]

田本相不敢也不想挑戰現實主義的無上權威，在寫實主義的面紗下，委婉、曲折地道出曹禺的創作是寫實主義，只不過它以寫實主義的另一種風貌呈現罷了。而馬森則是直截了當揭穿了這層面紗，將以寫實主義寫作法則檢驗的成果直接披露。指稱它充其量不過是寫實主義的「變種」，也就是《日出》僅是「擬寫實主義」而非「寫實主義」的作品。此舉不啻如寓言故事中「國王的新衣」般，揭穿了國王身上的新衣根本子虛烏有。這篇不以政治意識作前提的評論，足以造成極大的震撼，因爲它顛覆了中共政權長久以來塑造的政治文學大神話。

(四)李慧薇的曹禺戲劇研究

一九九四年，文化大學藝術研究所的李慧薇，以《曹禺《北京人》研究——從主要人物性格看其戲劇藝術》獲得碩士學位。著者以大陸的曹禺研究過於政治實用主義；而台港地區的研究又不多，丁韶華的碩士論文帶有過濃的政治意味；劉紹銘的博士論文立論似乎過於嚴苛；胡耀恒的博士論文雖呈現較中立的言論，但太廣泛不夠深入。因此她希望針對《北京人》一劇的思想與藝術成就，做較深入的分析，並重新給予《北京人》一個新的評估。[37]該論文分四章，前兩章均在交待曹禺戲劇的創作背景，後二章才進入該文重點，探討《北京人》主要人物的性格及戲劇藝術。觀其立論，亦未有超越前人之處，然這是台灣年輕學子跳脫政治思維，企圖從藝術角度來分析左翼文學，雖然青澀，但亦值得鼓勵。

㈤陳素雲的曹禺戲劇研究

一九九九年，國立中正大學中文所陳素雲，以《文學與政治的糾葛——以曹禺及其劇作為例》獲得博士學位。陳素雲的博士論文近百萬言，蘊釀的時間長達二十餘年，是戲劇研究大師馬森教授在台灣指導的第一篇博士論文。該論著主要在探索中國共產黨是如何藉著文藝戰來擄獲民心，擊潰國民黨；以及中國知識份子為何甘心被政治利用。該論文的具體成就如下：

1.在曹禺研究暨傳播概況的資料蒐集方面，它可能是目前蒐羅得比較齊全的。陳素雲曾經訪問幾位大陸的曹禺研究專家，言談之際，他們對於掌握曹禺研究的資料，以及擁有的發言權，充滿了自信與驕傲，然而對於台灣及歐美最近的研究成果則相當陌生，陳著正足以彌補他們這方面的不足。

2.對於一些有爭論性的議題，此論文試圖廓清迷霧，尋求點的突破。例如對曹禺向世界戲劇大師借鑒，到底是剽竊或獨創提出詮釋；對《北京人》到底是喜劇或悲劇這類擾嚷不休的爭議，提出了自己的看法等等。這些都是陳素雲在研究過程中產生疑惑，而苦苦思索的一些所得。

3.對於熱門的劇目，如《雷雨》、《日出》、《原野》、《北京人》這四個已被研究得爛熟的劇目，此論文試圖在前人已有的研究成果上，做出進一步的發揮與開展，希望透過資料的再解析與統整的功夫，艱難迤邐地闖出重圍，對作品做出更圓融的詮釋。

4.此論文能另闢蹊徑、開出新局的主要是對於《蛻變》、《明朗的天》及《王昭君》三部劇作的剖析上。這三部劇作幾乎均被劇評家視爲曹禺的失敗之作而不屑一顧，然而它們卻是此論文的菁華所在，因爲這正是政治影響文學的最佳範例。《蛻變》的探索讓人回顧過去，具有引以爲殷鑒的歷史作用。《明朗的天》與《王昭君》則具有相當鮮明的現實意涵，其所衍伸的是永不稍歇的當紅話題。

比較文學大師劉紹銘曾說，陳素雲之博士論文，是他「所看到的曹禺研究論文中，篇幅最大，資料最詳盡的著作。」㊳國立中興大學外文系系主任吳新發教授，亦盛贊陳著：1.相關資料豐富詳盡，十分可貴。2.依詳實的時代背景探討曹禺的戲劇創作，藉以突顯文學與政治的糾葛，基本立論中肯。3.評述歷來國內外各家的曹禺研究與繁複不一的詮釋觀點，並依創作次序逐一解析曹禺的戲劇作品，兼顧時代背景、文本詮釋、以及劇本流傳的歷年評論，不謹釐清劇作家個人的心路歷程，反映曹禺研究的全貌，也顯現時代文風與政治風潮的轉折，條理清晰。㊴足見此論文徵引資料之廣博，及剖析論述之精闢。

(六)其他的曹禺戲劇研究

台灣地區以比較文學角度作曹禺研究的碩士論文有兩篇，其一爲中國文化大學藝術研究所朴英淑的碩士論文《曹禺與巴金：《家》的戲劇與小說之比較》，完成於二〇〇〇年；其二為同校俄國語文學研究所李玉惠之碩士論文《契訶夫《櫻桃園》與曹禺《雷雨》之比較研究》，完成於二〇〇三年。而專就曹禺單一劇本作深入探索的則有國立藝術學院戲劇研究所張嘉容的碩士論文《從《雷雨》中家庭的崩解看自由意志與決定論的衝突》，完成於二〇〇〇年。曹禺劇作在意識型態對立的台灣，一再獲得不同領域研究者的青睞，將其作為論文的課題，實肇因於曹禺劇作對父權社會倫常的大批判，以及對人性深邃的探索，仍有其現實意義在。

三、日本的曹禺戲劇研究

(一)三、四十年代的曹禺研究

曹禺的劇作與日本的淵源相當深，日本的曹禺研究史可上推自曹禺處女作《雷雨》誕生時起。此劇一刊登，首先發現這一文學奇葩的人是日本中國現代文學研究者，並隨即推荐給中國留日學生，催生了《雷雨》在日的首演。東京帝國大學學生影山三郎看了這個演出，很受感動，寫了〈應該了解中國戲劇〉一文，發表在《帝國大學新聞》第五七六期（一九三五年五月六日），這就是日本介紹《雷雨》的嚆矢。[40]

此外，三十年代就有兩種〈曹禺論〉，一篇是土居治撰寫的〈曹禺論〉（《中國文學月報》第二十二期，一九三七年一月）；另一篇是野中修撰寫的〈曹禺論〉（《燕京文學》第一期，一九三九年四月）。這兩篇日文的短評雖然都不到四千字，但是作爲同時代的評論，很值得注目，它們對曹禺戲劇的評價截然相反。土居治認爲曹禺的劇作是命運的悲劇，缺乏現實生活的反映，甚至說《雷雨》、《日出》都不出乎「習作」的水平。跟他相反，野中修給這些劇本很高的評價，認爲曹禺是個優秀的人道主義劇作家，他代表春柳社以來中國話劇經過三十年歲月的最大成就。[41]

四十年代沒有顯著的研究成果。一九四〇年五月，中村貢撰寫〈曹禺〉，評論《雷雨》與《日出》。一九四三年八月，東京青年書房出版服部隆造翻譯的《北京人》，一九四八年十一月，岡崎俊夫撰寫〈曹禺的話劇〉，評論《雷雨》、《日出》、《北京人》、《蛻變》。另外還有幾篇，都不過是簡單的介紹文。[42]三、四十年代的日本曹禺戲劇研究，尚處於開創期，無甚可觀。然而值得注意的是早在三十年代，日本就並存有看法兩極的〈曹禺論〉。

㈡五、六十年代的曹禺戲劇研究

進一步的曹禺戲劇研究，到了五十年代才蓬勃展開。從一九五一年六月至一九五二年十月，佐藤一郎在《三田文學》上接連發表五篇論文，系統地分析《雷雨》、《日出》、《北京人》、《蛻變》、《原野》。他說，悲劇精神和民族意識的結合就是曹禺劇作的特點。他把曹禺的創作道路分爲兩期，並說：曹禺以《雷雨》震撼了劇壇，到了《日出》得了飛躍的進步，在《原野》走「寶貴的彎路」，到《北京人》顯示最大的成熟。這些是第一期作品系統。佐藤以爲：這時期，曹禺用「象徵的寫實主義」寫戲。《蛻變》的寫作方法跟第一期作品完全兩樣，佐藤把它叫「徹底的現實主義」。他說，《蛻變》到《橋》就是曹禺第二期的作品系統。[43]

五十年代，目加田誠也撰寫〈曹禺的戲劇〉，詳細地介紹曹禺的主要劇作，並且指出歐美近代戲劇的影響。還有大芝孝寫的〈新舊《雷雨》比較研究〉，他把一九三四年發表於《文學季刊》的舊版與一九五一年開明書店《曹禺選集》的新版《雷雨》作校對，認爲修改是成功的，適合於新中國社會的要求。以後他又寫了〈曹禺的新作〉，對曹禺解放後的作品《明朗的天》、《膽劍篇》給予極高的評價。另外，梁夢迴撰寫〈曹禺〉，把曹禺作品分爲三期，第一期作品《雷雨》、《日出》、《原野》三劇中，他認爲《日出》水平最高，因爲沒有《雷雨》那樣宿命的神秘色彩及《原野》那樣太多的技巧。第二期作品以《蛻變》、《北京人》、《家》爲代表。他認爲《蛻變》的人物形象缺乏現實性；《北京人》沒有完全寫出大家庭沒落的必然，均不如《日出》；《家》則是用「詩的語言」寫的好作品。第三期的作品只有《明朗的天》，但梁文對它評價相當高。[44]

六十年代出現了兩位女研究家，一位叫宅間園子，撰寫〈曹禺《雷雨》的悲劇性與社會性〉，指出《雷雨》基本上是一篇命運悲劇。另一位女研究家吉村尙子撰寫〈中國女人會話的特點〉。她的研究較爲特別，從《雷雨》、《日出》、《北京人》的女人會話中，抽出使人感到「厲害」的詞句。並得出中國女人不論身份高低，都用各種日本人所迴避的詞句和罵人的話。此外，男研究家也有不少成就，如蘆田肇以《日出》爲例，分析曹禺筆下的小市民形象，並說《日出》中有些人物是曹禺自身的投影。還有一位吉田幸夫，自一九六七年二月發表〈曹禺《雷雨》與《北京人》的修改情況〉以來，一直研究曹禺劇作的修改問題。[45]

五、六十年代，日本的曹禺戲劇研究有了新的開展。佐藤一郎一系列的評論文章，引起了日本學界的重視。而五十年代，日本學術圈也受到了「左」的思潮所影響。大芝孝認爲《雷雨》在一九五一年的修改是成功的；梁夢迴對《明朗的天》的高評價，均受了「左」的迷障，識見並不高。六十年代，女性加入研究陣容，使得研究更加細膩深入。此外，研究範疇也逐步擴大，對曹禺劇作的研究更是鉅細靡遺，如吉田幸夫一直以曹禺劇作的修改問題作爲研究課題等。曹禺的戲劇研究領域無限寬廣。

㈢七十年代以後的曹禺戲劇研究

七十年代，有兩篇《雷雨》論。一篇是名和又介的〈《雷雨》論稿〉，探討這部劇作中「雙重亂倫關係」的來源。他指出繼母與繼子的亂倫顯然受到優里皮底斯《希波呂托斯》的影響；而兄妹之間的亂倫可能是受易卜生《群鬼》所啓發。另一篇井波律子的〈《雷雨》論〉，她認爲《雷雨》是一部無可挑剔的悲劇作品。她對《雷雨》的評價很高，認爲曹禺以後的作品都比不上它。七十年代後期出現了年輕的曹禺研究家飯塚容，一九七六年以來陸續發表了十幾篇論文，這些論文，大致可分爲兩類，一類是剖析曹禺劇作所受外國文學影響的著述，比如〈奧尼爾．洪深．曹禺〉（一九七七）和〈再論《原野》與外國文學〉（一九八一）；另一類是對於中國曹禺研究加以評述的論文，比如〈關於錢谷融《雷雨》人物談〉（一九八一）、〈最近的《北京人》論〉（一九八二）、〈《大公報．文藝》上《日出》集體批評〉（一九八二）、〈《原野》的再評價〉（一九八五）、〈呂熒的曹禺觀〉（一九八六）。㊻

八十年代，不只是中國大陸的曹禺研究進入新時期，在日本亦是百花爭妍的新紀元。一九八二年曹禺第三次訪日，一九八五年，上海人民藝術劇院也訪日演出曹禺改編的《家》。環繞著劇作家的來訪與戲劇的上演，有不少的報導與譯本問世，曹禺研究也蓬勃開展，茲以《中國現代文學研究の深化と現狀》一書及飯塚容的〈日本曹禺研究史簡介〉的正文及所引註釋條述如下：

篇名	作者	登載期刊	發表日期
風雲を經て君更に健やかなり：茅盾と曹禺について	阿部 幸夫	New Energy 四六	一九八一・五
再論《原野》與外國文學	飯塚 容	《季節》一〇	一九八一・五
曹禺について	竹內 實	民芸の仲間 二一四	一九八一・十二
關于錢谷融〈《雷雨》人物談〉	飯塚 容	咿啞 一四	一九八一・十二
戲曲「日の出」（上）（曹禺作）	內山 鶉（翻譯）	悲劇喜劇 三七五	一九八二・一
戲曲「日の出」（下）（曹禺作）	內山 鶉（翻譯）	悲劇喜劇 三七六	一九八二・二
最近的《北京人》論	飯塚 容	人文學報 一五六	一九八二・三
曹禺と戲曲：長いト書こと	大笹吉雄	中國研究月報 四一〇	一九八二・四
《大公報・文藝》上《日出》集體批評	飯塚 容	季節 一一	一九八二・七

戲曲「日の出」の發表と初演時の情況	牧戸 和宏	大阪勞演 三九三	一九八二・八
曹禺先生、方傑先生を圍んで	飯塚 容	季節 一二	一九八三・十二
「黑字二十八」について	飯塚 容	季節 一二	一九八三・一二
曹禺「家」讀後ノート	山口 守	季節 一二	一九八三・一二
〈現代文學を讀む〉初の本格的曹禺研究	飯塚 容	東方 三五	一九八四・二
《家》（曹禺作）	楊爲夫・瞿麥（翻譯）	劇場 五一一	一九八五・九
《原野》的再評價	飯塚 容	中央大學一百周年紀念論文集	一九八五・十
呂熒の曹禺觀	飯塚 容	中央大學文學部紀要文學科 五七	一九八六・三
曹禺、夏衍、田漢など三十年代の中國演劇	何 森耀	悲劇喜劇 四三八	一九八七・四
關于萬家寶作〈偶像孔子〉	牧陽 一	中國近代文學研究 一	一九八七・九
曹禺的小說〈今宵酒醒何處〉	牧陽 一	中國近代文學研究 二	一九八八・一二

㊼

由上表可見出飯塚容是八十年代日本曹禺研究最閃亮的一顆星。他自東京都立大學畢業，其畢業論文寫的就是《曹禺論》。㊽自七〇年代後期，他對曹禺的研究始終未曾間斷過。在一九九一年應邀參加「曹禺研究國際學術討論會」，宣讀〈日本曹禺研究史簡介〉，對日本的曹禺研究做出完整的介紹。八十年代後期，又出現了更年輕的曹禺研究專家牧陽一。他寫〈關于萬家寶作《偶像孔子》〉（一九八七年），以及〈曹禺的小說《今宵酒醒何處》〉（一九八八年），是介紹曹禺早期創作的寶貴資料。後來他又寫了〈作爲基督教悲劇的《雷雨》《日出》《原野》〉（一九九〇年），分析曹禺劇作和基督教的關係，獲得不少研究成果。[49]一九九一年，他應邀至中國大陸參加研討會，發表〈曹禺與廚川白村〉，指出曹禺對佛洛伊德精神分析學之興趣是從日人廚川白村的著作來的，而且也可以從其早期作品中鑲嵌的「意識地」、「潛意識地」、「無意識地」等詞語中看出來。[50]可看出對於曹禺研究，他有意另闢蹊徑，往曹禺心靈的更幽微處追溯。曹禺創作發軔期的著作，似乎提供了他許多靈感的泉源。

此外，該場研討會上，內山鶉發表了〈曹禺：愛和激情的戲劇——他的三大劇本《雷雨》《日出》《北京人》——〉一文，高度贊美《北京人》不僅是「曹禺的最高傑作，也是可以列入二十世紀三十年代世界戲劇現實主義高峰的作品。」[51]阿部幸夫也在研討會上發表了〈曹禺研究斷想〉，抒發他不只想從文本去親近曹禺這位大師，他又循著曹禺昔日的足跡，用了十天時間在成都、昆明這兩個當年的大後方國統區旅行，更加強烈地感受到和想像到當年大後方的風土人情。他也到成都的四川省圖書特藏部，去翻閱過去的期刊報紙。[52]企圖將自己置身於曹禺昔日創作的時空，並嘗試去體會當時的情境，將曹禺劇作放在當時的背景下加以審視。

由此可見日本的曹禺研究比起中國大陸亦不遑多讓，觸鬚伸向各個研究領域。日本學界擁有一批曹禺戲劇研究專家，他們均在大學任教，如佐藤一郎（慶應大學教授）、大芝孝（神戶外大教授）、吉村尙子（東京大學教授）、吉田幸夫（北九州大學教授）、井波律子（金沢大學副教授）等。著名的還有宅間園子、蘆田肇、名和又介等。[53]飯塚容在京都大學任教，牧陽一任教於埼玉大學。這批陣容龐大的曹禺研究大學教授團，以及許多年輕學者的加入，使得日本曹禺研究綿延不絕，老中青的曹禺研究專家，如佐藤一郎、飯塚容、牧陽一等，均是其中的佼佼者，有著出色的研究成果。日本的曹禺研究可說是一門顯學。

四、歐美地區的曹禺戲劇研究

(一)曹禺戲劇研究的學位論文

1.劉紹銘的博士論文

歐美地區對曹禺戲劇最早作系統研究的是港人 Lau Joseph Shiu-ming（劉紹銘），劉氏一九六六年以 *Ts'ao Yü, The Reluctant Disciple of Chekhov and O'Neill: A Study in Literary Influence*（《曹禺，契訶夫和奧尼爾勉爲合格的信徒：一個文學影響的案例》）。獲得 Indiana University（印第安那大學）博士學位。由劉氏在〈曹禺論前言〉一文中所言，「筆者論《雷雨》與《日出》的英文原文在美國發表後，曾就正於林以亮先生。」[54]由此可見劉氏的論文尙未完成時，即以單篇論文發表於美國刊物上，因此它的影響力可能應往前推到一九六六年以前。

劉紹銘最感興趣的是比較文學研究，故劉氏選取曹禺的四個主要劇本加以分析。第一章他將《雷雨》與奧尼爾的《榆樹下的慾望》（*Desire under the Elms*）做比較，因爲這兩個劇本都受到希臘悲劇《希波呂托斯》（*Hippolytus*）的影響；第二章將《日出》與蘇俄劇作家契訶夫（Chekhov）的《櫻桃園》（*The Cherry Orchard*）做比較，因爲它們都同樣探討舊秩序的凋零；第三章將《原野》與奧尼爾的《瓊斯皇帝》（*The Emperor Jones*）做比較，因爲這兩個劇本均在探索人類心靈原始的恐懼；第四章則是《北京人》與契訶夫《依凡諾夫》（*Ivanov*）的比較，因爲這兩個劇本均探討了沒落貴族或士大夫的徬徨無措與人生的徒勞（futility）。[55]在劉氏的眼中，曹禺這四大名劇受到了契訶夫與奧尼爾的影響最大，劉氏有意在中西文化碰擊的交會點上，探索曹禺劇作的時代意義與藝術價值。

2.胡耀恒的博士論文

緊接著以曹禺爲研究課題的是來自台灣的胡耀恒。一九六九年，Hu,John Yawherng（胡耀恒）以 *Ts'ao Yü：Playwright of Discontent and Disillusionment*（《曹禺：不滿和覺醒的劇作家》），獲得 Indiana University（印第安那大學）博士學位。胡氏的論文，一九七二年在紐約以 *Ts'ao Yü* 爲名由 Twayne Publishers 出版。[56]台灣僅見他一九七四年在《中外文學》發表的結論一章，國外反而得以見到胡氏論文的全貌。胡氏論文企圖全面探索曹禺當時的所有著作（按：一九六九年《王昭君》尚未完成，故未收錄），包括《雷雨》、《日出》、《原野》、《正在想》、《蛻變》、《北京人》、《家》、《橋》、《明朗的天》、《膽劍篇》。胡氏之所以特別將改編的一齣短鬧劇《正在想》列入，是因爲他認爲曹禺早期作品三部曲之後，轉入中期作品時無論態度或格調上都有顯明的改變，而改變的訊號來自《正在想》。在曹禺全部作品中，此劇最爲輕鬆愉快，這說明作者也有其歡愉的一面，並非永遠嚴肅抑鬱。（For the first time,the angry young man Tśao Yü has revealed in his work that he can be indulgent of trivialities and can laugh and sing amid poverty and setbacks.）[57]

胡氏認爲曹禺進入中期後的作品《北京人》與《家》，都是調整失敗、挫折、惰性以及回顧而迷惘的悲劇，曹禺對他們的不幸不像《雷雨》等劇大加撻伐，反而對他們的不幸滿懷了解與寬容。然而曹禺對改變之必需的信念仍未改變。胡氏對於曹禺後期作品《明朗的天》、《膽劍篇》藝術成就的衰退，則充滿了惋惜。論文中第一章自一九〇七年曾孝谷與其他中國留學生在日本組織春柳社，並演出一個解放黑奴的劇本開始談起，對於曹禺創作的時代背景加以分析。可說是第一篇以外文詳實地報導中國話劇的起源。提供了不懂中文的西方人了解中國話劇的簡史。他全面概述曹禺的著作，亦可促進西方人了解中國話劇的推展與成就，在中西文化交流上自有一番建樹。夏志清曾盛讚胡耀恒在英文《曹禺論》（*Tśao Yü*,New York,1972）裡對《王昭君》以前所有的劇本，均作了公允扼要的評析，很見功夫。夏氏在評析《北京人》一劇時，曾埋怨手邊沒有胡的《曹禺論》，頗感不便。[58]可見胡氏的《曹禺論》在英語國家成了研究曹禺必備的基本資料。亦受到學界的重視與推崇。

3. Wan Ning 的博士論文

Wan Ning 於一九八五年以 *Female Characters in A. Ostrovskii's 'The Storm' and Cao Yu's 'Thunderstorm'*（《Ostrovskii 的《大雷雨》與曹禺的《雷雨》中的女性角色》）獲得 University of Pittsburgh（匹茲堡大學）博士學位，本篇博士論文亦是比較文學的探討。

該文開始先簡要說明主題劇作，然後審視先前俄國及中國的戲劇藝術。這些簡介包括了兩國重要劇作家的歷史，並討論國情背景塑造的個體性格、外國的影響、以及 Ostrovskii 與曹禺同時代作家的屬性以及他們的貢獻。

Ostrovskii 與曹禺在作品中對女性角色的描述都有特殊的貢獻。他們兩人也都不約而同地採用類似的劇名，不僅凸顯了氣氛，也呈現了行動的節奏，同時也反應了女性角色的激情、衝突與憤怒以及她們的悲劇。

身爲寫實主義劇作家，Ostrovskii 與曹禺都在作品中反應他們親身觀察的社會觀點。許多批評家均認爲他們的批判僅著重在社會層面上，卻忽略女主角的個性以及她的內心世界，這些都被視爲真實人性感受的條件，也是俄國與中國戲劇中造成她們悲劇的真正原因。其實兩位作家不僅描寫了女主角與外界的衝突，也探討了她們的內在世界。

因此與其他批評者不同，本篇論文強調心理學以及兩個劇本中女主角個性的美學經驗，以一個個體、自然人來分析每一個女主角，視她們爲具體的個別人物。而不像其他批判者將她們當作一個虛構的觀念。藉由強調她們精神上的美質，以及不可避免的悲劇，來詳細剖析女性角色。

在進行比較研究方面，指出俄國與中國女性基於她們不同的社會、國家、環境與文化，而產生的生活差異可能較爲容易察覺。不過 Ostrovskii 與曹禺劇中的女性人物卻有許多相似之處，例如：社會地位、女性的真實需求，包括生理與心理；此外，女性身體、智慧以及道德方面的美質，在兩部劇作中也有相同的特徵。

爲了找出 Ostrovskii 與曹禺在創造女性角色上的創新與貢獻，論文中也由現實主義的觀點，探討了 Ostrovskii 與曹禺在其他主要作品中的女性角色。

4. Wang Aixue 的博士論文

Wang Aixue 於一九九五年以 *A Comparison of the Dramatic Work of J.M. Synge and Cao Yu*（《辛格與曹禺劇作之比較》）獲得美國 University of Houston（休士頓大學）博士學位。本篇博士論文是愛爾蘭劇作家辛格與中國劇作家曹禺劇作之比較。在戲劇傳統與處理手法上，辛格與曹禺都同樣面對文化衝擊。可藉由比較三對劇本的空間關係，而得知他們是如何戲劇性、理想化、美學式地做出回應。

首先辛格的《海上騎士》（*Riders to the Sea*）以及曹禺的《雷雨》，其人物都是某種缺席敵手的無辜犧牲者。但是辛格劇中的反抗者，是一個神秘的實體，而其所反對的是看不見的海；而在曹禺劇中卻是一個看不見的理念，透過舞台上一個角色的出現而呈現出來，他是以戲劇化的「雷雨」化身出現而顯得更具效果。

人物與戲劇空間的動能關係，同樣是曹禺的《原野》、《北京人》以及辛格《幽谷暗影》

（*The Shadow of the Glen*）、《西方男兒》（*The Playboy of the Western World*）劇中的特色。因爲他們的主角都是爲美好遠景奮鬥因而離開他們受到束縛的空間。不過這些人物的結局並不相同。更有甚者，辛格是透過雙重對立，將意義賦予在戲劇的細節中；而曹禺卻利用類比推理的質變，將意義賦予在戲劇細節中。

結論中也證明兩位劇作家在戲劇處理以及文學主題上，都交叉運用了主要西方觀點來處理他們的戲劇性發展。在這點上我們看到一些重要但很難察覺的例子，就是曹禺受到辛格、左拉、雪萊的影響。不過在美學上，辛格依據西方表現法，營造他自身版本的愛爾蘭文學民族主義；而曹禺則矛盾地提出中國式手法，是用西方觀點重新定義中國文化。

5. Cai Yongchun 的碩士論文

Cai Yongchun 於一九九七年，以 *The Chinese Affinity of Engene O'Neill: A Study of Taoist Ideas in O'neill's Plays and His Influence Upon Modern Chinese Drama(Hong Shen, Cao Yu)*（《尤金·奧尼爾的中國情結：奧尼爾劇作的道教理想以及他對中國現代戲劇的影響（洪深、曹禺）》，獲得加拿大 University of Alberta（亞伯特大學）碩士學位。本篇碩士論文指出：奧尼爾的神秘主義與寂靜主義都反應在他的東方歷史劇中，其中呈現出明顯的中國道教思想，以及他戲劇思想的哲學空間。這篇論文中，東方道教很重要，但不是基本原則，例如人類物質主義與精神主義間不相容的二元性、所有分歧現象的起源與結束、生死之間的割捨與轉化，這些在奧尼爾中期的兩齣戲：*Marco Millions*（《馬可百萬》）與 *Lazarus Laughed*《拉撒路笑了》）中，都不斷地探討這些主題。這些便形成開頭兩章的基調，主要是嘗試為劇作家具有中國神秘道教一事驗明正身。

奧尼爾受古老中國所吸引，延伸到他與現代中國的關係。這也顯示他對中國戲劇舞台具有的決定性影響。在中國傑出劇作家洪深與曹禺的作品《趙閻王》與《原野》中，則藉由表現主義而呈現出來。論文中也藉著檢視奧尼爾最震撼力的悲劇《榆樹下的慾望》中的對應角色的關係，來探討曹禺的名著《雷雨》，藉此來凸顯兩國最偉大的劇作家的「血緣關係」。最後一章則試圖為中國戲劇與奧尼爾的影響兩者間的互動關係，進行比較性研究。

(二)歐美人士評曹禺戲劇的單篇論著

1.〔美〕謝迪克論《日出》

以曹禺戲劇作為學位論文研究課題的，幾乎均來自兩岸三地的華人。而歐美國家亦有不少人對曹禺的劇作頗感興趣，他們的評論多屬單篇論著，代表著西方世界的觀點，從不同文化角度的審視，常能予人不少省思與啓發。

最早對曹禺戲劇提出建言的是燕京大學西洋文學系主任〔美〕謝迪克（H.E. Shadick）的〈一個異邦人的意見〉，他認為《日出》是他見到的現代中國戲劇中「最有力的一部。它可以毫無羞愧地與易卜生和高爾斯華綏的社會劇的傑作並肩而立。」但是《日出》亦有缺憾，「它主要的缺憾是結構的欠統一。第三幕本身是一段極美妙的寫實，作者可以不必擔心會為觀眾視為淫蕩。但這幕僅是一個插曲，一個插曲，如果刪掉，與全劇的一貫毫無損失裂痕。」[59]謝迪克從結構與藝術性著眼，認為第三幕應該刪去。與朱光潛的看法不謀而合。

2.美藉華人趙浩生的曹禺劇作簡史

美藉華人趙浩生，是文革後最早訪問曹禺的外藉人士。他在一九七八年五月在北京專訪曹禺，寫成了〈曹禺從《雷雨》談到《王昭君》〉一文，該訪問記發表在香港《七十年代》雜誌一九七九年第二期上。[60]

趙氏的訪問內容經過一番設計，如你們排的第一個戲是什麼？您什麼時候開始寫劇本的？您寫《日出》的動機是怎麼來的？你自己覺得《原野》怎麼樣？你寫《北京人》的動機是什麼？它的主題是什麼？您喜不喜歡《蛻變》？國民黨裡掌文化運動的張道藩是不是給過您很多麻煩？周總理和重慶的共產黨員跟您有交往吧？抗戰勝利時您在哪兒？現在海外大家都想弄清楚，您們幾位名氣大的作家受了些什麼折磨？解放時您在哪兒？共產黨執政後，您就參加第一屆政協，以後又擔任什麼職務？您什麼時候寫《明朗的天》？聽說您現在正在寫一個歷史劇，是不是？諸如此類精心巧構的訪問子題，逗引出曹禺的話匣子，談話記錄串連起來就是一篇極佳的曹禺戲劇創作史，當然其中也包括了不少獨家的作者生活小傳。

3.〔西德〕烏韋．克勞特的曹禺小傳

西德記者烏韋．克勞特多次訪問曹禺後寫成〈戲劇家曹禺〉一文。該文原稿爲英文，曾載於《中國文學》英文版（一九八〇年第十一期）。《人物》雜誌一九八一年第四期予以轉載。[61]該文包括曹禺的家庭背景，以及如何走上創作道路，各部劇作的創作動機與主題，劇中人物形象，解放後所遭遇的創作難題，曹禺的創作觀，以及爲何轉向歷史劇的原因等，可說是一部具體而微

的曹禺傳。尤其該文採訪曹禺與國共兩黨的恩怨，爲何在重慶未加入共產黨，以及他如何由一個熱血青年走上左傾的道路等，均屬彌足珍貴的第一手資料。常爲海內外研究曹禺的學者所引用，對於曹禺的創作路線與創作心理頗能鞭辟入裡，挖掘更深邃的深刻意涵。該篇專訪在文革結束後不久，曹禺剛歷劫餘生，許多言談均十分懇切，誠爲肺腑之言。對於理解曹禺及其劇作，提供了相當珍貴的獨家報導。

4. 美藉華人夏志清評《北京人》

一九八〇年，曹禺訪美，美藉華人夏志清，對曹禺左傾並爲中共政權宣傳，到頭來卻遭受莫大的迫害與羞辱充滿憤怒與不屑，撰文冷嘲熱諷；然而對於垂垂老矣的曹禺，又有些悲憫的情愫在。夏氏早年寫《中國現代小說史》時，對曹禺批評較苛，唯獨對《北京人》另眼看待。㉒《中國現代小說史》一書原爲英文原著，在一九六一年初版，七一年增版。一九七八年才由劉紹銘等根據增訂本譯成中文。㉓此書普遍流傳於西方學界，對於有志研究中國文學的後進有很大的助益與啓發。劉紹銘後來寫博士論文時，亦同意夏志清的看法，肯定《北京人》是曹禺真正的傑作。

夏志清在一九八〇年曹禺訪美期間，寫了〈曹禺訪哥大紀實——兼評《北京人》〉，夾敘夾議，對《北京人》有進一步的剖析。他認爲《北京人》裡那些長篇佈景描寫、人物介紹，曹禺寫得很用心；也對於劇中的「北京人」、人類學家袁任敢、曾文清、愫方、江泰有進一步的發揮。夏氏批評袁任敢僅是曹禺的代言人，自己沒有戲；曾文清完全是舊中國的產物，似無必要再在身上加一些契訶夫「多餘人物」的特徵。卻盛讚曹禺將江泰這位中國知識分子間另一種「多餘的人」造型描寫得非常成功。此外，他也探索瑞貞這位不討丈夫、婆婆喜歡，終於出走的小媳婦，指出給她勇氣奮鬥的是五四以來新出版的「書籍」；並與《紅樓夢》書中人物作比較，談論五四以後青年男女反傳統的行徑，往往來自於推動新思潮的書籍雜誌。[64]夏志清對於曹禺劇作常能提出新穎及敏銳的創見。

5.美國學者論《原野》及《雷雨》

一九九一年八月在「曹禺研究國際學術討論會」上，〔美〕杰西卡．海格妮發表〈《原野》中的民間小調〉，對於富有異域色彩的民間小調頗感興趣。認為穿插於《原野》中第一、二、三幕的動作過程中的民間小調，以一種富於感召力的方式被用來合成戲劇動作和戲劇主題。它們提供了單純的動作和對話所不能提供的東西，它們雖然被融入戲劇動作之中，但又存在於別一種的感性層面上。該文認為民間小調的運用，有利於為劇作提供出一種鄉土氣息；民間小調也直接關係著現實中的動作和象徵性動作，而且大大強化著該劇的主題思想。但是，它們最大的貢獻是感召力，這些民間小調製造出一種情愫和氛圍，比起戲劇動作和散漫而無邏輯的對話，這種情愫和氛圍存在於一個更高的層面之上，像一種共鳴一樣，他們在觀眾們的感覺的邊緣編著符咒。[65]

另一位美國人羅伯特．沃特曼也在該次研討會上發表了〈實用智慧的條件〉，指出第三幕中周沖對四鳳那段帶著詩情畫意的思想表白的一幕，是全劇中的核心形象，有了這一幕，第四幕周沖「著了魔般的心碎悲劇」，才能緊緊攫住觀眾（或讀者）的精神世界。[66]該文對歷來的曹禺劇作研究方法有所不滿，似乎想提出解構顛覆的新視覺角度，然而只是一鱗半爪，蜻蜓點水，道不出什麼圓融的見解，反不若前文對《原野》民間小調分析的細膩深刻，頗能從西方人的角度，道出東方人習焉不察的民族特色。

在中西文化交流中，曹禺戲劇正如一座橋梁。對於西方人來說，曹禺劇作正是一個窗口，代表著東西不同文化的交集與融合，亦使人對東西方不同的文化背景有更深的體認。

註釋：

①劉紹銘（Lau,Joseph Shiu-ming），*Tśao Yü,The Reluctant Disciple of Chekhov and O'Neill：A Study in Literary Influence*,Indiana University,Ph.D.,1966

②Joseph S.M.Lau, *Tśao Yü*,Hong Kong University Press,1970。

③劉紹銘，《曹禺論》，香港：文藝書屋，一九七〇年。

④劉紹銘，《小說與戲劇》（台北：洪範書店，一九七七年），頁一〇一—一二三。

⑤田本相、胡叔和，《曹禺研究資料》，北京：中國戲劇出版社，一九九一年。

⑥王興平、劉思久、陸文璧編，《曹禺研究專集》，福州：海峽文藝出版社，一九八五年。

⑦潘克明編著，《曹禺研究五十年》（天津教育出版社，一九八七年），頁二六九—二七一。

⑧劉紹銘，〈《曹禺論》自序〉，《曹禺研究專集（上）》，頁三九二—三九三。

⑨劉紹銘，〈君自故鄉來——曹禺會見記〉，原載香港《明報月刊》一七四期，一九八〇年六月，《曹

禺研究專集（上）》，頁三九四。

⑩〔港〕憶揚，〈從劉紹銘博士論曹禺談起〉，《曹禺研究專集（上）》，頁四〇〇。

⑪華忱之，〈附錄：評劉紹銘《小說與戲劇》曹禺創作專章〉，《曹禺劇作藝術探索》（成都：四川文藝出版社，一九八八年），頁三〇九—三三三。

⑫劉紹銘，〈《王昭君》——曹禺第三部「國策文學」〉，《中外文學》第八卷第六期，一九七九年十一月。

⑬劉紹銘，〈曹禺新論〉，台北：《表演藝術》第六期，一九九三年四月，頁七四—七九。

⑭李援華等著，《曹禺《王昭君》及其他》，香港：良友圖書公司，一九八〇年。

⑮〈評介文章目錄索引（一九三五—一九八三年一月）〉，《曹禺研究專集（下）》〉，頁七二一—七二二。

⑯〔港〕楊玉峰，〈曹禺劇作與中國婦女解放問題〉，《中外學者論曹禺》，頁一六二—一七一。

⑰〔港〕方梓勛，〈戲劇家與戲劇翻譯：曹禺的《柔密歐與幽麗葉》〉，《中外學者論曹禺》，頁二一九〇—二九八。

⑱胡耀恒（Hu,John Yaw-Herng）, *Tśao Yü:Playwright of Discontent and Disillusionment,* Indiana University,Ph.D,1969。

⑲胡耀恒，〈論曹禺的戲劇〉，台北：《中外文學》第二卷第八期（一九七四年一月號），頁一四二—一五三。

⑳同註⑲。
㉑田本相，《曹禺傳》，頁四二五—四二六。
㉒丁韶華，《曹禺及其戲劇作品之研究》，台北：政治作戰學校政治研究所碩士論文，一九八七年。
㉓馬森，〈總序〉，《東方戲劇．西方戲劇》（台南：文化生活新知出版社，一九九二年），頁十五—十七。
㉔馬森，〈中國現代舞台上的悲劇典範〉（寫於一九九一年六月），書同註㉓，頁一〇一。
㉕馬森，〈《竇娥冤》的時代意義〉，原載一九八〇年四月《時報雜誌》第二〇期，書同註㉓，頁一—十四。
㉖唐文標，〈做人的悲劇——試論《竇娥冤》及擇善問題〉，原載一九八〇年五月《時報雜誌》第二十五期，書同註㉓，頁十五—四一。
㉗同註㉔。
㉘同註㉔，頁一〇六—一一二。
㉙同註㉔，頁一一七—一二四。
㉚曹禺，〈《日出》跋〉，田本相編，《曹禺文集(1)》（北京：中國戲劇出版社，一九八八年），頁四五六。
㉛馬森，〈哈哈鏡中的映象——三十年代中國話劇的擬寫實與不寫實：以曹禺的《日出》爲例〉，《中國現代文學國際研討會論文集：民族國家論述——從晚清、五四到日據時代台灣新文學》（台北南

港：中央研究院中國文哲研究所籌備處，一九九五年六月），頁二六三—二八一。

㉜馬森，〈中國現代小說與戲劇中的擬寫實主義〉，原載一九八五年四月《新書月刊》第十九期，書同註㉓，頁六八—九二；該文亦收入《馬森戲劇論集》（台北：爾雅出版社，一九八五年），頁三四七—三七二。

㉝同註㉛，頁二六八—二六九。

㉞同註㉛，頁二七五—二七七。

㉟同註㉓，頁一一三—一一四。

㊱田本相，〈《日出》論〉，原載一九八一年《文學評論》第一期，《曹禺研究專集（下）》，頁一二一。

㊲李慧薇，〈第一章　緒論〉，《曹禺：《北京人》研究——從主要人物性格看其戲劇藝術》，一九九四年文化大學藝術所碩士論文，頁一—二。

㊳劉紹銘，〈學位論文審查意見表〉，一九九九年四月廿六日。

㊴吳新發，〈學位論文審查意見表〉，一九九九年五月廿八日。

㊵〔日〕飯塚容，〈日本曹禺研究史簡介〉，《中外學者論曹禺》，頁三一七。

㊶同註㊵。

㊷同註㊵，頁三一七—三一八。

㊸同註㊵，頁三一八。

㊹同註㊸。
㊺同註㊵，頁三二八—三二九。
㊻同註㊵，頁三二九—三三〇。
㊼阿部幸夫、松井博光、佐佐木郁子，《中國現代文學研究の深化と現狀》（東京：株式會社東方書店，一九八八年），頁九三、一〇一、一〇三、一〇四、一〇六—一一一、一三一、一三五、一七五、一九六；並參閱註㊵之本文及註釋⑰至㉔，頁三三〇、三三一。
㊽田本相，《曹禺傳》，頁四六八。
㊾同註㊵，頁三三〇。
㊿〔日〕牧陽一，〈曹禺與廚川白村〉，《中外學者論曹禺》，頁九九—一〇八。
51〔日〕內山鶉，〈曹禺：愛和激情的戲劇——他的三大劇本《雷雨》《日出》《北京人》——〉，《中外學者論曹禺》，頁一八二—一八三。
52〔日〕阿部幸夫，〈曹禺研究斷想〉，《中外學者論曹禺》，頁三一七—三二一。
53同註㊽。
54劉紹銘，〈曹禺論前言〉，《小說與戲劇》，頁一〇一。
55同註①，頁一一。
56胡耀恒，〈論曹禺的戲劇〉前言，原載《中外文學》一九七四年一月號。
57同註⑱，頁九七。

⑱夏志清，〈曹禺訪哥大紀實──兼評《北京人》〉一文中提到，「寫本文時，正好『美中藝術交換中心』有人把我自備的《曹禺論》借去了，哥大圖書館藏有的那本也失蹤了，無法參考，很感不方便。」原載一九八〇年五月十二─十五日《聯合報‧聯合副刊》，《夏志清文學評論集》（台北：聯合文學雜誌社，一九八七年），頁一三八。

⑲〔美〕H.E.謝迪克，〈一個異邦人的意見〉，原載《大公報》一九三六年十二月廿七日，《曹禺研究專集（下）》，頁一─五。

⑳趙浩生，〈曹禺從《雷雨》談到《王昭君》〉，原載香港《七十年代》一九七九年第二期，《曹禺研究資料（上）》，頁一二五─一三九。

㉑〔西德〕烏韋‧克勞特，〈戲劇家曹禺〉，原載《人物》一九八一年第四期，《曹禺研究資料（上）》，頁一〇七─一二四。

㉒夏志清原著，劉紹銘編譯，《中國現代小說史》（台北：傳記文學出版社，一九九一年），頁三三〇。

㉓劉紹銘，〈編譯者序〉，書同註㉒，頁二三─三二。

㉔同註⑱，頁一一五─一二〇。

㉕〔美〕杰西卡‧海格妮，〈《原野》中的民間小調〉，《中外學者論曹禺》，頁二六九─二七三。

㉖〔美〕羅伯特‧沃特曼，〈實用智慧的條件〉，《中外學者論曹禺》，頁二七四─二八〇。

第二章　文學與政治的糾葛情結

第一節　帝制時期文學與政治的關係

一、文學在政治壓制下仍頑強保有自身特性

從中國幾千年的歷史長流看來，漢代以辭賦，唐代以詩文，明清以八股取士。大凡政權愈加鞏固的王朝，政治的箝制力愈加嚴密。一方面，文學作爲政治附庸而受到獎掖，而文人也樂爲帝王所用，以取得功名利祿；另一方面，士人又肩負知識分子的堅貞與風骨，期望在政治許可的範圍內，披露社會真實，反映民生疾苦。「文以載道」成了中國士人的追求與承擔，故文學與政治之間，一起始即呈現著牽纏糾葛的關係。

漢賦是文學作爲政治附庸的典範。這類文學泰半離開實際生活而變爲皇帝貴族的娛樂品，雖

然賦篇在結尾綴上幾句諷勸的話，然而上位者往往只取其歌頌而忘其諷諫。其實中國文學很早即已產生反映民間疾苦的寫實文學，如《詩經》中著名的〈碩鼠〉、〈黃鳥〉、〈伐檀〉、〈北山〉等，對貪暴的官吏進行控訴；漢代樂府詩中的〈戰城南〉、〈孤兒行〉、〈病婦行〉等，都忠實地反映政治動盪的時代裡，人民顛沛流離的痛苦。杜甫記載安史之亂的社會寫實詩，白居易的新樂府詩五十首等，則隱隱約約地批判政治的得失，然其出發點在於對執政者的一片忠誠。以白居易為例，他主張文學的重要使命在「補察時政」、「洩導人情」（〈與元九書〉），「惟歌生民病，願得天子知」（〈寄唐生詩〉），均在肯定執政者的領導下，希望上位者能採納忠言作為施政的參考，卻時為執政者所忌諱，仕途受挫，際遇多舛。

至於少數敢執意批其逆鱗，與執政者對抗的文人，下場通常是非常悲慘的，如曹操殺了好譏諷時政的孔融；對黑暗政治敢於作無情諷刺的嵇康，死於司馬昭之手；金聖嘆率眾抗爭遭腰斬於市；明成祖殺了不肯草詔的方孝孺十族八百多口；清朝大興文字獄等。中國有著非常堅固迫害文人的傳統陋習。

在政治的箝制與迫害下，文人或寄情於山水，吟詠自然的詩篇，如陶淵明、謝靈運等；或追索道家的精神昇華，如郭璞的遊仙詩；或將對社會的不公，寄寓於神鬼仙狐的世界中得到平反，如蒲松齡的《聊齋誌異》；或發揮現實主義的諷刺精神，如吳敬梓《儒林外史》的諷刺八股取士制度；或不談政治，卻以通過大家族在政治經濟的內外活動，各種男女戀愛的葛藤以及家庭瑣事，生動而真實地描繪出一幅富貴家族自繁華到衰敗的歷史圖卷，如曹雪芹的《紅樓夢》，這些都是不受權勢所屈的孤獨靈魂，在政治壓抑的陰影下，仍深懷歷史使命感，點燃毫不退縮的心燈，苦心孤詣完成的傑作，是中華民族無盡的寶藏，成了中國文學史上漫漫長夜的耀眼星光。然而由於政治迫害的恐懼，許多作家不敢以真實姓名面世，這也導致了民國以後，胡適等人一連串考証小說著者的艱難考據研究。

二、晚清文學已有從附庸轉為引導政治的自覺

這種文學在政治壓力下，敧斜側出在夾縫中頑強而隱蔽地成長的情形，到了晚清有了進一步的轉變。清朝自鴉片戰爭以後，國勢日衰，內憂外患，紛至沓來。而政治的敗壞與社會的腐化，更令一般知識分子爲之痛心不已，他們口誅筆伐的武器之一，就是小說。爲什麼那時的知識份子會選擇小說抨擊當局，作爲提倡維新的利器呢？原因之一是當時清末印刷術的革新，大眾傳播事業發達，小說的需求量增加。原因之二是當時的知識分子受了西洋文化的影響，從社會的意義上，認識了小說的重要性。原因之三是清朝屢挫於外敵，政治又極腐敗，寫小說以事抨擊，並提倡維新與愛國。劉大杰曾就當時小說蓬勃發展並與社會改革緊密結合的情形加以分析：

> 清代末年，因上海及各大商埠的新聞事業的興起，小說增加了需要。有識之士，認識小說的社會影響，出來創辦小說雜誌，出版小說書籍。也有的因小說可以賣錢，把它作為一種職業。在這種相互影響的環境下，作者興起，小說就更加繁榮起來。如梁啟超的新小說雜

誌，除了梁氏自創的作品以外，吳沃堯的重要作品，如痛史、二十年目睹之怪現狀、九命奇冤，都在這刊物上連載。李寶嘉創辦的繡像小說半月刊，他自己的文明小史、活地獄諸作及劉鶚的老殘遊記，都發表於此。吳沃堯也辦過月月小說，登載著自著的兩晉演義和劫餘灰。曾樸也辦過小說林，有名的孽海花就發表在這刊物上。這一類的雜誌，當時還有不少，可見盛極一時的情況。①

晚清繁榮的小說界，比較上值得重視的作品，是有譴責小說之稱的四部作品：李寶嘉的《官場現形記》，吳沃堯的《二十年目睹之怪現狀》，劉鶚的《老殘遊記》，曾樸的《孽海花》，其中的李寶嘉與吳沃堯是報界人士。無論是內容精神和作者態度，清末的小說都與從前不同了。和社會現實聯繫更加緊密，反映出當時知識分子的政治覺悟與反侵略、反帝制的思想內容。文學也從政治附庸的地位，轉爲改革社會、政治、人生的利器，並有躍升爲引導政治革新的強勢地位之趨向。

註釋：

①劉大杰，《中國文學發展史》（台北：華正書局，一九八八年），頁一三〇七—一三〇八。

第二節　文學革命到革命文學的文學走向

一、話劇推崇易卜生主義承續五四傳統

中國自晚清「詩界革命」、「小說界革命」以來，談論文學改良的風氣方興未艾；一九一五年創刊的《新青年》雜誌，在反映舊道德與舊文化，提倡科學與民主的同時，也體現到要喚醒國民酣睡的靈魂，文學是首要的號角和最有力的工具，因此從創刊號開始，就不斷介紹歐洲近代文藝思想及文學作品，以促進中國文學的改革。「今之談文學改良者眾矣」①，胡適的〈文學改良芻議〉，就是在這樣的歷史條件下寫成的。它是一個「發難的信號」②，也是近代以來文化界長期醞釀的結果，是適應時代的需要，而寫出的第一篇系統地闡述文學改革意見的文章。《芻議》發表後，《新青年》即圍繞它提出的問題，進行熱烈的討論，陳獨秀隨即在下一期二卷六號的《新青年》上發表了〈文學革命論〉，極力贊揚〈芻議〉，並稱胡適爲「文學革命」的「首舉義旗之急先鋒」③，同時，錢玄同也以激進的態度寫信給《新青年》編者，對〈芻議〉的意見極爲佩服，並連續在《新青年》發表書信、文章，對〈芻議〉進行討論，一場以〈文學改良芻議〉爲起點的

文學革命運動，就此轟轟烈烈地展開了。

一九一八年四月，胡適發表〈建設的文學革命論〉提出「西洋的文學方法，比我們的文學，實在完備得多，高明得多，不可不取例。」④他認爲除了希臘戲劇、莎士比亞、莫里哀的劇本外，近代戲劇更值得借鏡：

> 更以戲劇而論……最近六十年來，歐洲的散文戲本，千變萬化，遠勝古代；體裁也更發達了。最重要的，如「問題戲」專研究社會的種種重要問題；「象徵戲」，專以美術的手段作的「意在言外」的戲本；「心理戲」，專描寫種種複雜的心境，作極精密的解剖；「諷刺戲」，用嬉笑怒罵的文章，達憤世救世的苦心……。以上所說，大旨只在約略表示西洋文學方法的完備，因為西洋文學真有許多可給我們作模範的好處。⑤

胡適教人學習西洋戲劇的方法，寫作白話劇，改良中國原有的戲劇，將戲劇作爲傳播思想、改善人生的工具。一九一八年五月十六日他在北京寫成了〈易卜生主義〉一文，並爲之下了定義：易卜生把家庭社會的實在情形都寫了出來，叫人看了動心，叫人看了覺得我們家庭社會原來是如此黑暗腐敗，叫人看了覺得家庭社會真正不得不維新革命：——這就是「易卜生主義」。⑥

胡適唯一的一部戲劇創作《終身大事》，發表於一九一九年三月《新青年》第六卷第三期，也是最早寫成的文學劇本之一。《終身大事》模倣易卜生《娜拉》的痕跡至爲明顯，雖不算是一部成功的劇作，然其開風氣之先的歷史地位卻是不容忽視的，胡適這樣的推崇易卜生，對於後來話劇發展的走向，影響非常廣大。

五四前夕，一九一八年六月，《新青年》製作易卜生專號。介紹挪威戲劇作家易卜生的戲劇和文學思想。一九一八年十月《新青年》出了「戲劇改良專號」，胡適發表〈文學進化論與戲劇改良〉，傅斯年發表〈戲劇改良各面觀〉和〈再論戲劇改良〉，宋春舫的〈近代名戲百種目〉等文。⑦西方移植過來的話劇一開始即走上改造社會人生的道路。一九一九年五四運動的激盪，易卜生成了一顆最耀眼的明星。馬森在談到五四運動以前已經出現新文學作品，但現代文學史卻把五四運動的一年看作新文學的開始，他分析說：

> 五四運動確實開啟了現代中國文化的變革之路，因為它的沖擊和眾多知識份子的參與，才使廣義的文化和狹義的文學界改變了思考的方式和表現的方法；更重要的是因此增強了創造的力量。話劇的發展自然也受了五四運動的啟發和影響。我們只要看看文學劇本的湧現，多在五四運動之後，就可以瞭解這種現象並非出於歷史的偶合，實在是因為五四運動摧毀了傳統文化與思考方式的防線，施放出創造的力量，才使人們敢於大膽地運用新的形式，表現新的思潮內涵。⑧

儘管十九世紀末期，反寫實主義的各種反抗浪潮，如象徵主義（symbolism）、表現主義（expressionism）等思潮紛紛興起，然基於中國迫切的「啓蒙」與「救亡」的要求，易卜生被視爲寫實主義劇作家的典範迎進了中國，自一九一八至一九二九年，他的重要作品被譯成中文的有《娜拉》、《國民公敵》、《小愛友夫》、《海上夫人》、《社會棟樑》、《少年黨》、《大匠》、《羅士馬莊》、《野鴨》，各種評傳也紛紛出版。⑨其中《娜拉》就有胡適與羅家倫、陳嘏、潘家洵三種不同的譯本，可見其受重視的程度。

易卜生早期的作品富有浪漫精神，晚期則象徵主義、神祕色彩愈加濃厚，他真正受到中國知識份子青睞的是中期寫實主義的作品，敢於攻擊社會黑暗面，毫不妥協地與舊傳統抗爭的戰鬥意志。曹禺於一九二五年加入南開話劇團，啓發他接近戲劇的導師，正是熱愛易卜生的張彭春先生，曹禺透過研讀及演出易卜生等人的社會問題劇，而產生自我的覺醒，唾棄社會對人的壓迫，接續上五四反傳統的精神。

自由民主個人主義的自我追求，成了五四青年的衷心嚮往。胡適所提倡的易卜生主義也關涉到社會與政治。到了一九一九年五四運動爆發，成了一個全國性政治的、社會的、文化的運動時，中國的話劇運動即納入這個全面性運動的一環。

二、為人生、為藝術而藝術整合為革命文學

石破天驚的五四運動浪潮過後，緊接著是各種文藝團體的成立，最有名最具影響力的自然首推文學研究會與創造社。而後者更在短短的三、四年中轉變成一個左傾的、激烈的，極其政治性的文藝團體來提倡革命文學。在革命文學尚未產生時，文學被很多早期新文學運動的領導人，視爲改革人心、社會及政治的利器。自晚清以來，文學一直隱約地朝著指導政治的路線前進，然而僅是局部的，少數作家的醒覺罷了。到了五四運動一爆發，文學與政治的關係更加密切，文人有

意識地將文學作爲政治革命的工具，來促成政治革命的成功，而且蔚爲一股風潮。然而文壇上仍呈現多元的，百花爭妍的繁榮景致。

許多作家深信文學要爲革命服務，卻又有些疑慮：文學在爲革命服務之餘能保留多少本身的文學特性？新文壇初期，最大的一場論戰，是「文學研究會」與「創造社」的論戰，即所謂「爲人生而藝術」與「爲藝術而藝術」的論戰。而二、三十年代中國的內憂外患的政治與社會情勢，使文學的政治化更急遽加深。藝術派陣營分化，郭沫若和成仿吾逐漸傾向人生派，一九二六年後一躍而成爲革命派，大唱革命文學。原本壁壘分明的文學研究社掌門人沈雁冰、鄭振鐸等人；以及後來被推爲左翼盟主的魯迅；「創造社」的激進派郭沫若、成仿吾；加上「太陽社」的錢杏邨、蔣光慈等先驅左派作家，雖都曾展開過激烈的筆戰，但是他們終於殊途同歸，攜手建立「左翼作家聯盟」。他們的主張也由人生的文學進而爲革命的文學，最終跳進無產階級文學。他們不復是做心觀察大千世界的藝術家，而是爲一個黨派佔領文藝陣地的戰士了。[10]從文學革命到革命文學，正意味著文學由領導的地位，轉而被政治所宰制的附庸地位。

三、來自新月派的挑戰

革命文學的口號並非被所有的作家所接受，一九二八年一月成仿吾在《創造月刊》上發表了〈從文學革命到革命文學〉，不久後，對革命文學的挑戰就出現了，這挑戰來自新月派的作家。

一九二八年三月，甫發行的《新月月刊》第一期第一篇宣言式的〈新月的態度〉，就毫不含糊地宣告了新月的立場：他們決心清除現時中國文藝界的混亂，進而建立一個「健康」的文學。此文出自徐志摩的手筆，但發表前曾與梁實秋等人討論過。〈新月的態度〉發表後，創造社的彭康立刻在〈什麼是「健康」與「尊嚴」？——〈新月的態度〉的批評〉一文中答覆新月的挑戰。新月跟創造社的這兩篇論文代表著兩條無法調和的文藝路線。同年六月〈新月月刊〉第四期上，梁實秋發表了〈文學與革命〉，全文最重要的一個主題，就是文學跟作家的自由和獨立。就新月派作家的觀點看，一個作家的文學跟政治的責任不統統是一致的，他們拒絕以文學爲政治工具，受政治領導。梁文是左翼文學集團提倡革命文學以來，對他們文學立場最嚴重的挑戰。創造社則以馮乃超的〈評駁梁實秋的〈文學與革命〉〉加以應陣，認爲把革命的「感情，慾念，思想」以具體的形象表現出來是作家的任務。⑪

一九二九年九月，梁實秋在《新月》又開始了對左翼文學的攻擊。在〈文學是有階級性的嗎？〉一文中，梁實秋繼續發揮他先前在〈文學與革命〉中所談到的問題。這篇的政治氣氛比前一篇更爲濃厚。此文刊出後，左翼文學陣營卻無人應戰。半年過去了，終於在一九三〇年三月，左翼陣容開始了一個有力的攻勢。三月二日包括魯迅在內大約五十多位作家組織成「左翼作家聯盟」（左聯）。左聯的成立表示了左翼文學團體與作家間已停止了彼此的攻擊，而形成一個聯合戰線。魯迅自己也從被左翼文學團體的圍攻中解放出來，而變成了左翼文學崇拜的偶像——雖然不是事實上的領袖。對於左派給予他的擁戴，自然使魯迅非常感激，希望有機會來表示他對左翼作家的「認同」與忠誠，於是魯迅將六個多月前梁實秋發表的〈文學是有階級性的嗎？〉挑出來攻擊。梁實秋與魯迅不同之處，在於前者堅持文學之普遍性及永久價值之重要。反對利用文學爲政治的工具。魯迅的立場仍然跟他早年棄醫從文的態度一致，認爲文學應該爲社會政治改革的工具。⑫

新月跟左聯的文藝對壘並沒有繼續很久，一九三一年十一月徐志摩罹難死於飛機失事，使新月失去了一個最具團聚力量的「中心靈魂」，但是更重要的是自國民黨北伐成功，國民政府定都南京以後，在政府控制下，地方的政治經濟情形很快穩下來，大多數身爲教授的新月作家們，在北平、南京、青島、漢口等地的大學找到工作，由於散處各地，忙於新工作，無法作有效的聯繫，結果新月派在文學運動中已經不復成爲一個有影響力量的團體。而左翼作家則集結在上海，使上海成了左翼文學運動的中心，予社會一個左翼文學力量強大的印象。⑬政治主導文學的大勢至此已大致底定。

註釋：

①胡適，〈文學改良芻議〉，《胡適文存》第一集（台北：遠東圖書公司，一九九〇年），頁五。

②鄭振鐸，〈導言〉，鄭振鐸編選，《中國新文學大系．文學論爭集》（台北：業強出版社，一九九〇年），頁二。

③陳獨秀，〈文學革命論〉，胡適編選，《中國新文學大系．建設理論集》（台北：業強出版社，一九九〇年），頁四四。

④胡適，〈建設的文學革命論〉，書同註③，頁一三九。

⑤同註④。

⑥胡適，〈易卜生主義〉，書同註③，頁一八八—一八九。

⑦阿英編選，〈主要雜誌詳目〉，《中國新文學大系．史料．索引》（台北：業強出版社，一九九〇年），頁三九七。

⑧馬森，《西潮下的中國現代戲劇》（台北：書林出版公司，一九九四年），頁八〇。

⑨同註⑧，頁一〇五—一〇六。

⑩司馬長風，《中國新文學史（上）》上卷（台北：傳記文學出版社，一九九一年），頁二二九—二三〇。

⑪董保中，〈現代中國作家對文學與政治的論爭〉，《文學．政治．自由》（台北：爾雅出版社，一九八六年），頁二九—三七。

⑫同註⑪，頁三七—三九。

⑬同註⑪，頁三九—四〇。

第三節　「左聯」成立後的中國話劇走向

一、收編劇團並建立分盟滲透到學校與工廠

左聯成立後，文學與政治的關係又進入另一階段。「中國左翼作家聯盟」成立大會上，選出七位常務委員爲魯迅、沈端先、馮乃超、錢杏邨、田漢、鄭伯奇、洪靈菲。沈端先負責對外宣傳，陽翰笙爲黨團書記，其中的骨幹分子，有很多都是戲劇界人士。三月十六日由馮乃超、沈端先等主辦的《藝術》創刊號出版，爲了開展無產階級戲劇運動，鄭伯奇在〈中國戲劇運動的進路〉一文中指出：「中國戲劇運動的進路是普羅列塔利亞（按：無產階級）演劇。」①上海藝術社突破國民黨政府的封鎖，於三月下旬，演出德國雷馬克的同名小說改編的《西線無戰事》，不少外國記者前來觀看，著名左翼作家史沫特勒寫專文向國外報導這次公演。四月二十八日，上海藝術劇社被上海特別市警察局抄封。上海藝術社爲此發表了〈爲反抗無理被抄封逮捕告上海民眾書〉，提出強烈的抗議。而「左聯」也發表了〈左翼作家聯盟反對查封藝術社宣言〉，加以聲援。②

八月二十三日，由上海藝術劇社倡導籌建的戲劇運動聯合會改爲「中國左翼劇團聯盟」，召開成立大會。有上海藝術劇社、辛西劇社、南國社、青鳥劇社、光明劇社（前劇藝社）、摩登社、

大夏劇社等七個劇團參加。國民黨政府對於左翼劇團的大聯合十分不安，查封了南國社，田漢避居他處。洪深也受到左翼革命作家影響而左傾，出任「左聯」和「社聯」創辦的「現代學藝講習所」所長，引起國民黨當局的注意，揚言要逮捕他，洪深被迫離開上海。由於白色恐怖加劇，參加左翼劇團聯盟的一些劇團產生了分歧，「文委」書記潘漢年召集馮雪峰、鄭伯奇、夏衍、田漢等人研究，決定把以團體參加的聯盟改爲個人自願參加的「左翼戲劇家聯盟」（簡稱「劇聯」）。③

一九三一年二月，「劇聯」黨團爲配合共產黨開展各地的革命鬥爭，籌劃建立「劇聯」分盟組織。其直屬的大道劇社，協助各學校成立劇社，輔導學生演出；並大力組織工人演劇活動，九一八事變前後，該社並在赤色工會協助下，先後建立藍衣劇社。九一八事變剛發生，田漢立即寫出了反映學生抗日鬥爭的獨幕劇《亂鐘》，由大道劇社排演，首演在暨南大學，激發了廣大學生的抗日熱情。而一九三一年十月瞿秋白到上海，親自看了工人的演劇活動，頗爲贊賞藍衫團用地方話演戲。④

一九三二年二月二十五日，「劇聯」北平分盟成立，北平分盟還發展及領導天津、濟南、太原、綏遠等地的「劇聯」小組。三月，北平分盟以呵莽（英文「前進」之意）劇社名義，在法學院和燕京大學演出兩次，劇目是《血衣》、《工場夜景》、《亂鐘》。五月，北京法學院俄文系「苞莉芭」（俄文音譯，意即「鬥爭」）劇團，舉行首次公演，其中一齣劇目《瓦刀》是于伶的獨幕劇，反映上海建築水電工人反對「國際聯盟」派出來李頓調查團企圖瓜分中國。這次演出是準備支援師範大學的罷課學生，與當地警察局發生爭執而對峙，終於有驚無險地完成演出。⑤由以上事件看來，左翼已深入地方基層，並滲透到學校、工廠，話劇界的左傾已成滔滔的巨濤。

二、國民黨及自由人的反擊不成氣候

對於「左聯」成立後，積極提倡從事寫作左傾的文藝，將文學視爲宣傳工具，並非全無反對的聲音，爲了對抗左翼文學運動的逐步茁壯，國民黨在一九三〇年六月發表〈中華民族文藝運動宣言〉，提倡「民族主義文藝運動」，主要成員有范爭波、朱應鵬、王平陵、黃震遐等人，並出版了《前鋒月刊》、《文藝月刊》，然因只有王平陵爲較具知名度的作家，在兩陣對壘時處處落居下風，很快就煙消雲散了。劉心皇分析失敗原因有五：

㈠民族主義的初期作家中，無偶像作家參與其間，以致被人譏爲「都是不見經傳的人物」，在讀者群眾中，號召力不大。

㈡民族主義文藝的客觀環境還沒有成熟。

㈢戰鬥的形勢不利——朝野之間有鴻溝，作家不願和政府接近。

㈣民族主義文藝運動的本身有欠健康——沒有堅實的作品做後盾。

㈤《文藝月刊》沒有基本的作者，全靠拉來的作家做門面，例如沈從文、陳夢家是「新月派」；巴金、李青崖、魯彥都屬於「小說月報」的旗幟之下。……拉來的作家不會照它的宗旨寫文章。⑥分析相當坦誠，事實上，「民族主義文藝運動」的刊物之一《文藝月刊》，所以還能拉些外稿，主要因王平陵是早已成名的作家。這種文藝界一面倒的情形，在話劇界尤其嚴重，左翼劇作家夏衍就曾揚揚得意地說：

> 三十年的歷史証明，整個話劇運動一直是「左大右小，中間層不斷向左轉化」，這畢竟是一個無可否認的事實。……抗日戰爭前，在上海，國民黨慘淡經營，搞出了一個由陳大悲主持的「上海劇院」，在上海演了一次《西施》，在南京演了一次《巧克力姑娘》，結果呢？這兩個戲立刻遭遇到進步（按：左翼）戲劇界的「圍剿」，很快地就垮台了。抗日戰爭中，在國民黨政府所在地的重慶，國民黨中央直接領導的話劇團體，軍統的「中國萬歲劇團」，三青團的「中國青年劇社」，他們能演的是什麼戲呢？他們演的也只是郭沫若、曹禺、陽翰笙的劇本，他們請的導演是什麼人呢？是張駿祥、馬彥祥、王瑞麟這些進步人士。其中最奇怪的是，這些國民黨的官辦劇團，從開辦到垮台，從來不能演出過一次正面反共的劇本，有一位陳銓教授東抄西襲地編出了兩齣戲《藍蝴蝶》、《野玫塊》，可是等到要上演的時候，就遭到了所有導演、演員、舞台工作者的堅決的抗拒。再例如國民黨的每個戰區司令長官部都有抗敵演劇隊，奇怪的是這些演劇隊全部是由共產黨領導而不是由國民黨領導的。⑦

由這些例子，他指出了政治掌控文學的事實：「中國話劇事業的領導，不掌握在反動派（按：

國民黨）手中，也不掌握在中間派的手中，而是牢牢地掌握在共產黨領導下的革命派手裡的。……有權有勢的國民黨想爭奪話劇的領導權而沒有成功，應該說，在話劇界，黨（按：共產黨）的領導是比較鞏固的。」⑧由此可管窺大陸的淪陷，是從文藝戰、思想戰先垮台的。

而文藝自由辯論是反抗左聯的第二個運動，一九三二年，以自稱「自由人」的胡秋原，和自稱「第三種人」的蘇汶（杜衡）聯合起來反抗「左聯」，「自由人」只有胡秋原單槍匹馬，而「第三種人」還有戴望舒、施蟄存等人。他們以「自由人」和「第三種人」自命，當然不同於「民族文藝派」，又不同於「左翼作家聯盟」，而是文藝的中間派。對左派的干涉他人寫作自由，此次論戰產生了一些抑制的力量。尤其他們提的口號：「文藝至死是自由的」、「勿侵略文藝」，頗爲響亮，甚能攻中左派文人的要害，也引起了許多作家的共鳴。故現代史學家司馬長風說：「大致說來那是左派一次失敗的論爭」。⑨然而由於孤掌難鳴，缺乏「左聯」那種善於動員的組織力量奧援，泛起幾許漣漪罷了，未形成主流意識。

一九三四年莫索里尼領導下的意大利侵滅了阿比巴尼亞；同年希特勒領導下的納粹德國，銳意向外擴張；而德、意又齊唱反共反蘇，與侵略中國的日本互相呼應，使蘇俄處於東西遭受夾擊的不利形勢。爲對抗德、意、日反共軸心，蘇俄乃透過第三國際，於一九三五年七月二十五日召開第七次大會，通過在各國建立反法西斯統一戰線的決議，其中規定中國共黨應團結抗日。根據第三國際決議，中共駐國際代表陳紹禹，代表中共於八月一日發表〈論反帝統一戰線問題〉（即八・一宣言），最重要的指示是「一起組織全中國統一的國防政府和全中國統一的抗日聯軍」，

「不管對內有任何紛歧，在今天大家都應一致對外。」因爲要逐步爭取與國民黨合作，一九三六年春，周揚等奉命解散「左聯」。當解散左聯前後，周揚等即根據中共中央的意旨唱出「國防文學」的口號，並著手拉攏非左翼作家，組織「中國文藝家協會」。⑩自此左翼文人打散，進入國民黨體質內，產生了分化及顛覆的禍端。

三、關於左翼文學是否影響政治的不同論述

對於三十年代左翼文學在政治上到底產生了什麼作用呢？反共現代文學史家劉心皇指出，三十年代的文藝，經過「革命文學」、「左翼作家聯盟」、「國防文學」（文藝界的統一戰線）的活動和訓練，使作家習慣於「反傳統」、「反現狀」、「反政府」，暴露現實的弱點；極力作有利於共黨的宣傳和行動，嚴重影響了當時政府的威信。而中共利用文藝，向全國的大學、中學、小學裡滲透，當時中小學教員，絕大多數是左傾的，極力向青少年宣傳、煽動，並向他們輸送大量左傾的文藝性的書刊、使青少年的思想染上左傾的色彩。當時文藝爲共黨所操縱，在對外宣傳方面，亦起了很大的作用，在以蘇聯爲首的共產國際方面，自然是幫助他們的；就是以美國爲首的自由世界，對他們的印象亦佳，而稱之爲土地改革者。共黨利用文藝欺騙了全世界，所以說，三十年代的文藝，嚴重地影響了當時政府的外交工作。故他痛心疾首地說：「三十年代的文藝，被共黨滲透、運用、陰謀、操縱，並把政治目的提到第一優先的經過，是一種血的經驗，血的教

訓。」⑪

然而董保中則提出了反向思考，認爲左翼文學的力量並非如想像中的大，文學的政治影響力是微不足道的：

> 左翼文學的興起，在時間上說是起於二十年代末期共產黨政治、軍事行動失敗以後。這解釋了共黨早期的興起並沒借助文學，而是依靠政治上權術的應用，使國民黨採取了容共的方針。其次，從一九二八年到一九三六年「左聯」解散這一時期，可說是左翼文學最「興盛」的時期，產生了不少作品。但是這個聲勢浩大的左翼文學並沒有能夠挽救共產黨在國民黨第五次圍剿中所遭受的徹底失敗的命運。國民黨的勝利也沒有得到文學的支持才成功的證據。毛澤東在〈中國的紅色政權為什麼能夠存在〉中，對共黨能存在的分析也完全沒有提到是有文藝支持的緣故。最後，中共逃到陝北而沒受到最後殲滅是由於他們對張學良東北軍政治統戰的應用，而不是郭沫若的詩，茅盾的小說，田漢的戲劇所解救的。⑫

由此推論，他提出了如下的質疑：「我們有沒有法子來證實一個政治性的，特別是群眾性的政治、革命行動是由一個、幾個，或是一時代的文學作品的閱讀的影響而產生的？先說讀者。在二十、三十年代的中國的知識份子在全國人口中所佔的比例一定非常微少。在這數量上極少的知識份子中左傾接受共黨思想的一定更少；之中，熱心閱讀當代文藝作品的百分比也不會極高。或者是，因爲看了那時左傾作品而受影響的也恐怕只是全部看左傾小說的一部份。在受了文藝作品左傾而加入共產黨，採取『革命』行動的百分比恐怕更不足道了。我懷疑，有多少參加共黨活動的人是因爲看了那些所謂左傾作品的？」⑬

董保中的分析可能針對靜態的閱讀而言，在書齋中「小眾」的閱讀，從情緒被挑起，到採取行動的機率並不高。可是他卻小覷了朗誦詩、街頭劇及舞台劇的威力，當高蘭的朗誦詩響起；當街頭劇《放下你的鞭子》演出時，觀眾血脈賁張；當抗戰時期曹禺的《蛻變》演出即將落幕時，丁大夫說：「中國，中國，你是應該強的！」整個劇場的熱潮到達燃點，觀眾哭紅了眼，產生同仇敵愾的共鳴，集體的情緒被挑了起來，不啻如怒濤拍岸，澎湃洶湧。加上左翼文學充斥，同情共產黨，將共黨描寫成正義及佔著公理的一方；將國民黨醜化成腐化的一方，是不義的統治者。國民黨縱然武器再精良，軍隊再眾多，卻漸漸失去民心。共產黨奪取政權，左翼文學確實是立下「汗馬」功勞。

註釋：

①鄭伯奇，〈中國戲劇運動的進路〉，原載《藝術月刊》第一卷第一期，一九三〇年三月，文化部黨史資料工作委員會編，《中國左翼戲劇家聯盟史料集》（北京：中國戲劇出版社，一九九一年），頁三八。

②姚時曉編，〈左翼「劇聯」大事記（一九二九年一月—一九三七年八月）〉，書同註①，頁四六七—四六八。

③同註②，頁四七〇—四七二。

④同註②，頁四七一—四七六。

⑤同註②，頁四七八—四八一。

⑥劉心皇，《現代中國文學史話》（台北：正中書局，一九八六年），頁五一五—五一六。

⑦夏衍，〈中國話劇運動的歷史與黨的領導〉（寫於一九五七年十月），書同註①，頁三八九—三九〇。

⑧同註⑦，頁三九〇。

⑨司馬長風，《中國新文學史（上）》中卷，頁二六五—二六九；並參閱註⑥，頁五一六—五一九，均認爲胡秋原和蘇汶對左聯的文藝論辯占了上風。

⑩司馬長風，《中國新文學史（上）》中卷，頁二七〇。

⑪同註⑥，頁四六五—四六六。

⑫董保中，《文學·政治·自由》，頁六—七。

⑬同註⑫，頁五—六。

第四節　中國共產黨的文藝政策與文學定位

一、中共建國前的文藝策略

㈠將話劇界導向共黨烏托邦

一九二一年，中國共產黨誕生，參加的人非常少，勢單力薄。然而時局的紛擾不安，共產黨利用國民黨的腐化及矛盾進行分化，藉口外國勢力入侵，挑起民族情感；並處處點燃烽火策動罷工，在共產國際的扶助下，一步步坐大。共產黨統戰藝文界之所以能夠成功，正是它睿智地看出廣大民眾，尤其是知識分子對政局日頹、外國勢力大舉入侵的雙重憂患，共產黨適時將此可用之民氣，導向它精心塑造的共產烏托邦。共黨文藝界的核心人物夏衍對如何吸收知識分子的過程做過一番詳盡說明：

> 一九二七年以後的一個時期之內，大部份知識分子陷於彷徨苦悶之中。轟轟烈烈的大革命失敗了，展開在眼前的是國內外反動派對善良人民和進步知識分子的慘絕人寰的鎮壓與屠殺。在這個突如其來的激流中，小資產階級出身的知識分子從幻滅、苦悶，而陷身於彷徨失措的狀態之中。他們身受帝國主義的欺凌與壓迫，他們是反帝的，他們接受過西方資產

階級的民主主義思想的影響，他們也是反封建的。他們之中也有一部分人初步接受過偉大的十月革命的影響，在理性上，他們是或多或少的已經傾向於社會主義的。可是，由於知識分子的脫離群眾、缺乏實際鬥爭的經驗，在最基本性質的問題上，還不可能得到很好的解決。這，就是走哪條路的問題，和依靠誰的問題。「以俄為師」呢？還是以英美為師？革命的主力是工人、農民呢？還是資產階級、小資產階級及其知識分子？從幻滅、動搖，到追求，知識分子隊伍逐漸地開始分化了。①

在文藝界總的形勢是如此，話劇界的情形，尤其是以上海爲中心的話劇界也經歷了一個苦悶、彷徨、探索和分化的過程。三十年代已初具規模的劇團負責人，和大部分成員又都是憂時愛國的知識分子，他們都不滿現狀，他們都想通過戲劇，在人民群眾中進行宣傳教育工作，然而夏衍承認：「當時的大部分知識分子……包括許多共產黨的文藝工作者在內，還沒有明確地解決『爲誰服務』和『依靠什麼人』的問題。」②田漢也發過類似的言論：「我們都是想要盡力作『民眾劇運動』的，但我們不大知道民眾是什麼，也不大知道怎樣去接近民眾。」③

共產黨開始產生較明確的運用文藝策略影響政治，尤其是以善於造勢的話劇宣傳革命，是在一九二七年國共合作崩潰，共產黨遭到國民黨圍剿，退居井岡山根據地的危急時刻。共黨中堅分子夏衍坦稱：「明確地提出『無產階級戲劇運動』這個口號，而組織起一支強大的話劇隊伍，卻在一九二七年大革命失敗之後。」④

共黨敗退井岡山時，即改變作戰策略，一方面推行土地改革，掌握農村；另一方面操縱文藝，尤其是以話劇煽動群眾，塑造有利於革命的契機。故劉心皇也明確地指出：「革命文學的提出，的確是共產黨利用文藝的開始。」⑤爲什麼許多背景不同、思想和藝術流派不同的劇團和戲劇工作者願意並很快地團結起來，匯集到左翼「劇聯」的旗下？夏衍指出它的原因：

> 主要的原因一方面是由於處身在內憂外患的煎熬下的廣大人民群眾，早已不滿於脫離當前現實生活的、「為藝術而藝術」的「愛美劇」，熱烈地要求和歡迎能夠反映現實生活的戲劇；另一方面是正當革命的知識份子雖則已經感到了這個時代氛圍而還沒有找到出路的時候，黨（按：共黨）就在這個重要時機進行了及時而正確的領導。⑥

夏衍並指出共產黨當時對話劇運動的領導，主要是「政治領導、思想領導」，而藝術方面的領導是談不上的。當時，共黨指示他們這些左翼戲劇家必須堅持以下的方針：第一、強調藝術服從政治、藝術爲政治服務，使話劇成爲當前政治鬥爭的一個武器；第二、堅持話劇和群眾結合，號召話劇跳出「市民層」的圈子，組織流動演劇隊，到工廠去，到農村去，即使在劇場演出的時候，也要降低票價，盡可能地組織工人、學生觀眾；第三、是堅持團結，防止關門主義。⑦中國共產黨收編了上海主要的話劇團，並以此爲根據地，由點擴散成面的網絡：共產黨的領導下，上海的主要劇團、主要的話劇界人士團結在「劇聯」的旗下了，不僅在上海，到一九三二年，北京、廣州、漢口等地都組成了「劇聯」的分盟。也就是說，在國民黨統治下的全國主要大城市的話劇領導，完全掌握在「左翼」手裡了。⑧三十年代的話劇，可說是顛覆國民黨政權火力最猛的一種文學型式。

㈡移植蘇聯以政治掌控文藝的理論與策略

馬克思思想是在二十世紀介紹到中國，直到一九一九年五四運動，人們開始注意馬克思主義及其文藝理論，該年五月份的《新青年》雜誌，幾乎成了馬克思研究專輯：〈馬克思學說〉、〈馬克思學說批評〉、〈俄國革命之哲學的基礎〉、〈馬克思的唯物史觀與貞操問題〉、〈馬克思的唯物史觀〉、〈馬克思奮鬥的生活〉、〈馬克思傳略〉、〈巴枯寧傳略〉，還有李大釗的〈我的馬克思主義觀〉。⑨影響文學界思想界甚鉅的《新青年》迅即左傾。

一九二一年中國共產黨正式成立，中國馬克思主義運動從傳播思想走向政治行動。一九二七年中共革命失敗，中共的領導人物與左傾的知識份子從失敗的經驗中吸取經驗，注重馬克思主義的文藝理論，試圖以馬克思主義文藝理論來指導革命文藝，推動革命文藝，並用革命文藝的作品來灌輸革命意識與革命傾向，造成革命的氣候與精神基礎。一九二八年「革命文學」運動興起之後，中國境內才較系統地大量地翻譯介紹馬克思主義的文藝理論著作。同時「革命文學」內部的論爭，促使馬克思主義文藝理論的翻譯介紹風起雲湧，蔚爲時尙。此時翻譯介紹馬克思主義理論的著作，大都以蘇聯馬克思主義者的論著爲主流，馬克思、恩格斯著作中有關文藝的論著也逐漸地露面。⑩

事實上，馬克思、恩格斯一生中並沒有完成一部文藝學專著，只在他們關於哲學、政治經濟學、社會主義等理論著作與通信之中，發表過許多文藝評論。以馬克思主義權威者自命的繼承人，列寧、史達林、毛澤東則依照各人政治鬥爭的實際需要以及各人特殊的文藝品味，提出他們自己的文藝觀點。而共產黨政權下的馬克思主義研究者，畏於殘酷的政治鬥爭，不敢展開充分的、公允的論辯。⑪故馬克思主義的文藝理論，一直充滿著分歧的迷障與政治的扭曲。

中國共產黨三十年代的文藝思想是從蘇聯移植過來，先赤化文藝界，又進而赤化思想界；而中共的文藝政策，也都是從蘇聯那裡移植過來的。⑫一九〇五年列寧〈黨的組織與黨的文學〉那篇文章，被論者視爲國家審查文藝制度的理論基礎：

……這個黨的文學的原則到底是什麼呢？對於社會主義的無產階級文學事業，不但不能是幾個人或小群人賺錢的工具，而且一般地它不能是個人的，脫離整個無產階級事業的事情。打倒無黨的文學家！打倒超人的文學家！文學事業應該成為整個無產階級事業的一部份，一個統一的偉大的社會民主的機械的「齒輪和螺絲釘」，這機械是由全體工人階級的整個覺悟的先鋒隊所推動的。文學事業應該成為有組織的、有計劃的、統一的社會民主黨的工作之組成部份。⑬

中國共產黨對文藝的操縱和運用，完全是抄襲蘇聯，蘇聯的「十月革命」得力於文藝打先鋒戰。中國共產黨以俄爲師，列寧上述的主張，在一九四二年毛澤東〈在延安文藝座談會上的講話〉全部借屍還魂，並且發揮得更淋漓盡致：

文藝是從屬於政治的，但又反轉來給予偉大的影響於政治。革命文藝是整個革命事業的一部分，是齒輪和螺絲釘，和別的更重要的部分比較起來，自然有輕重緩急第一第二之分，但它是對於整個機器不可缺少的齒輪和螺絲釘，對於整個革命事業不可缺少的一部分。

> 文藝批評有兩個標準，一個是政治標準，一個是藝術標準。……各個階級社會中的各個階級都有不同的政治標準和不同的藝術標準。但是任何階級社會中的任何階級，總是以政治標準放在第一位，以藝術標準放在第二位的。⑭

而四十年代，蘇聯的「社會主義現實主義」也輸入了延安，澆注匯集成毛澤東的延安講話，論者認爲毛澤東對文藝理論的看法，較受「偏激的左派思想所影響，如瞿秋白和周揚等人的思想。」⑮然而發表此文是在一九四二年，中國共產黨以在野的弱勢地位，以政治掌控文藝的勢力範圍僅限延安一帶，整肅王實味事件即是一例，〈講話〉的那段座談會期間，正是整肅王實味如火如荼之際，所以〈講話〉也自然而然針對王實味的不滿而加以抨擊與抵制。關於一九四九年前的文藝整風運動，包括王實味的〈野百合花〉事件，蕭軍寫的〈同志的愛與耐〉所引起的麻煩，甚至丁玲的〈在醫院裡〉、〈三八節有感〉所提出的問題，艾青的〈了解作家，尊重作家〉所受的批判，都直接、間接和毛澤東思想交上了火，延安時期，基本上瀰漫著左派份子理想與現實的衝擊與迷惘。⑯而國民黨所統治地區的左傾作家，則昧於宣傳，將延安視爲革命聖地。

二、中共建國至文革期間的文藝政策

㈠毛澤東帶頭走上「左」的路線

一九四九年七月二日在北京召開的中華全國文學藝術工作者第一次代表大會（簡稱文代大

會），毛本人親臨大會，並且作了講話，大會討論的主題，仍然環繞著「延安文藝座談會講話」，而結論則確定了作家的身份，必須爲人民服務；而作家的任務，則是建設人民的文學。

一九五三年九月二十三日，第二次文代大會又在北京召開，在短短的四年裡，大陸的文藝陷於一種無所適從於左或右的混亂。而一九五一年五月到八月毛澤東帶頭對電影《武訓傳》的批鬥，不只是左的路線的肯定，也是政治干預文學，妄想以政治罪名控制文學創作野火蔓延成災的不祥預兆。《武訓傳》批判的最後，竟然背負了反對土地改革，反對抗美援朝，反對鎭壓反革命的罪名，作者孫瑜雖然作了無數的自我批判，但仍然被強行要求要挖出他「主觀願望」的反動政治動機。後來繼《武訓傳》批判後所產生的「電影指導委員會」，就是以政治行政干預文藝創作的最佳例證。⑰

一九五四年十月十六日，毛澤東寫了〈關於紅樓夢研究問題的信〉，信中說，李希凡、藍翎對俞平伯的批評，「這是三十多年以來向所謂紅樓夢研究權威作家的錯誤觀點的第一次認真的開火。」此後，在文藝界，學術界形成了對俞平伯的圍攻，並發展到對胡適的政治、學術和哲學觀點進行全面批判。⑱學術批評搞成了政治運動，權勢壓力代替了說理論爭。

一九五六年的百花運動是文藝政策開放的一年，大陸作家開始有機會接觸到社會主義國家文藝所產生的種種問題，譬如：文學和政治的關係？文藝的政治性和藝術性怎麼調和？文藝要不要干預生活等問題。可惜剛開放的一道文壇閘口，共黨當局因批判與責難的「雜音」紛至沓來，馬上緊閉起來，並進行嚴厲的「反右」攻擊與整肅。

㈡反對蘇聯「修正」主義

一九五三年史達林去世，蘇聯文藝界有解凍的現象。一九五六年赫魯雪夫進一步擴展由上而下的貶史達林運動，蘇聯的理論家掀起「社會主義現實主義」的大辯論。蘇聯的理論家們鑑於蘇聯文學作品的低落，以及政治控制與迫害文藝作家和理論家的痛苦經驗，於是從馬克思、恩格斯的全部著作中，整理出馬克思、恩格斯「現實主義」的文藝理論，對於束縛文藝創作與文藝批評的「社會主義現實主義」進行嚴厲的批駁，這股風潮很快波及到各共產主義政權的國家。

中共文藝理論家蔡兆陽於一九五六年九月，在《人民文學》上發表〈現實主義——廣闊的道路〉，批評「社會主義現實主義」的若干謬誤，旋即在一九五七年的反右派鬥爭中，被指爲「一個系統的修正主義的文藝綱領」，是一棵大毒草而慘遭中共無情的批鬥。在國際反「社會主義現實主義」的浪潮逐漸消退後，毛澤東於一九五八年提倡「革命現實主義與革命浪漫主義相結合」的創作方式，實質上並未脫離蘇聯「社會主義現實主義」的具體內容，只不過是把日丹諾夫、高爾基的理論加以變形的運用而已。⑲可見中共的文藝理論還是在史達林以政治掌控文學的框框打轉，共黨高層雖自許爲馬克思主義的信徒，對於馬克思主義的真實意涵卻不想理解，他們要的只是控制文藝以鞏固政權。

一九六七年五月廿五至廿八日，毛澤東關於文藝問題的五篇文稿，在《人民日報》連續發表。這五篇文稿是：〈看了《逼上梁山》以後寫給延安平劇院的信〉（一九四四年一月九日）、〈應當重視對電影《武訓傳》的討論〉（一九五一年五月廿日）、〈關於紅樓夢研究問題的信〉（一九五四年十月十六日）、〈關於文學藝術的兩個批示〉（一九六三年十二月十二日、一九六四年六月廿七日）。⑳所有的言論，均特別強調政治因素，與延安文藝座談會的方針一致。

除了毛澤東本人之外，他的太太江青，亦對毛氏的文藝理論有所增補。她在一九六六年三月，點名批判《三家村札記》和《燕山夜話》是「反黨反社會主義的」。而她的〈林彪同志委托江青同志召開的部隊文藝工作座談會紀要〉一文，曾經毛澤東同意並三次審改。㉑可說是延安講話以來最重要的一篇毛派文件，是毛氏延安文藝座談會的翻版。故論者指出：「目前在中國文學批評影響最鉅的，是毛氏一九四二年的延安文藝座談會的講話。如果我們將一九四九年到毛氏一九七六年之死看成一個階段，毛氏的文藝理論其實就是歷經各種政治風浪仍存在的唯一思潮。」㉒毛派的意識形態一直影響著現代中國文學，文學應爲政治鬥爭服務，一直是中共毫不放鬆的文藝政策。

三、鄧小平及後鄧時期的文藝政策與文學新走向

㈠中共領導階層掌控文藝的方針不變

「四人幫」垮台後，一九七八年五月，鄧小平派提出〈實踐是檢驗真理的唯一標準〉的思想鬥爭綱領後，便積極推動由上而下的思想解放運動。鄧小平派一方面利用思想解放運動爭取知識份子的支持，以打擊四人幫與凡是派（按：華國鋒派）的理論基礎，奪取思想領導權；另一方面

藉思想解放運動，舒發積壓在知識分子心中的不平與痛苦，並爲鄧派的改良路線尋求方案。一九七八年十二月，中共「十一屆三中全會」肯定了〈實踐是檢驗真理的唯一標準〉，使思想解放運動有了進一步的發展。這次的會議是鄧小平法統的來源。毛澤東死後，鄧小平將毛留下來的權力接掌下來；在接掌權力的同時，也要平撫文革期間受創傷的心靈，但是不能把賬算到黨及毛澤東身上，而「尋找替罪羔羊」是毛澤東時代即已運用得相當純熟的策略，文革後，「四人幫」成了集罪惡於一身的「犧牲品」，共黨在這場危機中活轉過來，大家「共棄前嫌」，團結在鄧小平的領導下，一心把注意力轉移到「社會主義現代化」發展上面來。㉓

一九七九年十月中共舉辦「社會科學界慶祝建國卅週年學術討論會」，共五百餘人參加會議，提出學術論文一百餘篇。這個全國性大規模的討論會制定出「思想解放運動」的具體內容，掀起中共繼〈實踐是檢驗真理的唯一標準〉之後全國性的「百花齊放、百家爭鳴」。在此學術討論會中，針對「文藝與政治問題」展開不同意見的討論。㉔一九七九年十月三十日，鄧小平在「中國文學藝術工作者第四次代表大會」的祝辭中，首先勾勒出新文藝政策的面貌，主張文藝爲四個現代化服務，爲人民、社會主義服務，並堅持黨的領導，改善黨的領導。㉕而周揚更進一步補充了鄧所提出的新路線，總結了中共卅年文藝工作的經驗和教訓，又提出了文藝與政治問題：

> 歸納起來，主要是正確處理三個關係問題：一個是文藝和政治的關係，其中包括黨如何領導文藝工作的問題；一個是文藝和人民生活的關係，表現在藝術實踐上，也就是文藝創作的現實主義問題；一個是文藝上的繼承傳統和革新的關係，也就是如何貫徹推陳出新，古

為今用、洋為中用的方針問題。㉖

周揚是中共自一九四六至一九六六年監督文藝生活的中央委員會宣傳部副部長，文革前，即發表〈建立中國自己的馬克思文藝理論和批評〉一文，顯示出中共當局企圖脫離蘇聯的影響，建立中國的馬克思文藝理論。文革後復出，儼然是中共文藝政策總舵手及發言人，他將如何正確處理文藝和政治的關係，以及黨如何領導文藝工作的問題擺在第一位，顯示中共領導階層對此一問題的重視；也顯現中共堅持黨的領導，並未放鬆對文藝的控制。

㈡中共文藝理論界從原典重構馬恩文藝理論體系

一九八〇年中共社會科學院出版的《文學評論》雙月刊，展開文藝和政治關係問題理論性的討論。自從《文學評論》推動文藝與政治關係問題的討論之後，中共文藝刊物紛紛響應，對於這一波討論文藝與政治關係的熱潮，論者認爲它的意義正在「有心的人士，有的利用馬克思主義的矛盾來攻擊馬克思主義，提出質疑，以爭取文藝創作與學術研究的自由；有的從重新解釋馬克思主義著手，來擴大文藝與政治的內涵與境界，以促使官方放寬對文藝創作與學術研究的控制。」㉗

對於文藝與政治關係再反省如火如荼地展開，事實上是由於大陸文藝界親身經歷一連串被迫害的慘痛命運，將矛頭指向毛澤東的延安文藝〈講話〉，隱隱有批評「文藝從屬於政治」、「文藝爲政治服務」之意。他們試著從馬克思主義的原典，去探討政治與文學的關係，約有四派代表性的意見。

第一種意見以朱光潛爲主。朱認爲文藝在馬克思的著作中，只把它當作一種社會意識形態，並沒有把它列入上層建築。馬克思只把政治和法律列入上層建築。㉘朱光潛用心是非常明白的，文藝是意識形態，不屬於政治法律等上層建築，朱苦心孤詣運用馬克思主義的矛盾點，指出馬克思並未明確將文學納入上層建築，文學只是意識形態。意識形態與上層建築有著相對的獨立性。於是文藝從政治中獨立出來，獲得了自由。

第二種意見認爲文藝與政治是平行關係而非主從關係，文學由於它的特殊性，與國家政權、政治結構等另一種形態的上層建築是有區別的，所以「文藝爲政治服務」這個口號是不夠準確的、不科學的。文學鑒賞是一種精神活動，好的作品百看不厭，單從教訓出發，不能解釋這種現象。王先霈等人從文藝形象思維過程中，清楚地指出文藝在創作與欣賞上有它的獨特性，是不受政治決定㉙來立說。而蔡厚示則進一步指出文學是一種特殊的上層建築，它包含了非上層建築的成分，具有超階級性，如一些偉大的文學作品，經歷了好幾個社會階段而仍舊保存下來，且被各個階級的人們所愛讀，所以文藝是不屬於政治的，文藝更不是階級鬥爭的工具。㉚

第三種意見堅持文藝從屬於政治，爲政治服務，此派以周揚掛帥，由於維護的是無產階級利益，代表官方立場，附和者眾多，聲勢浩大，此派認爲文藝作品之所以產生公式化、概念化以及文藝上的其他一切弊端，不是源於文藝爲政治服務這個理論，而是由於對何謂文藝、何謂政治發生偏差的理解。然而鑑於以往對文藝爲政治服務的各種弊端，此派人士也猛烈批評了過去一些口號與作法，認爲把黨在不同時期的具體政策和政治等同起來，要求文學去爲具體政策服務，顯然不符合所謂文藝爲政治服務這一原則，何況黨有時也會製造出錯誤的政策！㉛

第四派意見主張文藝是爲人民服務的，以白樺、劉賓雁的意見爲代表。白樺指出文藝爲政治服務，使我們忘掉了政治的最終目的是爲人民。一個和人民息息相通的作家不可能沒有傾向性的，他的傾向性是關懷人民的疾苦，人民的悲哀與歡樂，以及使作家爲之深沈思索的人民充滿激情的希望。人民將永不忘懷了解自己疾苦並有著共同愛憎的代言人，作家寧願被某些人誤解、冷遇、放逐一百次，但是千萬不要被人民拋棄一次。㉜

劉賓雁在第四屆文代會上提出文學家應「聽命於人民」，「回答人民的問題」的召喚。黨的政策也要經過實踐的考驗，也就是人民的考驗，作家應該以對人民高度的責任感來嚴肅地而不是輕率地，通過獨立思考而不是隨幫唱影地作出判斷。㉝白樺、劉賓雁的反省，都是飽嘗政治控制文藝的痛苦經驗後，有良知的文藝工作者深刻的覺悟，唯有將文藝從政治的桎梏中解放出來，才能創造出真正偉大的、不朽的傑作來。

然而這些文藝界的反思似乎對中共當局起不了多大作用，一九八一年第一期《文藝報》刊出甫上任的黨主席胡耀邦〈在劇本創作座談會上的講話〉，具體規定一些文藝創作的題材、方法與觀點，距離毛澤東〈在延安文藝座談會上的講話〉只是五十步與百步之差而已。胡耀邦說明中共新文藝政策，必須反映中國共產黨、社會主義制度，從事體力與腦力勞動的人民，人民解放軍、馬列主義與毛澤東思想這五個帶動中國社會前進本質性的動力。對於處理社會陰暗面的問題也作了新規定：對於敵我與敵對的矛盾，採取揭露、批判、打擊、消滅的方針；對於人民內部前進與落後的矛盾，則只宜採取批評、教育的方針。也就是今後文藝必須爲鄧小平的統治服務。㉞

一九八二年五月由中共「文學藝術聯合會」、中共「社會科學院」文學研究所聯合召開「毛澤東文藝思想討論會」，研究胡喬木的〈當前思想戰線的若干問題〉，胡喬木撰寫此文最重要的用心是通過正反兩面評價毛澤東文藝思想，以堅持毛澤東文藝思想，發展毛澤東文藝思想，並根據毛澤東文藝思想制定文藝政策。一九八三年十月，中共文聯再舉行一次「毛澤東文藝思想討論會」，希望能喚起中共文藝理論界與文藝作家重視毛澤東文藝思想，但這兩次毛澤東文藝思想討論並沒有引起多大的迴響，論者指出毛受學者冷落的原因是：「近年來中共文藝理論界與中共領導階層，在文藝理論上產生「相互平行」的現象。中共領導階層著重於重新評估毛澤東文藝思想，堅持毛澤東文藝思想，發展毛澤東文藝思想。而中共文藝理論界卻努力重新建構馬恩的文藝理論體系，確立文藝理論學術的尊嚴與獨立。」[35]中國學術界藉著對毛澤東文藝思想的冷淡，表達對毛倒行逆施行徑的不滿。

㈢中國邁向民主之路仍坎坷和艱難

一九八七年中共黨書記胡耀邦因處理學運不當而去職，同情學生的知識分子被驅逐出黨；一九八九年，趙紫陽因同情學運而遭罷黜。六四北京天安門事件，吸引了全世界人士的注目，由學運到民運到血腥鎮壓，都讓人驚覺推行四個現代化宣稱思想解放的鄧小平，在思想的控制上，仍然緊抓著毛澤東的路線不放。

而同樣是一九八九年，東歐包括波蘭、捷克、匈牙利、南斯拉夫、羅馬尼亞、保加利亞等國人民上街遊行，終於推翻共黨專政，而開始民主化與市場開放化。九〇年十月三日東德正式加入德意志聯邦。阿爾巴尼亞是東歐唯一少變的共黨專政國，也終於舉行了多黨選舉。一九九一年夏季，蘇聯共黨宣告崩潰，中國大陸成了唯一的共黨專政大國。爲何與中國處境相同的東歐各國，數十年均在共黨政權專制的控制下，八九年如火如荼的中國民運受到鎭壓，而東歐人民紛起求變卻迅速成功？中國到底變與不變，一直是國際學界深感興趣的課題。上海市出生，現任加拿大多倫多大學教授的秦家懿傷痛地說：「改革會隨著多流些血之後再來嗎？抑是將會有新一代的領導人進行和平演變？答案尙未可知。」然而她對中國的即將走上民主卻是樂觀的：「希望是可以克服恐懼的，這是一九八九年的東歐，一九九一年的俄羅斯給予我們的教訓。」㊱

然而中國走上民主的道路卻是艱難的，論者認爲中共緊緊箍住文藝不放，文藝與政治的糾葛必須從中國政教合一的政治理想，中國專制政治的本質，以及中共專制政治的特質來加以考察和辨析。在中國傳統政教合一之下，百姓是接受教育的對象，永遠處於被治的地位。中共不但繼承政教合一、君主專制的傳統，而且變本加厲地利用文藝與迫害文藝。㊲即使一九八九年的六四民運及九一年蘇聯共黨政權的瓦解，使鄧小平的威望受到一些影響。然而一九九二年開春，鄧小平的南行是中國大陸少見的具有象徵意義的「儀式」，這種「南巡」就如同古代的皇帝「出巡」一樣，雖然沒有華服盛裝、百官出巡，但是取得認同和鼓舞的效果是一樣的。尤其鄧小平南巡時所發表的一些言論，儼然成爲「黨的路線」。以後他的言論被寫進中共黨內「十四大」裏，這些一點都不會讓人覺得意外。鄧小平的言論成爲中國大陸評論的「引經據典」的來源，鄧小平的權力自然而然地也在無形中增長著和鞏固著，這是誰都不能忽視的事實。鄧小平南巡以後，他是更確

實地掌握住他的天下。㊳

在這種承續馬克思、恩格思、列寧、史達林、毛澤東的法統下，鄧小平以威權控制思想及文藝，文學想脫離政治而獨立更是不可能的事。一九九七年初，鄧小平去世，意識形態遽成中共政治鬥爭焦點，江澤民仍嚴守鄧小平路線，不敢輕易放鬆對意識形態的放鬆。九七年九月召開十五大，正式啓用「鄧小平理論」這一名稱，將其與馬克思列寧主義、毛澤東思想並列爲中共的行動指南。㊴在以政治強力掌控一切的體制下，文藝只有被宰制的份。中國邁向民主之路仍是漫漫長夜。

然而弔詭的是：依據馬克思思想，以子之矛攻子之盾，中共以政治箝制文藝的體制終將生變，而且必定產生變化。因爲依照馬克思經濟決定論的說法，當一國之下層結構（即經濟因素）發生變化，上層結構（如政治、社會、文化……）也會跟著改變。馬克思在《政治經濟學批判》一書的〈前言〉內，很清楚地表明他對經濟基礎與上層建築（包括文學）之間的關係的看法：

> 物質生活的生產方式完全決定社會、政治和思想生活的過程。不是人的意識決定他的存在；相反的是人的社會存在決定他的意識。社會的物質生產力發展到了某一階段，就與存在於當時的生產關係發生矛盾，用法律的話來說，就是生產力一直在其內起著作用的產業關係。當生產力發展的條件已具備時，產業關係就成了障礙。這種社會革命的時期就開始了。經濟基礎一改變。全部鉅大的上層建築也就或快或慢隨之而轉變。㊵

大陸經濟愈自由開放，新聞傳播更加無遠弗屆，思想價值觀更加多元化是必然的趨勢。經濟基礎一改變，意識的上層結構也必定跟著改變，而文學與政治的關係也必然來個結構性的大轉變，也許這是拭目可待的。

㈣大陸新時期反抗文學受宰制的思潮隱隱成形

中國大陸也隱隱有股反抗文學受宰制的文學思潮正在成形茁壯，台灣學者唐翼明指出毛澤東時期（一九四九—一九七六年），文學的大趨勢是「屈服」，即文學日甚一日地屈服於毛的「文學必須從屬於政治」，及「文學必須爲工農兵服務」兩大文藝政策之下，而漸漸喪失了自我，變爲政治的奴婢，意識形態的宣傳工具，最終異化爲「非文學」。而鄧小平時期（一九七七—一九八九），即新時期的文學，則反其道而行，其大趨勢是「反叛」，反叛中共（主要是毛）強加給文學的桎梏，也反叛自身先前的異化，一點一點、一步一步地尋回文學的自我，由工具回歸本體。他指出大陸新時期文學實在是一個令人驚嘆不已的現象：

> 十來年中，大陸文壇如錢塘江潮，一波接一波地，先後推出了傷痕文學、反思文學、改革文學、尋根文學、先鋒小說、新寫實小說……喧騰擾攘、轟轟烈烈，其面貌變異之頻繁，觀念進展之迅速，作者流派之眾多、篇章卷帙之浩大，讀者參與之熱烈，不僅在中國前所未見，恐怕在世界文學史上也罕有其匹。㊶

雖然，大陸新時期文學的反叛並不是一開始就自覺的，更不是以鄧小平爲首的中共領導集團所提倡與樂見的。新時期文學的反叛是一個不自覺的、漸進的、非人力可以主控的自然進程。它是在中共實行鄧小平「改革、開放」政策引進資本主義因素之後，在文學上必然導致的結果。同

時，文學的反叛也遵循著文學自身運動發展的邏輯。㊷

論者認為新時期大陸文學的發展過程本質上就是一個逐步（反思、尋根、現代主義、新寫實）消解中心意識形態（即中共意識形態）的過程，這個中心意識形態曾經牢牢地全面地桎梏著文學，使之異化為它的工具與宣傳品。因此，大陸新時期文學的發展也可以說是一個反叛異化的過程。㊸由大陸新時期，甚至後新時期（按：唐翼明主張從一九八九年算起）的文學作品看來，政治掌控文學的局面已有逐漸鬆動的趨勢，文學有從「政治的附庸與工具復歸於本體，終於尋回了自我」㊹的趨勢。雖然文學的政治壓力依然尚未消滅，但愈來愈多的作家已有了文學自主的醒覺。幾隻燕子不一定代表春天，然而那正是春天來臨前的預兆。

註釋：

①夏衍，〈中國話劇運動的歷史與黨的領導〉，《中國左翼戲劇家聯盟史料集》，頁三八三。

②同註①，頁三八四。

③田漢，〈我們的自己批判〉，原載《南國》月刊第二卷第一期（一九三〇年），書同註①，頁三二六。

④同註①，頁三八二。

⑤劉心皇，《現代中國文學史話》，頁四三二。

⑥同註①，頁三八六。

⑦同註⑥。

⑧同註①，頁三八六—三八七。

⑨阿英編選，《中國新文學大系·史料·索引》，頁三九九。

⑩熊自健，〈序論〉，《馬克思恩格斯的文藝理論在中國大陸的發展》（台北：唐山出版社，一九九四年），頁三。

⑪熊自健，〈文藝理論的體系〉，書同註⑩，頁三一。

⑫同註⑤，頁四六五。

⑬列寧，〈黨的組織與黨的文學〉，引自註⑤，頁四六五—四六六。

⑭毛澤東，〈在延安文藝座談會上的講話〉，《毛澤東選集》第三卷（北京：人民出版社，一九六四年），頁八六七—八七一。

⑮佛克馬、蟻布思著，袁鶴翔等譯，〈馬克思主義文藝理論〉，《二十世紀文學理論》（台北：書林出版公司，一九八七年），頁九六。

⑯張錯，〈一九四九年以來中國大陸文藝思潮的發展與論爭〉，《從莎士比亞到上田秋成》（台北：聯經出版公司，一九八九年），頁三二八—三二九。詳見王章陵，《中共的文藝整風》（台北：國際關係研究所，一九七三年）。

⑰同註⑯，頁三二九—三三一。

⑱宋貴命，〈附篇：毛澤東文藝理論與實踐大事記〉，《毛澤東與中國文藝》（北京：人民文學出版社，一九九三年），頁二七七。
⑲熊自健，〈「現實主義」的文藝理論〉，書同註⑩，頁四八—四九。
⑳同註⑱，頁三〇二。
㉑同註⑱，頁三〇〇—三〇一。
㉒同註⑮。
㉓陳墇津，《中共的權力機制》（台北：唐山出版社，一九九五年），頁一一一—一一二。
㉔熊自健，〈文藝與政治〉，書同註⑩，頁九八；並參閱傅惠，〈有關文藝與政治問題的幾種意見〉，北京：《文學評論》一九八〇年第一期（一九八〇年一月十五日），頁十。
㉕鄧小平，〈在中國文學藝術工作者第四次代表大會上的祝辭〉，上海：《文藝報》一九七九年第十一、十二期合刊（一九七九年十二月十二日），頁三。
㉖周揚，〈繼往開來，繁榮社會主義新時期的文藝——在中國文學藝術工作者第四次代表大會上的報告〉，《文藝報》一九七九年第十一、十二期合刊（一九七九年十二月十二日），頁十六。
㉗書同註⑩，頁九九。
㉘朱光潛，〈上層建築和意識形態之間關係的質疑〉，武昌：《華中師院學報》，一九七九年第一期（一九七九年二月七日），頁二八—三六。
㉙王光霈、范際燕，〈形象思維過程中的藝術與政治的關係〉，《文學評論》一九八〇年第二期

（一九八〇年三月十五日），頁二八—三六。

㉚蔡厚示，〈作爲上層建築的文學之特徵〉，《文學評論》一九八〇年第四期（一九八〇年三月十五日），頁二八—三六。

㉛張建業，〈文藝應該爲政治服務〉，《文學評論》一九八〇年第四期（一九八〇年三月十五日），頁五〇；並參閱此派人士梅林、梁勝明、劉綱紀、周揚等說法，書同註⑩，頁一〇五—一〇八。

㉜白樺，〈文學應當是思想解放運動的先鋒〉，北京：《新文學論叢》一九八〇年第四期（一九八〇年十二月），頁二二一—二二五。

㉝劉賓雁，〈時代的召喚〉，《文藝報》一九七九年第十一、十二期合刊（一九七九年十二月十二日），頁三八。

㉞胡耀邦，〈在劇本創作座談會上的講話〉，《文藝報》一九八一年第一期（一九八一年一月七日），頁四—二〇。

㉟熊自健，〈文藝理論與文藝政策〉，書同註⑩，頁一二四。

㊱秦家懿著述，蘇紹興編修，〈東歐發展給予中國未來的啓示〉，《上下求索中國魂》（台北：允晨文化公司，一九九二年），頁三五五—三五六。

㊲熊自健，〈文藝與政治〉，書同註⑩，頁一一二。

㊳同註㉓，頁一一六—一一七。

㊴《聯合報》一九九七年九月十一日，〈兩岸港澳版〉特派記者李春北京報導。

㊵馬克思，《政治經濟學批判．前言》，引自佛克馬、蟻布思著，《二十世紀文學理論》，頁七六。

㊶唐翼明，《大陸「新寫實小說」》（台北：東大圖書公司，一九九六年），頁六—七。

㊷同註㊶，頁七。

㊸唐翼明，〈餘論：「新寫實小說」的前景〉，書同註㊶，頁一五八。

㊹同註㊸。

第三章　曹禺的戲劇創作背景

第一節　家庭氛圍的激情投影

三十年代崛起的曹禺，甫一出現戲劇界，即展現不同凡響的魅力，他筆下最擅長的題材，是描寫中國舊社會的腐化生活，以一個走寫實主義路線著稱的劇作家，他的許多劇本多少都有自傳的成分在內，那麼探索曹禺是什麼樣的人？他有怎樣的一個家庭？他的童年處於什麼環境？可說是研究曹禺劇作的敲門磚。

一、墳墓一般壓抑而沈悶的家庭氣氛

曹禺，原名萬家寶，於一九一〇年出生於天津，出生後一年即爆發了辛亥革命，中國面臨了未曾有過的大變局，二千多年的封建帝制迅即崩潰瓦解；一九一九年五四運動民主科學的浪潮再

度震撼舊有的封建體制，然而卻未撼動其父權宰制的家庭生活，曹禺的童年充滿了「苦悶」。①

曹禺的父親萬德尊，原籍湖北省潛江縣，早年家境貧窮，憑著苦讀考進張之洞創辦的兩湖書院讀書；光緒十年（一九〇四年），以官費留學生的身份抵達東京，先後進入日本振武學校及日本陸軍士官學校，和後來成爲軍閥的閻錫山是同學。回國後，曾經擔任直隸衛隊的標統（相當於團長）。民國成立後，因與黎元洪同是湖北人，頗得其提攜。黎元洪當大總統時，他還做過黎元洪的秘書；也曾經被派往河北省宣化作鎮守使。然而宦海浮沉，隨著黎元洪的下野，他也只好棄官避居天津，從此賦閒在家，一蹶不振，四十歲就在天津當起寓公。光宗耀祖的願望化爲泡影，他的精神苦悶極了。雖然他的老同學閻錫山曾邀請他出來，但是他拒絕了，也許是厭倦了軍閥混戰的亂世，也許是不願去冒那種風險。曹禺曾經如此分析他的父親：「他從來沒有打過仗，他不是那種秉性黷武之徒。」②

然而有志未能伸展的苦悶，萬德尊成日和幾個朋友一起飲酒賦詩，或躺在煙燈前抽鴉片麻醉自己，動不動就發脾氣、罵大街、摔東西、打下人，似乎看什麼東西都不順眼。曹禺的童年就是處於這種沉悶而壓抑的氣氛下成長。曹禺曾這樣描述他的父親和家庭：「這個家庭的氣氛是十分沉悶的，很彆扭。我父親畢竟是個軍人出身的官僚，他的脾氣很壞。有一段時間我很怕他。……整個家沉靜得像墳墓，十分可怕。」③「我生長在一個曾經闊綽過，後來又沒落了的家庭裏。……我父親在日本士官學校唸過書。他對孩子們很嚴厲。我在家裡最感到害怕的，就是吃飯。父親總是在飯桌上教訓子女。」④

萬德尊對曹禺的影響是深遠的，鬱悶不和諧的家庭生活蘊積了曹禺痛恨封建家庭。爲了抒發他的憤懣，他將父親令人悲憫又可恨的矛盾性格寫入劇作中：「他又有些軟弱、善感。他有一手好文筆，能作詩也能寫對聯。時爾滿腹牢騷，又像一個懷才不遇的落魄文人。他這一方面的性格，後來影響我在《北京人》裡所寫的幾個人物，譬如曾皓、曾文清、江泰。」⑤他也承認《雷雨》的「周樸園身上有他父親萬德尊的影子」。⑥對於父親，曹禺懷著愛恨交加的複雜情愫。

二、切身而熾熱的個人情懷

曹禺的親生母親，在生下他三天便因得了產褥熱而去世，這種幼年失怙的傷痛，即使到了七十歲的高齡，接受田本相訪問時，仍難掩唏噓落寞之情，生母的死，是造成他童年孤獨苦悶的一大原因。⑦萬德尊在曹禺生母薛氏死後，又續娶薛氏的孿生妹妹薛泳南爲妻，曹禺由這位本是姨媽的繼母扶養成人。繼母對曹禺視如己出，然而失去生母的悲哀和痛苦，隨著年齡的增長，孤獨感和寂寞感蔓延凝聚在心靈深處，苦悶的酵素盤踞著曹禺的心坎。再加上像墳墓一般家的氣氛，曹禺的個性趨向於內向而多愁善感，外表看似平靜，內心則暗濤洶湧澎湃，渴望尋求出路來發洩。

他的處女作〈《雷雨》序〉中的一段話，可揣摩出他的創作正是猛烈撞擊的熱血在奔騰，非常切身的情感急於發洩，以洗滌滿腔的激情。曹禺幾乎像是患了重症般，他夢魘似地說出許多情緒化而令人費解的自白：

> 《雷雨》對我是個誘惑。……寫《雷雨》是一種情感的迫切的需要。……在《雷雨》裡的八個人物，我最早想出的，並且也較覺真切的是周繁漪，其次是周沖。……我算不清我親眼看見多少繁漪。……提起周沖，繁漪的兒子，他也是我喜歡的人。⑧

此外，曹禺在〈曹禺談《雷雨》〉一文中也談到：「我對自己作品裡所寫到的人和事，是非常熟悉的。我出身在一個官僚家庭裡，看到過許多高級惡棍、高級流氓；《雷雨》、《日出》、《北京人》裡出現的那些人物，我看得太多了，有一段時期甚至可以說是和他們朝夕相處。」⑨

《雷雨》發表後，許多批評家根據劇中的亂倫關係臆測，認爲曹禺是受了希臘悲劇家優里皮底斯（Euripides）的《希波呂托斯》（*Hippolytus*），或法國古典悲劇家哈辛（Racine）的《費德》（*Phèdre*）的影響；或指出《雷雨》與《群鬼》（*Ghosts*）在情節上的相似，論斷他是「易卜生的信徒」。⑩對於這些揣測，曹禺矢口否認：「我是我自己。……我想不出執筆的時候我是追念著哪些作品而寫下《雷雨》。……《雷雨》的降生是一種心情在作祟，一種情感的發酵。」⑪對於曹禺不願意直接了當地承認他受西方文學影響的這段自白，劉紹銘認爲曹禺是把「抄襲」和「影響」這兩回事混爲一談，「真是寫得婆婆媽媽」。⑫

而繁漪，這個愛恨情仇陰鷙的女性，往而不復，瘋狂般地迷醉和追求著違背倫常的愛慾，甚至置名譽、親情於不顧的極端個性，是中國文學史上未曾見過的典型，而曹禺卻賦予她最深摯的感情：「她是一個最『雷雨的』性格，她的生命交織著最殘酷的愛和最不忍的恨。……我歡喜看繁漪這樣的女人，……對於繁漪我彷彿是個很熟的朋友。」⑬

亂倫是否只是西方才有的事件呢？周繁漪的原型是否有可能出現在中國舊社會呢？曹禺曾經如此地解釋：「她道地是她那個階級的人物，……舊社會女的沒有機會同男人接觸，有錢人家後娘和前妻之子發生曖昧關係的事，實在太多太多了。」⑭當然西方文學作品如哈辛的《費德》、奧尼爾（Eugene O'Neill）的《榆樹下的慾望》（*Desire Under the Elms*）等也不免提供某些借鑒，然而這只是寫作技巧上的師法，而他所要呈現的是中國的社會。

曹禺曾經提及他創造繁漪的現實誘因是來自一位同學的嫂嫂：「我有一個很要好的同學。我常到他家去玩。他有個嫂嫂。我和她雖然見過面，卻沒有說過幾句話。她丈夫是一個相當好的人，她也很賢慧。後來，我聽說她和我那個同學有了愛情關係。我很同情她。因爲我知道，他是不會爲這個愛情犧牲什麼的。這個女人就像在我心中放了一把火，當我寫《雷雨》時，就成了現在的繁漪。」⑮不能否認這位女人也具有繁漪的部分影子，然而依然難以詮釋曹禺在《雷雨》中，賦予繁漪的「文學尊崇」，及狂熱、激情的重描，以及他在《雷雨》序中說的：「我初次有了《雷雨》一個模糊的影象的時候，逗起我的興趣的，只是一兩段情節，幾個人物，一種複雜而又原始的情緒。」⑯這「複雜而又原始的情緒」到底該如何解釋呢？

根據馬森的說法似乎可以探索出一些蛛絲馬跡來，馬森到南開大學講學時，尋訪到一位曹禺繼母的乾女兒，據說以前幾乎與曹禺成親的鄒大姑，她提供的資料是：曹禺確有一位嚴厲的父親，而曹禺同父異母的大哥萬家修也確曾與曹禺的繼母有一段曖昧的戀情，因此之故萬家修竟被曹禺的父親打折了腿，逐出家門。⑰在田本相所寫的《曹禺傳》中，也提到一項似乎可與之佐証的資料：

> 他（按：曹禺之父）對家修徹底失望了，……特別是在一次父子爭吵之後，德尊把家修的腿打得骨折了，一度家修離開家裡，父子二人結下了更深的仇恨。⑱

而曹禺的一段自白也可以做爲補充的說明：「他（按：曹禺之父）對我哥哥很兇很兇，動不動就發火。……哥哥三十多歲就死去了，到現在我還不大明瞭他。他們父子兩人仇恨很深很深。父親總是挑剔他。哥哥恨透了父親，家中的空氣是非常不調和的。」⑲

《雷雨》中的周萍，遭遇與曹禺大哥萬家修有相似之處，周萍從鄉下來到周家，因不滿父親的專制，轉而同情繼母，而與繼母發生戀情；萬家修與曹禺的大姐萬家瑛是父親的原配所生，在曹禺四五歲時，才從家鄉湖北省潛江縣老家到天津來。家修小繼母一歲，繼母很殷勤地接待他們。⑳曹禺曾經不諱言地說：「周萍也許多少有他的大哥身上的某些東西」。㉑而據馬森的專訪，鄒大姑曾提及曹禺的繼母薛泳南在看過《雷雨》的演出後，嘗對人言：「你們都不了解，只有我才懂得這齣戲的真正意義。」㉒頗有些玄機在。

三、《雷雨》是內在激情的奔洩

由上述種種跡象顯示：《雷雨》的創作，正是他內心熾烈情感的流洩與釋放，他一再談到的「原始或者野蠻的情緒」、「泥鰍似地在情感的火坑裡打著昏迷的滾」㉓，正是影射交織著愛慾的熾烈情仇。劇中刻意渲染的「鬱熱」、「悶熱」㉔，成爲全劇的主導氛圍；低壓籠罩的周家，正是曹禺家庭氛圍的寫照。暑熱象徵的熾烈愛慾，也許是年輕的曹禺，發現繼母與兄長發生違反倫常的戀情後的震撼與狂亂，因此，曹禺安排了許多條生命在大雷雨中焚毀淨盡，尤其是無辜天真的周沖之死，更有耐人思索之處。

馬森認爲這些童年往事鬼魅似地纏擾在少年曹禺的腦際，如果不尋找一個出路發洩出來，心神一定難以得到安寧。「不禁使人聯想到，難道作者借著周沖的暴斃來舒解其內心對父親所懷抱的愛恨交織的複雜情感？……非如此，則不足以化解青年曹禺心理上的瘀結。周沖替曹禺一死，曹禺才可以活下去，也正如少年維特的死亡解脫了歌德的心結一樣。也只有殘忍的天地，才能符合曹禺發洩情緒的需求。」㉕正如同日本的文藝理論家廚川白村所說的「文藝是苦悶的象徵」，《雷雨》的創作，正是那股蘊積許久翻滾騰湧的激情奔洩而出的洪流。

劉紹銘對周沖和四鳳「枉死」的下場曾大加批評：

> 說死得無辜是可以的。「悲劇」則未必。周沖和四鳳的遭遇，實在說來，是老生常談了（如好人不得好報，好人早死等）。除此之外，有何新義？在短短的一瞬間，弄得七屍八命的，究竟為了甚麼特殊目標？正因為連這種鬧出人命的場面都不能給我們拓展新的視野，《雷雨》給我們製造出來的種種刺激（shocks），均無認知（recognition）價值。㉖

然而這種文學藝術的滌情作用，對曹禺來說，是獲得新生的開始，唯有透過這種將鬱悶蘊蓄的激情加以釋放，他的心靈才能得到救贖而寧靜。

這種以劇作來披露家庭中難言之隱，藉著往事的回顧與省思，使鬱積的憤恨得以宣洩，不至於日夜受其纏擾和受其折磨的例子，在奧尼爾的《日暮途遠》（*Long Day's Journey into Night*）一劇中可得到佐証。

奧尼爾這個劇本寫的是他父母，哥哥和自己，也是他三十多年來一直想寫而沒寫出來，如梗在喉，不吐不快的一段往事。他說他必須寫出來，藉以寬恕他家人和自己。他以兩年的時間，埋首案頭，有時淚流滿面，有時終日沉默，焦慮不安。寫完之後，他好像經過一場大病，看來蒼老了十年。並且題詞說他在寫這個劇本時是「流著血和淚的」，對於他家人，他是具有「深厚的憐憫，瞭解和寬恕」的心。㉗透過奧尼爾的自我剖白，我們得以了解作者的性格與思想，也增加對他所寫的其他劇本更深一層的認識。就曹禺來說，寫作《雷雨》、《北京人》的過程，正是蘊結他心頭的積憤漸次舒散的過程，因此，研究曹禺的起點，必須起始於瞭解他的家庭及他的家人。

註釋：

①曹禺曾對田本相說：「你要寫我的傳，應該把我的心情苦悶寫出來。」見田本相，《曹禺傳》（北京：十月文藝出版社，一九八八年），頁一。

②一九八一年七月廿八日曹禺與田本相談話紀錄，田本相，《曹禺傳》，頁六。

③曹禺，〈我的生活和創作道路〉，原載《戲劇論叢》一九八一年二期，王興平等編，《曹禺研

究專集（上）》，頁九五。

④張葆莘，〈曹禺同志談劇作〉，原載《文藝報》一九五七年二期，《曹禺研究專集（上）》，頁一三九。

⑤同註④。

⑥田本相，《曹禺傳》，頁一四八。

⑦田本相，《曹禺傳》，頁一三。

⑧曹禺，〈《雷雨》序〉，田本相編，《曹禺文集(1)》，頁二一一—二一六。

⑨曹禺，〈曹禺談《雷雨》〉，原載《人民戲劇》一九七九年三期，《曹禺研究專集（上）》，頁一七五。

⑩同註⑧，頁二〇九。

⑪同註⑧，頁二〇九—二一三。

⑫劉紹銘，《小說與戲劇》（台北：洪範書店，一九七七年），頁一〇九。

⑬同註⑧，頁二一四—二一五。

⑭同註⑨，頁一八四。

⑮田本相，《曹禺傳》，頁一四六。

⑯同註⑧，頁二一一。

⑰馬森，〈中國現代舞台上的悲劇典範〉，是馬森在一九八一年末到一九八二年春天採集到的線

索，由於田本相在一九八八年出版的《曹禺傳》也載有可資互相印證的資料，故馬森在一九九一年撰文時，將此項資料公諸於世。見《東方戲劇．西方戲劇》（台南：文化生活新知出版社，一九九二年），頁一一九。

⑱田本相，《曹禺傳》，頁八九。

⑲同註③，頁九五。

⑳田本相，《曹禺傳》，頁一六—一七。

㉑田本相，《曹禺傳》，頁一四八。

㉒同註⑰，頁一二三。

㉓同註⑧，頁二一三。

㉔《雷雨》自第一幕起即極力塑造鬱熱的氣氛，不但指的是天候的暑熱，也象徵劇中人的激情與鬱悶。

㉕同註⑰，頁一二三。

㉖劉紹銘，《小說與戲劇》，頁一〇九—一一〇。

㉗Eugene O'Neill, *Long Day's Journey into Night*（New Haven: Yale University Press,1955），P7，引自〈《日暮途遠》的分析〉，郭博信、陳玉秀合譯，《日暮途遠》（台北：淡江大學出版中心，一九八五年），頁二。

第二節　汪洋浩瀚的文化撞擊下成長

一、沉浸書海遨遊幻想國度

曹禺個性聰慧而內向，不美滿的家庭生活，使他逃入內心世界・沉浸於書的樂趣中。當他還沒進入中學時，就已偷偷看了不少小說，如《紅樓夢》、《西遊記》、《三國演義》、《鏡花緣》、《水滸傳》、《聊齋誌異》等，這些古典小說，爲他打開了一個生動而寬廣的天地，奠下了喜愛文學的契機。

外國的小說，他也讀過一些，主要是林紓翻譯的說部叢書，像《巴黎茶花女遺事》、《撒克遜劫後英雄傳》、《迦茵小傳》等。而《魯濱遜漂流記》，及開明書店出版葉聖陶主編的《少年》雜誌讀物，更使他常陷入冥想，在幻想的國度中遨遊，魯濱遜在荒島上掙扎生存的故事深深地打動了他，於是，他便浮想聯翩，幻想到海上去冒險，在那無邊無際的大海裡飄泊，在驚濤駭浪裡搏擊，在萬頃碧波上航行。①年少時期的美好憧憬，塑造了《雷雨》裡周沖純真而美好的幻想王國：

有時我就忘了現在，（夢幻地）忘了家，忘了你，忘了母親，並且忘了我自己。我想，我像是在一個冬天的早晨，非常明亮的天空，……在無邊的海上……哦，有條輕得像海燕似的小帆船，在海風吹得緊，海上的空氣聞得出有點腥，有點鹹的時候，白色的帆張得滿滿地，像一隻鷹的翅膀斜貼在海面上飛，飛，向著天邊飛。那時天邊上只淡淡地浮著兩三片白雲，我們坐在船頭，望著前面，前面就是我們的世界。②

周沖的這段喃喃說白，道出了多羅曼蒂克的理想烏托邦，周沖的夢，正是曹禺內在心靈的表現。周沖，有著年少時期曹禺的剪影，也可說是他的代言人。

二、自幼即接觸傳統戲曲及文明戲

曹禺第一次以曹禺的筆名發表的處女作，是在一九二六年天津《庸報》的《玄背》副刊上發表的小說〈今宵酒醒何處〉。在創作《雷雨》之前，他又在《庸報》副刊及《南開雙週》上登載了幾首新詩：〈詩兩首〉、〈四月稍，我送別一個美麗的行人〉、〈不久長，不久長〉、〈南風曲〉，富有浪漫氣息，又帶有年輕人特有的多愁善感，然而觀其內容及思想，並未有特殊之處。與甫一問世即展現石破天驚魅力的《雷雨》創作，真是不可同日而語。由此看來，任何著名作家都有其特殊專長的文類。日後他爲何獨獨鍾情戲劇一門呢？其實在他童年時期，即已埋下愛好戲劇的種子。

曹禺的繼母是個戲迷，沒有她不愛看的戲，什麼京戲、評戲、河北梆子、山西梆子、京韻大鼓、文明戲……她都愛看。③曹禺在她的薰陶下也成了小戲迷，才三歲就被繼母抱進戲院裡坐在懷裡看戲，稍大些，就站在凳子上看。當時，天津薈萃了不少著名的演員，如譚鑫培、劉鴻聲、龔雲甫、陳德霖、楊小樓的戲，他都看過，他特別喜歡余叔岩，後來上中學時曾粉墨登台演出《南天門》，就頗有余派的味道。他也迷上了家裡的《戲考》，裡面的折子戲，他反覆地看，整段整段的唱詞都能背也能唱出來，把一本一本的《戲考》都翻爛了。④大學時代，他更是看了許多好戲，經常和巴金、靳以到廣和樓去聽京劇，對楊小樓、余叔岩的表演藝術，劉鴻聲的唱腔，三國戲人物的鮮明形象均贊嘆不已。此外，他也欣賞侯永奎的崑曲演技，劉寶全的京韻大鼓等，從舊戲裡他學到了「描寫刻劃人物的本領」，他發現「戲裡的每個人物都是寫得鮮明的，而且每個人都不一樣。」⑤中國傳統戲曲的薰陶，對他日後具有民族風格的創作，有很大的助益。然而曹禺童年時期，看得最多的還是文明戲。⑥

「文明戲」⑦是早期「話劇」的別名，初期話劇用了外來的戲劇藝術形式，卻又受到中國本土戲曲的影響，是介於中國傳統戲劇，和按照西方戲劇模式發展而成的「話劇」之間的過渡形式。⑧如果以春柳社在日本演出《茶花女》視爲中國話劇史的起點⑨，曹禺幾乎是與中國話劇史同齡的。然而他童年所看的戲，顯見當時文明戲已由盛轉衰，他看過連台本的文明戲，演的都是關於皇帝的事，還有加官晉爵的故事以及哀豔的愛情戲，而那些哀豔的文明戲大都根據言情小說改編的。當時實行的是幕表制，根本沒有腳本，演戲只靠牆上貼的一張幕表，幕表規定這齣戲有多少場，有哪些人物上場，演出什麼內容，頭天晚上大家商量好，第二天就登台了，參加演出的都是男演員，曹禺曾經回憶當時文明戲演出的情形：

> 文明戲中有一種「言論正生」，專門在台上發表激昂慷慨、憤世嫉俗的言論，都是即興的言論，一套一套的，往往他演說完了，觀眾就報以極為熱烈的掌聲。小生，是專門講愛情的角色。一般言情、哀艷的戲都是舊套子。例如，一個女孩子愛上了一位書生，但是，這個女孩子卻被父親賣出了，或者被迫嫁給富人。過了若干年，她又和這位書生見面了，於是就演出一段非常香艷哀痛的戲。他們見面，女孩子的父母發現了，大罵他們。這時，書生的朋友就出場了。這位朋友就是由言論正生扮演的。於是他就勸書生，借機發表一通言論，說什麼：我們這個時代是如何如何啦，國家是怎樣的風雨飄搖嘍！政府是如何壞啦，官吏又是如何的腐敗嘍，你作為一個血性男兒，應該有志氣，要拋頭顱灑熱血嘍！這一番正面的演說完畢，觀眾就拚命鼓掌。這位書生終於醒悟了，和女的道別；女的捨不得他走，又是一番哀艷的表演，……有腔有調地，流著眼淚說出一套悲慟欲絕的感傷話。⑩

可見曹禺童年時期看的文明戲，水平並不高。其實稍早的北方劇壇有一股振衰起弊的清流，頗能予人耳目一新的觀感。北方進步的戲劇活動，在一九〇八年五月，王鐘聲自上海北上，與當時有言論老生之稱的另一位新劇活動家劉藝舟合作，在北京、天津一帶演出新劇。他們演出的劇目有《孽海花》、《官場現形記》、《新茶花》、《熱淚》、《愛國血》、《宦海潮》、《秋瑾》、《徐錫麟》等批評滿清政府、鼓吹革命的作品，一九一一年王鐘聲在天津爲軍閥殺害；而一九一二年，周鑄民等在北京組織了「牖民社」，曾演出《豬仔記》、《越南亡國慘》、《新茶花》等戲，翌年，周鑄民因賄選案被捕，「牖民社」因而解體。從此在北方的新劇運動，不見有正式組織，直到五四運動之後，才又活動起來。⑪可惜曹禺未能恭逢其盛。

由於京津一帶較具思想性的話劇活動被扼殺，曹禺童年時所看的文明戲大抵是一些充滿迷信、恐怖、封建、低級趣味的劇目，如《西太后》、《火浣衫》、《狸貓換太子》、《武松與潘金蓮》、《唐伯虎點秋香》等，欣賞的文明戲演員是像秦哈哈這種令人發笑的怪模樣，聲音洪亮，演技絕妙的演員。⑫識見並不高。

三、在南開、清華的哺育下成長

然而另一股頗具生機的戲劇運動也在北方劇壇萌芽滋長，一九一四年，曹禺五歲時，以天津、北京爲重鎭的北方學生業餘劇團，有自覺地抵制文明戲商業化的腐敗風氣，不同於職業文明戲以迎合觀眾低級趣味爲取向。這些業餘劇團開始重視現實生活的呈現，演劇多用劇本，具有寫實風格。南開新劇團在該年十一月十七日正式成立，經常舉行公演，到五四運動之前，編演新劇三十個左右，其中的短劇《一元錢》、《一念差》之類還是「過渡戲」一類，到了《新村正》則已具新劇（按：新劇即話劇早期的名稱）的意味。⑬離曹禺所住的天津不遠的北京清華學校的業餘演劇也很有成果，一九一五年，洪深編排了獨幕劇《賣梨人》；一九一六年編排了五幕劇《貧民慘劇》。這些學生業餘話劇團沒有沾染上商業化的銅臭氣，秉持著嚴肅認真的藝術態度，揭露社會弊端，對逐漸走入畸形發展的劇運，無異是展現一線曙光。

然而這股新興的現代話劇革新思潮，尙未直接撞擊到童年時期的曹禺，直到一九二二年秋，曹禺進入南開中學讀書，才開展他的文學新視野，曹禺曾提到一九二五年，他十五歲開始演戲，是他「從事話劇的開端」。⑭一直到一九三〇年，離開南開大學，他始終是新劇團的一個積極分子：「在這短短的，對我又似很長、很長的六年裡，新劇團擴大我的眼界，我決定一生從事話劇。」⑮

中國話劇是從外國移植來的新型劇種，主要是從兩條渠道輸入的：一是春柳社從日本間接移植到中國的以上海爲中心的話劇；一是南開新劇團從歐美直接移植到中國的以天津爲中心的北方流行的話劇。⑯曹禺是循著後者這條渠道，在南開新劇團的哺育下成長茁壯。

在曹禺進入南開中學就讀時，新劇團已累積了長期的演出經驗，並受到津京等地觀眾的歡迎，也引起了文化界名流、學者的關注。魯迅、梅蘭芳、胡適、陳大悲、宋春舫等人，都看過南開新劇的演出或劇本；《新青年》、《晨報》、《每週評論》、《新潮》、《春柳》、《新民意報》等有影響力的報刊，當時都曾刊登過南開劇本或者南開新劇演出的報導和評論。⑰

而二〇年代正是中國話劇發展的關鍵年代，文學劇本在二〇年代才開始大量湧現，傅斯年在一九一八年曾感嘆說：「十年以前，已經有新劇的萌芽；到現在被人摧殘，沒法振作，最大的原因，正爲著沒有劇本文學，作個先導。所以編製劇本，是現在刻不容緩的事業。」⑱而得風氣之先的南開新劇團，從一九〇八到一九二二年這一階段，單是記載的上演的劇目就有近五十個，這些完整的劇本和幕表詳志·全都是師生自己編寫的。⑲

除了注重劇本創作之外，南開新劇團從它誕生起，就走著一條寫實主義的發展道路，它是通過張伯苓、張彭春，直接學習歐美近代劇的寫實主義創作方法。一九〇八年，南開學校校長張伯苓去歐美考察歸來，立刻著手編寫新劇，並組織師生在課餘演劇，一九〇九年，南開學校演出了由張伯苓自編、自導的第一齣話劇《用非所學》；一九一六年，張伯苓的胞弟張彭春帶著他在美國創作的寫實劇《醒》回到南開，立即投身於南開的新劇活動，並充任新劇團第一任副團長，負責導演南開話劇團，成爲該團第一位專職導演。⑳南開新劇團寫實主義創作方針的確立，對曹禺日後走寫實主義路線，起著決定性的主導作用。

曹禺在中學讀書期間，正值五卅運動在各地蜂起之時，學校在五卅、雙十或校慶週年紀念時，學校刊物就出專刊，新劇團編演話劇，並且以實際行動抵制日貨，曹禺都積極參與這些活動。一九二五年，他加入南開新劇團，開始他的演劇活動。演戲培養他對話劇的興趣及舞台感；而動盪的世局更是激起他關注現實社會的熱忱。曹禺回憶說：「當時學生的戲劇活動大半是和政治結合的，在『五卅』運動時，爲了抵制日貨，他們就演了自己編的或者改編的許多戲。」㉑曹禺的戲劇活動一起始即在時代的歷鍊琢磨下成長，他演出第一個戲，是一九二五年演出的德國作家霍普特曼（Hauptman）的劇作《織工》，這是一齣描寫工人罷工最後失敗的戲，「這個戲給了我很大影響」㉒，讓他擴展視野，關注階級問題。

曹禺從一九二五年加入南開新劇團，到一九三〇年他轉學到清華的六年時間裡，正是南開新劇活動異常活躍的時期，他參加排演的劇目演出情形如下：

劇　名	排演日期
織工	1925 年
壓迫　獲虎之夜	1927 暑假
愛國賊	1927 年 9 月 2 日
壓迫	1927 年 9 月 9 日
國民公敵	1927 年 9 月 30 日
壓迫	1927 年 12 月 18 日
剛愎的醫生（國民公敵）	1928 年 3 月 23 至 24 日
換個丈夫吧	1928 年 4 月 27 日
娜拉	1928 年 10 月 17 日
娜拉	1928 年 10 月 20 日
爭強	1929 年暑假
爭強	1929 年 10 月 17、19、26 日

[23]

排演的劇目包括寫實主義大師易卜生的問題劇（problem play）《國民公敵》、《娜拉》；探討罷工問題的《織工》與英國高爾斯華綏的《爭強》，均觸及階級矛盾與鬥爭；以及中國現代劇作家丁西林及田漢的名作。大抵都貫徹著南開新劇團堅持的改造社會的一貫立場。

而曹禺的寫作技巧也在歷鍊中逐漸成熟；一九二六年，他與幾位愛好文學的朋友一起創辦《玄背》週刊，作爲天津《庸報》副刊之一，共出二十六期；此外，他也擔任過《南開雙週》的戲劇編輯，並在《玄背》週刊及《南中週刊》發表文章。一九二七、二八年，翻譯了法國莫泊桑的小說《房東太太》、《一個獨身者的零零碎碎》；一九二九年改譯外國劇本《太太》、《冬夜》，作爲新劇團演出用。這兩個劇目也曾爲平津各個學校劇團所普遍採用。㉔並在一九二九年爲慶祝南開二十五週年紀念大慶，與張彭春改編高爾斯華綏的傑作《爭強》，由曹禺執筆。翻譯使他比讀與演更深入理解中西文學藝術的差異與深刻內涵。

曹禺在一九二八年夏天於南開中學畢業，因學習成績優良，免試升入南開大學政治經濟系就讀，然而他卻對此毫無興趣，一九三〇年暑假，報考清華大學，轉插入該校西洋文學系二年級。清華大學的戲劇藏書很多，從西洋戲劇理論到劇場藝術，從外國古代戲劇到近代戲劇作品，都收藏得相當齊全，爲曹禺打開了一個廣闊的戲劇天地，徜徉、悠遊於其中。

在清華大學期間，他讀了希臘悲劇，以及從莎士比亞到契訶夫的西方重要劇作家的作品及戲劇理論的書籍，有一段時間他整天在圖書館看書，而大部分讀的都是劇本。㉕在開始創作之前他已累積了八九年改編與演出的舞台經驗；也讀遍了西方自古迄今風格殊異的優秀劇本。

一九三三年夏天，他在清華西洋文學系畢業前夕寫成了他的處女作《雷雨》，由於巴金的賞識，洋洋十餘萬字的四幕大悲劇，破例一次刊登在七月份的《文學季刊》第一卷第三期上，震驚了當時的文壇，被視爲現代戲劇的傑作。然而這並非突然拔起的高峰，正是早慧的曹禺，在時代風潮的激盪下，汲取中外古今的戲劇精華，再加上豐富的舞台經驗，及熾熱的情感澎湃沖激，奔洩出來的藝術精品。

註　釋：

①以上與文學結緣的經過，參閱田本相，《曹禺傳》，頁一九—二〇；及曹禺，〈我的生活和創作道路〉，《曹禺研究專集（上）》，頁九七。

②曹禺，《雷雨》第三幕，《曹禺文集㈠》，頁一三七。

③田本相，《曹禺傳》，頁二二。

④同註③，頁二二—二三。

⑤曹禺，〈我的生活和創作道路〉，《曹禺研究專集（上）》，頁九九—一〇〇。

⑥同註⑤，頁九八。

⑦歐陽予倩，〈談文明戲〉：「初期話劇所有的劇團都只說演的是「新劇」，沒有誰說文明新劇。新劇都是新型的戲，有別舊戲而言。……文明新戲正當的解釋是進步的新的戲劇，最初也不過廣告上這樣登一登；以後就在社會上成了個流行的名詞，並簡稱爲文明戲。」見田漢、歐陽予倩等編著，《中國話劇運動五十年史料集（一九〇七—一九五七）》（北京：中國戲劇出版社，一九五七年），頁四九。

⑧書同註⑦，頁五二。

⑨馬森認爲：真正具有話劇形式的演出，仍不得不以「春柳社」的《茶花女》爲始。見馬森，《西

潮下的中國現代戲劇》（台北：書林出版公司，一九九四年），頁三八。「春柳社」演出的時間，有二種說法，據歐陽予倩的〈回憶春柳〉一文指出是一九〇七年初春，葛一虹主編的《中國話劇通史》說是一九〇七年二月；而陳白塵、董健主編的《中國現代戲劇史稿》，張庚《中國話劇運動史初稿》，及馬森的《西潮下的中國現代戲劇》，均主張春柳社的處女演出是在一九〇六年十二月。

⑩同註⑤，頁九八。

⑪馬森，《西潮下的中國現代戲劇》，頁五五、五八。

⑫田本相，《曹禺傳》，頁二五。

⑬胡適與ＴＥＣ關於《論譯戲劇》的通信：「天津的南開學校，有一個很好的新劇團。他們所編的戲，如《一元錢》、《一念差》之類，都是「過渡戲」的一類；新編的一本《新村正》，頗有新劇的意味。……這個新劇團要算中國頂好的了。」，原載《新青年》第六卷第三號，一九一九年三月十五日，見夏家善、崔國良、李麗中編，《南開話劇運動史料（一九〇九—一九二二）》（天津：南開大學出版社，一九八四年），頁四二五。

⑭同註⑤，頁一〇〇。

⑮曹禺，〈《南開話劇運動史料》序〉，夏家善等編，《南開話劇運動史料》，頁二。

⑯夏家善等著，〈南開早期話劇初探〉，書同註⑬，頁二。

⑰同註⑯，頁三。

⑱傅斯年，〈論編製劇本〉，胡適編選，《中國新文學大系·建設理論集》（台北：業強出版社，一九九〇年台一版），頁三九一。

⑲同註⑯，頁三。

⑳陸善忱，〈南開新劇團略史〉，書同註⑬，頁五三—五四。

㉑顏振奮，〈曹禺創作生活片斷〉，原載《劇本》一九五七年第七期，見《曹禺研究資料（上）》，頁一五六。

㉒曹禺，〈曹禺談《雷雨》〉，原載《人民戲劇》一九七九年第三期，《曹禺研究專集（上）》，頁七七。

㉓參閱崔國良編，《曹禺早期改譯劇本及創作》（瀋陽：遼寧大學出版社，一九九三年），頁六；闕漏之處如《獲虎之夜》，據田本相、張靖編著的《曹禺年譜》補遺。

㉔同註⑳，頁五五。

㉕同註㉑，頁一五七。

第三節　借鑑西方釋放潛力

一、易卜生（Henrik Ibsen,1828-1906）的影響

㈠親炙張彭春取法乎上

現代戲劇是外來形式，沒有透過對西方戲劇的學習借鑑，要發展中國的話劇是不可能的。引導曹禺進入現代戲劇殿堂的是張彭春，曹禺在〈《雷雨》序〉中說：「我將這本戲獻給我的導師張彭春先生，他是第一個啓發我接近戲劇的人。」①曹禺參加南開新劇團，排演的外國劇目有易卜生的《國民公敵》、《娜拉》，及高爾斯華綏的《爭強》，可看出導演張彭春的戲劇偏好是在批判現實的社會啓蒙方面。

張彭春對於易卜生是情有獨鍾，從他在一九四五年重排《娜拉》的自白：回想當年，去國萬里，就是由於易卜生，才使得他這個研究哲學的年輕人，愛戲劇勝於愛哲學。②對於易卜生的問題劇，尤其是《娜拉》，他似乎格外一往情深。

張彭春推重易卜生的問題劇，在中國並非最早的。早在一九〇七年，魯迅就將易卜生作爲精神界之鬥士，介紹給中國人，提倡其力抗時俗的強者精神。③一九一八年《新青年》第四卷第六

期隆重推出「易卜生專號」，這是中國雜誌第一次爲外國作家出專號，發表了羅家倫、胡適合譯的《娜拉》，刊載了胡適的著名論文〈易卜生主義〉，袁昌英的〈易卜生傳〉，以及《國民公敵》和《小愛友夫》的節譯。④易卜生敢于攻擊社會的黑暗勢力，敢於打破偶像及虛僞的仁義道德，不怕孤立，以及毫不妥協的鬥爭精神，與反對舊傳統、舊思想、舊道德的五四精神相吻合。易卜生的影響很快就傳遍全國，易卜生的主要著作也先後被翻譯過來，各報刊雜誌發表的有關易卜生評傳及介紹劇作的文章，多得難以數計。

儘管易卜生戲劇在五四以後的魅力如火燎原，然而一登上舞台，「在南開之前，似乎並無成功的先例。」⑤而南開新劇團公演易卜生的名劇《娜拉》時，則「觀客極眾，幾無插足之地。」⑥張彭春執導的方法有何特殊之處呢？即在「導演執法甚嚴，精雕細刻，以排演爲上課，以演員爲學生。」⑦張彭春執導方式是相當嚴謹的：

> 在確定劇目、分配角色之後，張彭春對於演職員的第一個要求，就是進行如今天所說的「案頭工作」，以排演易卜生的問題劇為例，就是從他主講易卜生劇作開始的。黑板上掛著特製的易卜生著作年表，由《勃蘭特》起，詳盡地介紹了這位大師及作品。……通過對作家和作品的分析，向演職員提出具體的要求。在開排之後，他不僅是嚴格的，甚至還是專制的。動作的幅度、語調的高低、燈光的明暗、色彩的冷熱，他都有具體的要求，演職員必須照辦。不理解嗎？動腦筋。技術不夠嗎？下苦功。排演時，只能聽命於他，演出時必須一絲不苟。⑧

這種訓練方式，頗類似史丹尼斯拉夫斯基（Constantin Stanislavsky,1865—1938）的演員訓練法：

1. 演員的身體和聲音必須經過徹底的彈性訓練。
2. 演員必須精於觀察事實，揣摩真實生活中的行動、事實及語言，而能真實地表現出角色。
3. 演員要接受徹底的舞台訓練，使得表演的人物造型毫無矯作感。
4. 演員必須經過相當複雜的心理學訓練，使能設身處地想像所表演角色的心理。
5. 演員要確定所演角色在各景、在全劇以及和別的角色有關的基本慾望和動機。
6. 演員要集中心力去想像、感覺以及投射出舞台情況中的真理，使觀眾相信他陷入的情況是初次發生的。
7. 演員必須願意視自己爲工具，不斷地力求盡善。[9]

張彭春從一九二三年開始，曾經三度訪問蘇聯，每次回國都曾提到觀看莫斯科藝術劇院的演出，以及他對史丹尼斯拉夫斯基的印象；四十年代中期重排《娜拉》，也曾經一再提到史丹尼斯拉夫斯基的《我的藝術生活》，要求演員要「從生活出發，掌握分寸感，不能多一分，也不少一分。」[10]而張彭春在一九一〇年赴美留學，一九一六年回國。一九一〇年至二〇年代是美國小劇場的全盛時期，歐洲劇場的「新舞台術」（new stagecraft）傳入美國，尤其是任哈德（Max Reinhardt,1873-1943）的藝術的寫實主義表現手法。南開出身的舞台美術家孫浩然認爲從導演方法上看，十九世紀末葉德國小劇場運動創始人、歐洲著名導演任哈德對他的影響是明顯的。[11]曹禺初次演出話劇，即能因緣際會遇著張彭春，可說是站在巨人的肩膀上，他眼前的戲劇天地是廣闊而恢宏的，因此，他說：是張彭春，第一個使他接觸了戲劇，第一個使他知道要想成爲一個劇作家，就要熟悉舞台，熟悉觀眾，因此光看劇本不行，還要自己會演，他說，是張彭春，是當年南開的環境，使他放棄了學習科學的志願，而走上了戲劇創作的道路。⑫就讀話劇的搖籃南開，又有幸遇著張彭春這位良師的牽引，就此開啓了曹禺戲劇生涯的新契機。

㈡演戲從易卜生的社會問題劇入手

曹禺第一次演出易卜生的戲劇是《國民公敵》。斯鐸曼醫生爲了維護真理而進行鬥爭的堅毅不拔精神，雖「千萬人而吾往矣」之特立獨行的英雄氣概，雄辯而飽滿哲理的語言，高度的戲劇技巧，獨立的個體與專制的社會之對抗，這些都是年輕的曹禺未曾見過，的確使他大開眼界。曹禺飾演的是斯鐸曼的女兒裴特拉，她也像父親一樣堅持真理，曹禺非常喜歡裴特拉的形象，第一次排演外國戲劇，就接觸到這樣一齣深刻的社會問題劇，使曹禺體驗到戲劇的社會意義，更感受到戲劇家的社會責任感與使命感。

南開新劇團在一九二九年演出高爾斯華綏的《爭強》時，才有女演員。⑬曹禺的個子不高，有一雙明亮的眼睛，流盼之間有一種迷人的力量，嗓音深厚甜潤，念起台詞來很有韻味。加入南開新劇團後，先是飾演女角，一九二六年以扮演丁西林的《壓迫》中的女房客初露頭角，繼而演出《國民公敵》的女主角裴特拉，均頗受好評。爲曹禺帶來莫大聲譽的演出的，大概要數《娜拉》一劇的女主角吧！而張彭春繼《國民公敵》之後，又把《娜拉》搬上舞台，顯見他對易卜生濃烈的偏愛。這份熱愛也感染了曹禺，曹禺大學的畢業論文，即是以易卜生爲題——《易卜生論》，以英文寫成的。

《娜拉》，是易卜生劇作中社會影響力最大的一部作品，劇中女角的戲份相當吃重，娜拉因爲她從前冒了危險去救他丈夫的性命，後來到了緊急關頭，她丈夫不但絲毫不肯替她分憂，並且還責備她替他惹禍，至此娜拉才恍然大悟，覺得別人一向不曾把她當「人」看待，只把她當作一種取樂的玩物，於是離開家庭，去做一個獨立的「人」。《娜拉》一劇的第三幕後半段，真可以抵得上一篇「婦女人格的獨立宣言書」⑭，對曹禺影響很大。

由於曹禺是從飾演女角入手，又經過張彭春嚴格的舞台訓練，故曹禺善於揣摩女性的角色，擅長對女性心理情境作細膩的剖析，因此，他筆下最出色的形象是女性的形象。對於女性被壓抑的悲苦地位，他說：「我很少寫女的反面人物。我非常同情女性。」他甚至更開玩笑說：「我是個婦女解放運動的積極支持者！」⑮曹禺認爲舊中國的婦女是最苦的，「受著政權、神權、族權和夫權的壓迫」，他「願用最美好的言詞來描寫」那些「受苦受難，秉性高貴」的女性。⑯他尤其善於描繪女性處於被強力壓抑，即將爆發宣洩的心靈歷程。他筆下的女性，大多懷有美好的詩情，對美好人生有著熱烈的渴望與追求。在曹禺的許多劇作中的女性，都可看出娜拉的投影，在一定意義上說，繁漪和白露，「一個是未曾出走的娜拉，一個是出走而墮落了的娜拉。」⑰而瑞貞與愫方的出走，也不離娜拉式的結局之影響。

易卜生一生創作的劇本有二十六部，大致可分爲三個時期：早期作品題材大多取自北歐神話、歷史傳奇故事，富有浪漫色彩，以《比爾・根特》（*Peer Gynt*）爲代表。中期作品直接反映社會現實和日常生活，劇本襲取了「佳構劇」的形式（尤其史格瑞普（Scribe）劇本的形式），劇情的進展緊湊而高潮迭起，以《娜拉》、《國民公敵》、《群鬼》、《社會棟樑》爲代表。晚期作品中，象徵主義、神秘主義色彩愈來愈濃厚，如《海上夫人》、《海達・蓋布樂》、《建築師》爲代表。在進入清華大學之前，曹禺已讀完一部英文版的《易卜生全集》，這是張彭春赴美講學，臨別前夕送給曹禺的，從這位近代戲劇之父易卜生的劇本中，他「了解了話劇藝術原來有這許多表現方法，人物可以那樣真實，又那樣複雜。」⑱

張彭春執導的劇目主要是易卜生的中期作品，曹禺接觸西方的劇本是從寫實主義開始，再加上二十世紀二、三十年代的中國，前途黯淡。面對四周的黑暗、人民的疾苦與苦難的中國，要求以戲劇爲改造社會、變革人生的利器之時代氛圍，曹禺一開始從事戲劇創作即走上寫實主義的路子。然而對於複雜人性的深沉理解，他反對被「某個狹小的社會問題」限制住的「社會問題劇」，提到易卜生的《娜拉》時，他說「不能簡單地用一種社會問題（如『婦女解放』）來箍住他對如此複雜多變的人生的深沉的理解。」⑲曹禺寫實主義的美學主張，即在呈現整體狀貌的社會生活。

二、奧尼爾（Eugene O'Neill,1888~1953）的影響

曹禺插班進入清華大學西洋文學系，離開了南開話劇團，他的戲劇活動並未停頓，張彭春以

及南開的哺育下，他的羽翼已成，戲劇視野也擴展開來，開始注視著世界劇壇的發展情勢。學校訂有美國出版的《劇場藝術月刊》，這個月刊一直都是美國劇場的主要喉舌，曹禺是每期必讀的，只要它一到了閱覽室，曹禺便首先光顧，從這份刊物，他知道了歐洲戲劇的發展和東方的戲劇狀況，當時《劇場藝術月刊》正在報導奧尼爾的新作《馬可百萬》上演的消息，這個戲是描寫馬可波羅來到中國，曹禺覺得這個戲寫得很別致，開始尋找奧尼爾的劇本來讀，當然是英文原著，他讀過了《東航卡迪夫》、《天邊外》、《榆樹下的慾望》、《安娜·克里斯蒂》等。⑳

其實早在中學時間，他就讀過《天邊外》，「那一對兄弟的悲慘遭遇使我深受感動」。㉑大學時代，他讀《悲悼》三部曲，深深地驚嘆「奧尼爾善用人物的變態心理和相互的愛與恨的關係」，他也被《榆樹下的慾望》的深刻性感動過，「他刻畫人物是既深又狠的。兩種慾望激烈的爭鬥，那種殘酷性使人戰慄，使人覺得奧尼爾對人生探索得多麼深透。」他也非常欣賞《安娜·克里斯蒂》劇中對人物描寫的精細準確，將「海員內心的痛苦，妓女的追悔，對舊生活的憎惡，對愛情的渴望，以及結尾時三個善良的人那渺渺茫茫的希望，是那樣淋漓盡致，驚心動魄。」㉒

曹禺喜歡奧尼爾，最主要是因爲「他的劇本戲劇性很強，我很喜歡他的前期作品，那些作品是很現實的。」㉓奧尼爾在一九一六年他的第一個劇本《東航卡狄夫》（*Bound East for Cardiff*），到最後一部《日暮途遠》（*Long Day's Journey into Night*,1936-40），一生共寫大約四十個劇本，曹禺欣賞的都是他的寫實劇，如《安娜·克里斯蒂》（*Anna Christie*），描寫碼頭附近一個墮落女人的命運，和碼頭工人的生活；一九二四年寫成的《榆樹下的慾望》（*Desire Under the Elms*），是描寫父子的衝突並集中描述心理的反應，這些都是寫實派的圭臬。然而奧尼爾並不終其一生以寫實的文體編劇，早在一九二〇年的《瓊斯皇帝》（*The Emperor Jones*）用的就是表現主義的文體；而在一九二二年的《毛猿》（*The Hairy Ape*）用的是表現主義之外，又穿插了象徵主義。一九二六年他改用主觀的方式寫了《偉大的勃朗神》（*The Great God Brown* ）；其他尚有心理分析的《綺綠特拉之悲悼》（*Mourning Becomes Electra* ,1931）和《無盡止的日子》（*Days Without End*,1934）等。㉔而曹禺獨獨鍾情寫實劇，由此可知曹禺的戲劇脾胃。

一般論者提到奧尼爾對曹禺的影響，立刻就想到《瓊斯皇帝》一劇對《原野》的影響，更有論者為《原野》一劇到底是寫實主義或表現主義而持兩極的看法，這問題也許可從曹禺的話裡得到答案，曹禺對奧尼爾曾有如下的述評：「他試過象徵主義的手法，也用過表現主義的手法，但他又似乎不屬於那種流派。我以為他基本上是個寫實主義者，深刻的寫實主義者。」㉕我想對曹禺亦應做如是觀，他不斷地從各種寫作技巧得到觸發，正是要使他的寫實主義更波瀾壯闊，表現更深刻的人生。

論者認為曹禺受奧尼爾影響，有「形似」的地方，如《雷雨》裡周沖訪問魯家對四鳳講了一段對大海的憧憬，很像《天邊外》羅伯特對天邊外的嚮往，而奧尼爾對人物性格心理的精確描繪和對人物命運的出色處理，才是曹禺接受奧尼爾影響更為「神似」的地方。兩人都喜歡寫親人之間的糾葛；注重對人物內心世界的探索；也喜歡寫人物的生理變態和畸形，通過人性的扭曲寫出人性固有的本質。㉖

奧尼爾戲劇的構思重心，已由易卜生對外在事件與人物的矛盾衝突，轉向著力表現人物內在的衝突以及對命運的制約，這正是吸引曹禺的地方。曹禺最佩服的是奧尼爾「不斷探索和創造能生動地表現人物的各種心情的戲劇技巧」。[27]由於曹禺與奧尼爾已由對戲劇表層的形式技巧的興趣，深化爲深層的戲劇審美視角的共鳴，因此田本相認爲「曹禺《雷雨》中的繁漪，與其說同易卜生筆下的娜拉相似，倒不如說她與奧尼爾筆下的艾比（按：《榆樹下的慾望》裡的繼母）、克利斯丁（按：《悲悼》中的女主角）更爲相近。這幾個女性都是他們家庭中最不幸者，也是他們家庭中最激烈的反抗者、破壞者。」「她們性格和行動的極端性，都有非理想性的一面。她們都是以或是亂倫、或是殺人的極端行動來實現自己的主觀意願。她們同屬於自我分裂、自我矛盾的複雜性格。這種涵蘊著美與醜、正義與邪惡的性格和行動特徵，與易卜生理想化了的完整人格是頗不相同的。」[28]

除了《雷雨》與《原野》烙有奧尼爾影響的痕跡外，曹禺本人在〈《日出》跋〉一文中，也提到在《日出》的第三幕中，「我利用在北方妓院一個特殊的處置，叫做『拉帳子』的習慣，用這種方法，把戲台隔成左右兩部，在同一時間內可以演出兩面的戲。這是一個較爲新穎的嘗試，我在奧尼爾的戲（如*Dynamo*[29]）裡看到過，並且知道是成功的。」[30]此外亦有論者指出《日出》第三幕大量運用畫外音，這「同《毛猿》所用的後台的聲音也很相似」。[31]

正如同奧尼爾透過向易卜生、史特林堡、梅特林克借鑑，曹禺也透過向奧尼爾借鑑，學得了表現主義及象徵主義的技巧，然而這不違背他自己一貫的寫實路線，而是更加深化其寫實手法，誠如田本相所說的，曹禺在借鑒奧尼爾非寫實的象徵主義技巧方面，也體現出對現實主義的現代化追求。[32]江海不辭細流才得以成其大，前者成就了奧尼爾在美國現代戲劇之父的美名，而曹禺則奠定了他在中國現代戲劇史上歷久不衰的生命力。

三、希臘悲劇的影響

曹禺在大學時代，開始對希臘悲劇著迷，他喜歡艾斯奇勒斯（Aeschylus）他那雄偉、渾厚的感情。從優里皮底斯（Euripides）那兒，學到觀察現實的本領以及寫實主義的表現方法；也很喜歡他的《美狄亞》（*Medea*）。[33]曹禺曾提及希臘劇作家中他最喜歡的是索發克里斯和優里皮底斯。[34]

希臘三大悲劇家各有所長，艾斯奇勒斯無時不關注人與神和宇宙的關係，而《奧瑞斯提亞》就範示他的這種關注。索發克里斯（Sophocles）經常被譽爲希臘最偉大的戲劇家，以《安提崗妮》（*Antigone*），及《伊底帕斯王》（*Oedipus the King*）著稱，他最關注的是人際關係的問題，結構嚴謹完美且注重技巧高潮的建立。而優里皮底斯是希臘悲劇家最後的一位，他主要的關懷是在哲學與心理方面，他是個懷疑主義者，常提出許多疑問，甚至神祇都逃不出他的探索。[35]

曹禺一再強調他欣賞的是寫實手法，很值得注意的是他特別提到的劇作是《美狄亞》，而非希臘悲劇的經典之作《伊底帕斯王》。優里皮底斯在古典劇作家中一向以心理寫實著稱，被認爲最具有「現代精神」。以《美狄亞》爲例，神的旨意與人的道德律非但不相應和，而且背道而馳，這使得神存在且干預人世的事實，好像一場永恆的暴政，既使人想以敬畏之心作爲祛災的代價，但由於天命朝令夕改，也不能奏效。就這樣，虛無的思想在信仰幻滅之後膨脹、瀰漫；被宗教所否定、所壓抑的人性爆發出來，釀成了悲劇。㊱

希臘悲劇作品大都是從人與命運悲劇性的衝突，來探討人生奧秘與命運抗爭的偉大人性，曹禺早期戲劇觀及《雷雨》等劇，深受希臘悲劇的影響。他自己曾經說過：《雷雨》「與其說是受近代人（按：易卜生）的影響，毋寧說古代希臘劇的影響。」㊲所謂的「希臘劇」，當然指的是希臘悲劇。而希臘悲劇表現的是，人對不可抗拒而又難於理解的自然力量與社會現象的深刻困惑，正是糾葛在曹禺心中難以解答的謎團，這種人與命運對抗的悲劇美，在〈《雷雨》序〉中可尋出脈絡來：

> 《雷雨》對我是個誘惑。與《雷雨》俱來的情緒蘊成我對宇宙間許多神秘的事物一種不可言喻的憧憬。《雷雨》可以說是我的「蠻性的遺留」，我如原始的祖先們對那些不可理解的現象睜大了驚奇的眼。我不能斷定《雷雨》的推動是由於神鬼，起於命運或源於哪種顯明的力量。情感上《雷雨》所象徵的對我是一種神祕的吸引，一種抓牢我心靈的魔，《雷雨》所顯示的，並不是因果，並不是報應，而是我覺得的天地間的「殘忍」，……這篇戲雖然有時為幾段較緊張的場面或一兩個性格吸引了注意，但連綿不斷地若有若無地閃示這一點隱秘——這種種宇宙裡鬥爭的「殘忍」和「冷酷」。在這鬥爭的背後或有一個主宰來

使用它的管轄。這主宰，希伯來的先知們贊它為「上帝」，希臘的戲劇家們稱它為「命運」，近代的人撇棄了這些迷離恍惚的觀念，直截了當地叫它為「自然的法則」。而我始終不能給他以適當的命名，也沒有能力來形容它的真實相。因為它太大，太複雜。我的情感強要我表現的，只是對宇宙這一方面的憧憬。㊳

以渺小的個體面對蒼蒼莽莽、禍福難測的超自然力量或主宰，是古往來今人類共通的困惑，只是希臘人無法解釋社會或個人爲什麼出現這麼多的不平和不幸，只好歸因於命運；而曹禺的命運觀已較具現代文化意識，主宰命運的不再是超自然的東西，而是現實地隱藏在人物內心世界和錯綜複雜的社會關係中。他隱隱地將導致悲劇的源頭指向封建的舊社會。因此孫慶升認爲「希臘悲劇雖然披著神和命運的外衣，實際上是社會問題劇，反映著當時的現實。」「古希臘的社會同半封建半殖民的中國社會雖然相去遙遠，但這兩個不同民族、不同時代的社會裡，同樣存在著正義與邪惡，真理與謬誤，同樣存在著貧富不均、男女不平等等社會問題。」㊴希臘悲劇具有寫實主義的表現手法，能賦予他創作啓示，才贏得曹禺的青睞。

優里皮底斯在《美狄亞》一劇中，以角色心理刻劃推動情節的進展，美狄亞爲了報復變心的丈夫，不但施計毒死丈夫的新婚妻子和岳丈，甚至手刃親子。與《雷雨》中周繁漪被拋棄後由愛轉恨的瘋狂舉動有相似之處。而美狄亞一連串超乎常情常理的舉動，若不給予合理的動機解釋，容易讓人有荒誕的感覺。優里皮底斯一再藉著美狄亞和其他角色的說白，提醒觀眾美狄亞的蠻性背景以及促使她激怒逾常的原因：當初美狄亞受愛情催促，離棄親人、手刃親兄，爲她後來受仇恨蠱使殺死親兒埋下心理伏筆；此外，唱詩隊勸她放棄殺子暴行，美狄亞內心矛盾、猶豫不決，終至痛下決心，都是極爲細膩感人的心理描寫，而且也把情節的發展帶到最高潮。[40]這種刻意把情節合理化的努力，與曹禺在《雷雨》上對繁漪極端性格的刻畫，有著異曲同工之妙，極爲工筆的描繪，使得繁漪逆倫的行爲有值得同情之處。在周家這種禁錮人性的封建專制家庭，她原本已是石頭樣的死人，是前妻之子周萍主動勾引她，使她又活了過來，願爲愛情和自由獻身。可是周萍又愛上了新來的女僕四鳳，繁漪先是規勸，希望重歸於好，接著警告，然後是提出嚴重的威脅。當她說出：「一個女子，你記著，不能受兩代的欺侮。」（第二幕），爲她緊接而來的報復行動，塑造了合理化的行爲動機。

也有論者認爲曹禺接受希臘悲劇的影響，可能不止是一部《雷雨》。孫慶升就認爲，《美狄亞》復仇精神似乎也影響到了《原野》：「這種復仇方式同仇虎的復仇方式極爲相似，仇虎殺死大星，又間接殺死小黑子，帶走花金子，只留下焦氏一人，讓她承受喪子斷孫的痛苦，和兒媳與人私奔的恥辱。這種復仇方式的獨特，反映了復仇意志的強烈，也增強了劇本氣氛。」[41]除了命運悲劇觀念與扭曲激情的愛恨情仇外，曹禺在戲劇情境的設置和情節的安排處理上，如《雷雨》中繁漪與周萍逆倫之愛，也與《希波呂托斯》裏的女主角愛上丈夫前妻之子相類似。這種題材不斷被改寫，如法國古典主義作家哈辛（Jean Racine，1639-1699）的《費德》（*Phèdre*）；以及奧尼爾的《榆樹下的慾望》等，均各有不同的詮釋風貌。

在藝術形式和技巧方面，曹禺也向希臘悲劇作了許多借鑒，希臘悲劇常用的「發現」和「突轉」，《雷雨》運用的較多。希臘悲劇有合唱隊，並帶有某種宗教氣氛；《雷雨》序幕也有在教堂做彌撒的合唱，也具有一種宗教的神祕氣氛，這不能不說是受希臘悲劇影響的結果。㊷然而借鑒並非照單全收，對於這種體驗，曹禺說，「抄」要把它「化」了，「變成你從生活中提煉出來的東西」。㊸曹禺是立根於中國半封建半殖民地的中國社會現實生活的土壤裡，去汲取西方文學藝術的菁華，而希臘悲劇正是以絢爛多姿、壯烈承擔苦難的悲劇性深深吸引著他。

四、莎士比亞（William Shakespeare,1564-1616）的影響

早在中學時代，曹禺就接觸過莎士比亞的戲劇，莎士比亞的劇作都是詩體寫成的，他曾反覆從唱片上聆聽一些莎劇名演員的朗讀；進入大學後，他用心地閱讀許多莎士比亞的原著。他被莎士比亞筆下「變異複雜的人性，精妙的結構，絕美的詩情，充沛的人道精神，浩瀚的想像力」㊹所吸引。他特別欣賞的是莎士比亞充滿詩意的語言：「莎士比亞的詩，就像泉水那樣噴湧而出，每個人物，哪怕是一個乞丐，一個流氓壞蛋，一個王侯，說出來的台詞，時如晶瑩溪水，時如長江大海，是宇宙與人性的歌頌，是用利刃解剖人性的奧祕，是尋常卻永恆的哲理的珠玉，是陽光燦爛的人道主義的精華。」㊺對於莎士比亞深刻的人性剖析以及處處流洩的人道主義，曹禺深深折服；尤其是對莎士比亞字字珠璣的詩的語言，更是贊嘆不已。

對於詩語言的興趣，一九四〇年時，曹禺曾經花了很大精力準備寫歷史劇《三人行》，並且

打算採詩劇形式，然而卻未寫成，只用詩的語言寫了一場，原因是用詩寫太難了，「舞台上的詩和一般的詩不同。舞台上的詩所受的限制是較多的，它既必須通俗易懂而又必須有詩意，既應像詩而又應像日常人們說的話，所以寫起來很費力。舞台上所能用的字彙比寫散文所能用的字彙少得多。以散文的字彙來寫劇本，常常是聽不懂的，演員讀起來一定像念書，在詩劇裡更是如此。」㊻但他的這一願望在《家》中得到了部分的實現。

一九四二年，曹禺根據巴金的小說《家》，改編成四幕劇《家》；也應張駿祥之邀，翻譯了《柔密歐與幽麗葉》（按：即《羅密歐與茱麗葉》），他當時即有意將它翻成適於上演的「詩劇」。㊼也許是創作手法的滲透吧，曹禺在《家》一劇中，加了幾處獨白，讓每個人物都能表達他腦中的想法。這種技巧在中國話劇中還是破天荒第一次運用，使得《家》第一幕第二景的新婚獨白，很有一點莎劇的味道。

對於莎士比亞浩瀚無涯的戲劇成就，曹禺真是嚮往不已，他盛讚莎士比亞真是偉大天才，落筆便是詩，是哲學，是深刻的思想與人生的光輝，是仁愛，是幽默，是仇恨的深淵，是激情的顛峰。㊽除了璀璨的詩筆外，曹禺更欣賞其內容的深刻性。

對於莎士比亞戲劇的博大精深，曹禺有著他獨到的見解。他欣賞《威尼斯商人》，乃是因爲它充滿了人道主義的樂觀精神，因此他不把它當成是正劇或悲喜劇，而認爲它是個浪漫喜劇，指出它的精神與五四思想大解放是相呼應的。㊾曹禺這種對未來充滿憧憬的浪漫情懷，使得他將被公認爲悲劇的《羅密歐與茱麗葉》視爲「蘊藏著生命與青春的力量」，給人「一種歡快和前進的感情，這是一齣洋溢著生命氣息和青春衝動的戲。」[50]而《家》的基本格調，也同樣是一齣歌頌生命和青春的戲，雖然美好的感情、青春的生命遭到壓抑和摧殘，但是從瑞珏臨終前說的一句話：「冬天也有盡了的時候」。[51]這種不與封建勢力或惡勢力妥協的激情，洋洋浩浩充塞在他的劇作中；而絕美的詩情，也流淌在《北京人》與《王昭君》等劇中。

然而曹禺反對膚淺的樂觀主義，他反對一些鄙俗的改編者，將《哈姆雷特》、《李爾王》、《羅密歐與茱麗葉》改爲大團圓的喜劇。[52]他從莎士比亞悲劇中，深刻領會真正悲劇英雄的意涵，認爲唯有熱情，有至性，願爲崇高理想的實現而拋棄一切的人，才是真正的悲劇人物。悲劇人物有一種美麗的、不爲成敗利害所左右的品德，他們的失敗，不是由於他們走錯了路，而是由於當時種種環境的限制。艱難苦恨的道路，早晚總有走通的一天。因此，曹禺認爲悲劇的精神，使人振奮，使人昂揚，使人勇敢，使人終於看見光明，獲得勝利。[53]這種基本信念，使曹禺在創作時，儘管他的戲劇創作的基調往往是低沉的，然而他總是賦予它希望與樂觀的期許。

曹禺創作中最重視的是人，他從各個角度去詮釋人，是爲了更深刻去挖掘人性，去呈現複雜的人的心靈世界。而莎士比亞則是「引導人懂得『人』的價值、尊嚴和力量」[54]的文學典範。他贊嘆莎士比亞爲一切人而寫：「爲普通的人而寫，又爲天才的人而寫；爲智愚賢不肖的人而寫，又爲世界各個民族、各個有文化的角落而寫。」[55]曹禺更從莎士比亞的成就體認戲劇並不只是「小眾」的藝術，戲劇的天地是人人都可進入的藝術殿堂，他說：「莎士比亞的戲在當時的演出，舞台兩側固然有坐在包廂的貴族、詩人；台下，不也是有成群的『下等人』站著，擠著，摩肩接踵，興味十足地在觀看嗎？」[56]曹禺認爲戲劇應爲人民而寫，以呈現「人生世相的本來面目」，尤其中國的話劇運動，方興未艾，在在需要提攜，須先寫一些經得起演的東西，「先造出普遍酷愛戲劇的空氣」。一個寫戲的人，應該「一面會真實不歪曲，一面又能叫觀眾感到愉快，願意下次再來買票看戲。」[57]與莎士比亞同屬嫻熟舞台的劇作家，曹禺深深了解到民眾是劇場的生命。

然而戲劇是爲廣大民眾而寫，並非一味迎合諂媚觀眾品味，他也深深感悟到深刻的思想與藝術，才是戲劇永存的主要因素：「莎士比亞的思想也正是人類的思索，而莎士比亞戲劇的永存，也正是因爲如此。……他作爲人的生命逝去了，但是他的思想與藝術的生命是永生的；我們永遠聽得見他的聲音，他的語言；他的思想的翅膀在我們頭上翺翔，他的激情的火焰在我們心裡燃燒。」[58]

對人物性格的複雜性的深入探索，曹禺汲汲挖掘人的心靈世界。論者曾指出曹禺的劇作烙有莎士比亞影響的痕跡。在《原野》中，仇虎復仇的主題，和莎士比亞《哈姆雷特》中王子復仇的主題有一定的淵源關係。而仇虎復仇以後的內心譴責，又和莎士比亞《馬克白》中馬克白殺死鄧肯王以後的內心譴責極爲相似。[59]莎士比亞的幾個戲對曹禺影響很大，幾個著名的悲劇如《李爾王》、《哈姆雷特》、《奧塞羅》等均曾一再被他提及，他也認爲知識不能故步自封，它要發展，它要更新，它要交流，人類創造的溢滿甘汁的文化與精神的果實是要共享的。[60]因此莎士比亞對他的影響是深遠的。

他欣賞《奧塞羅》一劇中「戲的結尾處理得很好」；《哈姆雷特》的「開場寫得很精彩」，他甚至覺得莎士比亞在介紹往事的技巧上，比易卜生更高明，「易卜生的劇本大都把往事壓縮在一起，讓出場人物說出來，這是一種辦法，叫"confidence"叫「對話鋪敘」，如《娜拉》。……但莎士比亞並不這樣做，他往往是從動作開始。戲一開始就是動作，緊緊抓住觀眾，非往下看不可。」[61]曹禺以其對舞台的嫻熟及對觀眾的了解，知道後者較能揪住觀眾的心，在他的《雷雨》中，就以對話和動作交替運用，將盤根錯結的劇情完美地開展出來。

由於莎士比亞的人道主義及深刻的寫實性，贏得了馬克思、恩格斯的高度評價，並提出了「莎士比亞化」的創作原則，一些左翼劇評家，如田本相即提出了「《雷雨》的成功是和曹禺接受莎士比亞的影響分不開的」，「從某個程度上說，這是中國現代話劇『莎士比亞化』的轉折。」「遵循莎士比亞的現實主義創作原則，自覺追求莎士比亞式的情節的生動性和性格的豐富性。」[62]

三十年代的一些左傾戲劇作家，也因《雷雨》等劇的成功，而得到暗示，以夏衍爲例，他的前四部劇本如《賽金花》、《秋瑾傳》等都是意識先行的作品，他說：「在這以前，我很簡單地把藝術看作宣傳的手段。引起我這種寫作方法和寫作態度之轉變的，是因爲讀了曹禺同志的《雷雨》和《原野》。」[63]有了這層醒悟之後，他的筆觸轉向寫實，把劇本創作焦點集中於人物性格的刻畫，及內心活動的描繪。當時的時代特徵也如實地反映到劇中人物身上。

莎士比亞以其豐富性與複雜性，吸引了曹禺；而曹禺又以其內容的深刻性及十分準確的寫實藝術技巧，折服了當時的文藝界；不同的思想家及文學家，又各有一套解讀及表達的方式去詮釋它，賦予它不同的時代意涵。藝術的影響與深化是永無止盡的。

五、契訶夫（Anton Chekhov, 1860-1904）的影響

曹禺在其劇作的序跋或後記、附記中，直接坦陳他受西方劇作家的影響的，恐怕只有契訶夫吧！雖然他在〈《原野》附記〉一文中，也承認受到奧尼爾的影響，然而寫的時候，他自己「並不覺得」，寫完了，讀兩遍，才「忽然發現無意中受了他的影響」。[64]曹禺對於契訶夫的戲劇藝術，則是拳拳服膺，有意識地去遵循。迥異於易卜生、奧尼爾、希臘悲劇、莎士比亞的藝術風格，契訶夫有哪些值得曹禺嚮往與學習的呢？它們對曹禺的創作道路起了哪些作用？這是文學影響值得探究的課題。

一九三五年，曹禺寫《日出》時，對契訶夫的戲劇頗爲著迷，在〈《日出》跋〉一文中，他對契訶夫痴迷的程度可說是達到崇拜的地步：

> 寫完《雷雨》，漸漸生出一種對於《雷雨》的厭倦。我很討厭它的結構，我覺得有些「太像戲」了。技巧上，我用的過分。彷彿我只顧貪婪地使用著那簡陋的「招數」，不想胃裡有點裝不下，過後我每讀一遍《雷雨》便有點要作嘔的感覺。我很想平鋪直敘地寫點東西，想敲碎了我從前拾得那一點點淺薄的技巧，老老實實重新學一點較為深刻的。我記起幾年前著了迷，沉醉於契訶夫深邃艱深的藝術裡，一顆沉重的心怎樣為他的戲感動著。讀畢了《三姊妹》，我闔上眼，眼前展開那一幅秋天的憂鬱。……然而在這齣偉大的戲裡沒有一

> 點張牙舞爪的穿插，走進走出，是活人，有靈魂的活人。不見一段驚心動魄的場面，結構很平淡，劇情人物也沒有什麼起伏生展，卻那樣抓牢了我的魂魄。我幾乎停住了氣息，一直昏迷在那悲哀的氛圍裡，我想再拜一個偉大的老師，低首下氣地做一個低劣的學徒。[65]

外來的影響從四面八方投射而來，滲透到曹禺的腦海中。當他的第一齣處女作《雷雨》，以精雕細琢、匠心獨運的精心巧構，贏得國人一片喝采聲中，曹禺卻已開始反思，向昨日之我挑戰，希望創作出更抓住生活本質，汲向心靈的底處，呈現社會真實面的劇作來。他想揚棄佳構劇的戲劇技巧：「我想脫開 La pièce bien faite（按：佳構劇、又稱巧湊劇）一類戲所籠罩的範圍，試探一次新路。」[66]曹禺對《雷雨》那種運用巧合、懸念、發現、逆轉等戲劇技巧，精巧架構曲折離奇的情節，設置波瀾起伏、緊張動人的場面有些厭倦了，而契訶夫的平淡雋永、充滿詩意的藝術風格深深吸引了他。

在一定程度上說來，曹禺認爲《雷雨》「太像戲了」，這正是從希臘戲劇家到莎士比亞、易卜生等劇作家反映生活的戲劇形式。戲劇比起其他文學型式更加重視衝突與動作，它往往以緊張激烈的戲劇衝突，曲折跌宕的情節，以反映概括而集中的人生。然而契訶夫的寫實主義，卻解構著傳統的戲劇形式，劇中瀰漫著漫無目標的氣氛，就像人物的日常生活一般，其中並無緊湊感，無噱頭花招，甚至沒有正規的戲劇結構。然而並非毫無章法可尋，劇中的每一片段都有助於整體效果的架構，非常適宜反映日趨平淡、瑣碎、複雜的現代生活。

契訶夫的劇作是不能用亞里斯多德的戲劇理論來規範的，因爲它總是細節的、片段的，不夠戲劇性，然而這正是真實的生活。曹禺曾說他從契訶夫那兒懂得了藝術上的平淡，一個戲不要寫得那麼張牙舞爪。在平淡的人生的鋪敘中照樣有吸引人的東西。契訶夫反映生活的角度和莎士比亞、易卜生都不一樣，但是「它顯得深沉，感情不外露，看不出雕琢的痕跡。」[67]契訶夫這種將「戲劇化的戲劇」變爲「生活化的戲劇」的藝術技巧的創新，爲曹禺打開了嶄新的美的戲劇天地，他嘖嘖贊賞說：「藝術創新都經歷這麼個階段：由不經意到經意，再從經意到不經意。」「創作只有到了第二個階段，才能攀上高峰。有高度的藝術技巧，但又使人看不出技巧來，才是最高境界。」[68]由於契訶夫對傳統編劇法的革新，引起了戲劇觀的大變革，在十九世紀末期，對後人的影響力來說，足夠能跟易卜生分庭抗禮的也只有契訶夫了。

契訶夫的四部成名劇作：《海鷗》（*The Sea Gull*）、《凡尼亞舅舅》（*Uncle Vanya*）、《三姊妹》（*The Three Sisters*）及《櫻桃園》（*The Cherry Orchard*），奠定了他的聲譽。大抵都是不重情節、不用中心動作與中心事件，有意把強烈的戲劇動作放在幕後；取材於日常平凡生活，運用詳細的生活細節來編劇。

契訶夫筆下的要角帶有文雅的灰色性格，他善於描寫新舊時代交替，沒落貴族或地主無法面對現實的生活，舊時代將破壞，舊有的光榮不再；新時代將來臨，新有的勢力興起，夾縫的一代無法面對新的生活新的時代的窘境。這些灰色的人物從來沒想過經濟上的問題，他們也不明瞭賺錢是相當重要的事，然而金錢卻主宰著一切。在新時代來臨時，他們將如何適應新秩序，找到新平衡點，一直是契訶夫關切的重點。

契訶夫所處的時代正是第一次俄國革命的前夕，他敏銳地體認整個農奴制度，已呈無可挽回的頹勢；而且這個制度的腐朽性，已無孔不入地滲透到生活的每一個環節。契訶夫主要取材自當代俄國生活，主題顯示出日常的例行事務如何逐漸腐蝕心志，劇中人物都渴盼快樂，也希望過充實有用的生活，「但總受挫於環境和本身的性格，挫折和妥協就成了契訶夫筆下多數人物的命運。」[69]對於主題的擷取上，在曹禺劇作中也有驚人的類似性，尤其是《北京人》一劇，曹禺似乎毫不經意地寫下了一個行將崩潰的封建家庭，藉著毫無戲劇性的日常起居生活描寫，展示出這個內外交困的封建家庭的矛盾與頹象，所有的情節線索都隱隱推進，流淌向封建制度從物質到精神的徹底崩潰。

從主題選取到個人的審美傾向，曹禺與契訶夫兩顆心靈有著很深的契合處。契訶夫對於曹禺的影響是綿密而漫長的，一般論者均認爲《日出》是學習契訶夫的第一步，而《北京人》則是其繼續與深化。一九五〇年後，他自學俄語來閱讀原版的契訶夫劇本。並且隨身帶著俄文版的契訶夫劇本，「只要空閒下來，總是仔細地讀契訶夫的劇本。」[70]而且在言談中對《三姊妹》、《海鷗》、《櫻桃園》等劇贊嘆不已。

如何刻劃複雜而深刻的人性，一直是曹禺創作的重點，在〈《日出》跋〉一文中，他提及幾年前讀《三姊妹》一劇後，腦海裡揮之不去的三姊妹身影：「瑪夏、哀林娜、阿爾加那三個有大眼睛的姊妹，悲哀地倚在一起，眼裡浮起濕潤的憂愁，靜靜地聽著窗外遠遠奏著歡樂的進行曲。

那充滿了歡欣的生命的愉快的軍樂漸遠漸微，也消失在空虛裡。靜默中，彷彿年長的姐姐阿爾加喃喃地低述她們生活的抑鬱；希望的渺茫，徒然地工作，徒然地生存著。」[71]有美好憧憬的三姊妹，卻在庸俗的現實環境壓抑下，在瑣碎無聊的日常生活纏擾下，難以脫逃命運的悲劇。深沉的憂鬱苦悶，是契訶夫戲劇人物精神世界的一個主要特徵。

契訶夫戲劇的另一個特色是，飽受摧殘的心靈仍然不放棄追求生活的渴望。戲劇衝突不在人物與人物之間外部直接交鋒，而轉入人物內心潛伏的底層，因而契訶夫的戲劇作品，具有深沉的哲理與抒情的詩意美。正如《凡尼亞舅舅》劇末蘇妮雅流著淚，安慰哭泣的凡尼亞舅舅：

> 我們又能怎麼辦呢？我們得活下去。……我們要度過漫長的歲月，日日夜夜；我們要耐心地忍受命運的考驗；不眠不休地為別人工作，不論是現在或是老年，當時限來到時，我們要謙卑地迎接它。然後，在墳墓的那邊，我們可以說，我們吃過苦、流過淚，過了一輩子痛苦的日子，那麼，上帝就會憐憫我們。啊，然後，親愛的舅舅，我們就會看到光明、美麗的人生；我們可以快樂地回顧在這兒的憂傷；嫣然一笑——然後——我們將得到安息。
>
> 我有信心，舅舅，火熱的，激情的信心。[72]

飽受創傷的靈魂彼此憐憫，相濡以沫，與《北京人》中受盡折磨的愫方，還對受委屈的小媳婦瑞貞說：「（哀憫地）在外面還是盡量幫助人吧！把好的送給人家，壞的留給自己。什麼可憐的人我們都要幫助。」[73]兩者均是處在極端不堪的境地，卻能點燃心靈的火炬照亮別人，展現出詩意的美學。愫方這種憂傷哀靜的形象，似乎有著契訶夫女性形象獨具的美感特徵；可是眉目之間卻又與《雷雨》的侍萍，《家》一劇中的瑞珏等女性相類似。有著中國女性含辛茹苦、剛毅不屈的善良與堅強的美德與民族特性，令人想起《琵琶記》中趙五娘「糟糠自厭」的悲劇形象。契訶夫心靈化寫實的藝術手法是個逗引，是曹禺更深挖掘中國民族化、內斂而含蓄的民族詩魂的一個橋段。而曹禺的行動性比契訶夫來得更具體些，這可能與所處的時代與時代氛圍有密切的關聯，契訶夫筆下的人物充滿了徒勞、無望的心緒，不同於契訶夫的蘇妮雅把一腔深摯的愛寄託於縹緲的天國，而曹禺筆下的愫方卻勇敢地走了出來。

契訶夫對於喜劇與悲劇也有獨特的看法，至於他的劇本究爲喜劇或悲劇，自始爭論就未曾稍歇。原因在於，儘管人物具有悲觀的外貌，但在整個行動裡，幽默卻佔了重要的部分。事實上他的劇本兼有喜劇的輕鬆及悲劇的嚴肅。早在他一些劇作發表的當年，就曾經出現過紛歧的看法，如莫斯科劇院初次朗讀《三姊妹》劇本時，有的人邊聽邊哭，說它是悲劇，契訶夫還爲此大爲惱怒。

對於曹禺的劇作也有類似歧異的看法，胡潤森認爲曹禺的五大悲劇：《雷雨》、《日出》、《原野》、《北京人》和《家》，奠定了曹禺「現代中國乃至東方最重要的傑出的悲劇家」的地位。[74]而莊浩然則認爲「在中國戲劇史上，曹禺堪稱第一位成功地融匯中西喜劇美學，並用現實主義喜劇美學原則融化象徵主義、浪漫主義的劇作家。」[75]那麼，到底契訶夫和曹禺是喜劇作家還是悲劇作家呢？他們的劇作到底是喜劇還是悲劇呢？其實生活本身，原本輕鬆和嚴肅並呈，同時出現在同一事件中，無法截然劃分。

以契訶夫的《櫻桃園》爲例，果園象徵了古俄羅斯以及貴族階級，雖然已不再結果了，但還是留存了下來；儘管賣了果園之後就可保全所愛的其他產業，但園主卻死守不放。最後，果園終被一個農出身的新貴標得，分割成住宅地，然而悲劇似乎沒有發生。覺得失去櫻桃園活著就沒意思的舊園主，仍然過著原來渾渾噩噩的日子。櫻桃園的易主象徵著社會秩序的更迭。庸俗黑暗的現實正在吞噬著美好的東西，這種悲劇卻是以喜劇的形式表現出來。

這種悲喜劇交融的戲劇風格，在《日出》、《北京人》等明顯受到契訶夫影響的劇作，有很清晰的脈絡可尋。其實在《雷雨》之後的作品，都有悲喜交融的情形，它並非悲劇性與喜劇性交替出現，而是水乳交融揉合在一起。陰沉的悲劇弦律中有明朗、樂觀的色調；而溫和可笑的嘲諷下，有著令人心顫的傷感。

小結

自希臘以降的一流戲劇大師，幾乎都是曹禺借鑑的對象，轉益多師、不辭細流，使得他得以成就波瀾壯闊的藝術成就。對於向西方取經，他是持著「化」的原則：「我們需要學習，需要向古今中外的優秀作家和作品學習。但學習不是生搬硬套，需要『化』。生搬硬套永遠學不到東西。」[76]曹禺參加南開話劇團，是他一生以話劇爲職志的轉捩點，也因張彭春的帶引，他的戲劇偏好定位在批判社會的寫實功能。此後，曹禺走的寫作路子大概是謹守寫實主義路線。

除了寫實性外，曹禺不斷往內挖掘，除了社會狀貌的真實呈現外，曹禺希望透過心理寫實，來表現複雜而豐富的人性，因此他逐漸從外部寫實走向內在寫實，除了易卜生外，他又借鑒了奧尼爾、希臘悲劇家、莎士比亞等劇作家，甚至是向首創「生活化戲劇」的契訶夫虔誠取經，使自己的視野能超越極限，推向顛峰。

雖然是借鑒西方的戲劇寫作技巧，但曹禺希望呈現給中國觀眾與讀者的，是富有民族風味的中國戲劇藝術，是晶瑩剔透的藝術精品，因此他一直往詩意的、抒情的藝術風格邁進。寫實的、心理的、詩意的三大主要原則，是他汲取外來戲劇的主要三個守門人，再匯流而成他獨特的藝術風格。

然而如果僅止於借鑒外來的東西，卻沒有寫出獨特的中國戲劇藝術，那麼這種學習只是徒勞的、毫無意義的。所有火種的借取，只是爲了點燃中國話劇的火把。曹禺，確實成功地把中國話劇藝術推進到成熟的藝術頂峰。正如胡適推動文學革命及新詩運動，論者以爲他是受意象派的影響，他則一再強調自己「只是爲中國今日文學的現狀立論」，所有初衷均是以「爲中國造新文學」的念頭出發。[77]曹禺亦應作如是觀。正如匈牙利的盧卡契（Georg Lukács,1885-1971）所說的：

> 任何一個真正深刻重大的影響是不可能由任何一個外國文學作品所造成，除非在有關國家同時存在著一個極為類似的文學傾向——至少是一種潛在的傾向。這種潛在的傾向促成外國文學影響的成熟。因為真正的影響永遠是一種潛力的解放。正是這種潛在力的勃發才使外國偉大作家對本民族的文化發展起了促進的作用——而不是那些風行一時浮光掠影的

表面影響。⑱

曹禺所有的借鑑，正是一種「潛力的釋放」，爲了描寫他眼中的中國社會，他向西方文學借力。因爲真正偉大的文學儘管會汲取外來的成分，但本國的社會與歷史條件還是決定性的把關者，如何創造出與時代脈搏和精神相符的文學作品，才是成功的文學家真正關切的核心所在。

註　釋：

①曹禺，〈《雷雨》序〉，《曹禺文集⑴》，頁二一二。
②馬明，〈張彭春與中國現代話劇〉，夏至善等編，《南開話劇運動史料》，頁七九。
③魯迅，〈文化偏至論〉，《墳》（台北：風雲時代出版公司，一九八九年），頁四九—五〇。
④《新青年》第四卷第六期「易卜生專號」之目錄，見《中國新文學大系·史料·索引》（台北：業強出版社，一九九〇年），頁三九六。
⑤同註②，頁八〇。
⑥同註⑤。
⑦同註⑤。
⑧同註⑤。
⑨布羅凱特著，胡耀恆譯，《世界戲劇藝術欣賞》（台北：志文出版社，一九七四年），頁四四

○―四四一。

⑩同註②，頁八一―八二。

⑪同註②，頁八一。

⑫馬明與曹禺在一九八一年五月的談話，見註②，頁九五。

⑬陸善忱，〈南開新劇團略史〉，《南開話劇運動史料》，頁五五。

⑭潘家洵，〈易卜生傳〉，易卜生著，潘家洵譯，《易卜生集（上）》（台北：台灣商務印書館，一九九一年），頁六。

⑮〔西德〕烏韋．克勞特，〈戲劇家曹禺〉，《曹禺研究資料（上）》，頁一二二。

⑯曹禺，〈我的生活和創作道路〉，《曹禺研究專集（上）》，頁一一五。

⑰孫慶升，《曹禺論》（北京：北京大學出版社，一九八六年），頁二三八。

⑱顏振奮，〈曹禺創作生活片斷〉，《劇本》一九五七年第七期，《曹禺研究資料（上）》，頁一五六。

⑲曹禺，〈戲劇創作漫談〉，田本相、劉一軍主編，《曹禺全集⑸》（河北省石家庄：花山文藝出版社，一九九六年），頁二九八。

⑳田本相，《曹禺傳》，頁一○四。

㉑曹禺，〈我所知道的奧尼爾〉，原載《外國戲劇》一九八五年第一期，《曹禺全集⑸》，頁四四三。

㉒同註㉑，頁四四四—四四五。

㉓張葆莘，〈曹禺同志談劇作〉，《曹禺研究資料（上）》，頁一四七。

㉔郭博信，〈歐奈爾劇集序〉，顏元叔主編，《歐奈爾戲劇選集》（台北：淡江大學出版中心，一九九一年），頁三。

㉕同註㉑，頁四四二。

㉖同註⑰，頁二五〇—二五二。

㉗曹禺，〈和劇作家們談讀書和寫作〉，原載《劇本》一九八二年十月號，《曹禺全集⑸》，頁三七九。

㉘田本相主編，《中國現代比較戲劇史》（北京：文化藝術出版社，一九九三年）第六章〈奧尼爾在中國〉，頁四〇四—四〇五。

㉙*Dynamo*，譯為《發電機》，是奧尼爾的劇作。。

㉚曹禺，〈《日出》跋〉，《曹禺文集⑴》，頁四六三—四六四。

㉛同註⑰，頁二五七。

㉜同註㉘，頁四〇九。

㉝同註㉓，頁一四七。

㉞同註⑮，頁一〇九。

㉟同註⑨，頁九七—九八。

㊱曾珍珍，〈《米蒂亞》讀與譯〉，曾珍珍、黃毓秀合譯，《希臘悲劇》（台北：書林出版公司，一九八四年），頁一六九—一七〇。

㊲曹禺，〈《雷雨》的寫作〉，原載《質文》月刊一九三五年第二號，《曹禺全集⑸》，頁一〇。

㊳曹禺，〈《雷雨》序〉，田本相編，《曹禺文集⑴》，頁二一一—二一二。

㊴同註⑰，頁二三〇。

㊵同註㊱，頁一七〇—一七一。

㊶同註⑰，頁二三二。

㊷同註⑰，頁二三一。

㊸曹禺，〈曹禺談《雷雨》〉，原載《人民戲劇》一九七九年第三期，《曹禺研究專集（上）》，頁一八七。

㊹同註㉗，頁三七六。

㊺同註㊷。

㊻《劇本》記者，〈曹禺同志漫談《家》的改編〉，原載《劇本》一九五六年第一二期，《曹禺研究資料（上）》，頁一八九。

㊼曹禺，〈《柔密歐與幽麗葉》譯者前記〉，《曹禺全集⑺》，頁一二九。

㊽曹禺，〈爲中國莎士比亞戲劇節而作〉，原載《人民日報》一九八六年十一月十一日，《曹禺全集⑸》，頁四七一—四七二。

㊾曹禺，〈寫在《威尼斯商人》上演之前〉，原載《北京晚報》一九八〇年九月四日《曹禺全集(5)》，頁三〇三。

㊿同註㉗，頁三七八。

(51)曹禺，《家》第四幕，《曹禺文集(3)》，頁三二四。

(52)曹禺，〈莎士比亞屬於我們〉，原載《戲劇報》一九八六年第六期，《曹禺全集(5)》，頁四六五。

(53)曹禺，〈悲劇的精神〉，原載《儲匯服務》第二五期，一九四二年二月，在重慶「儲匯局同人進修服務社」的講詞，《曹禺全集(5)》，頁一五九—一六一。

(54)曹禺，〈《莎士比亞研究》發刊詞〉，原載《莎士比亞研究》第一期，一九八二年六月，《曹禺全集(5)》，頁三六五。

(55)同註(54)。

(56)曹禺，〈爲中國莎士比亞戲劇節而作〉，原載《人民日報》一九八六年十一月十一日，《曹禺全集(5)》，頁四七二。

(57)曹禺，〈《日出》跋〉，《曹禺文集(1)》，頁四六五—四六六。

(58)曹禺，〈莎士比亞屬於我們〉，原載《戲劇報》一九八六年第六期，《曹禺全集(5)》，頁四六七。

(59)同註㉘，頁四四七。

(60)曹禺，〈作莎士比亞的知音〉，原載《莎士比亞研究》第三期，《曹禺全集(5)》，頁三三六。

(61)同註㉗，頁三七六—三七八。

(62)同註㉘，頁四四七—四四八。

(63)夏衍，〈《上海屋檐下》後記〉，焦尚志編，《夏衍代表作》（鄭州：河南人民出版社，一九九二年），頁一七二。

(64)曹禺，〈《原野》附記〉，《曹禺文集(1)》，頁六八三。

(65)曹禺，〈《日出》跋〉，《曹禺文集(1)》，頁四五六。

(66)同註(65)，頁四五七。

(67)同註㉗，頁三七八。

(68)曹禺，〈讀劇一得〉，《曹禺全集(5)》，頁二四六。

(69)布羅凱特著，胡耀恆譯，《世界戲劇藝術欣賞》，頁四三二—四三三。

(70)同註⑧，頁一五八。

(71)曹禺，〈《日出》跋〉，《曹禺文集(1)》，頁四五六。

(72)契訶夫，《凡尼亞舅舅》（台北：淡江大學出版中心，一九八九年），頁七七—七八。

(73)曹禺，《北京人》第三幕第一景，《曹禺文集(2)》，頁六一六。

(74)胡潤森，〈曹禺在中國和世界悲劇史上的地位〉，田本相、劉家鳴主編，《中外學者論曹禺》（天津：南開大學出版社，一九九二年），頁六七—六九。

⑮莊浩然，〈論曹禺的喜劇美學〉，書同註⑭，頁八七。

⑯曹禺，〈讀劇一得〉，《曹禺全集⑸》，頁二二八。

⑰胡適，〈《嘗試集》自序〉，《嘗試集》（台北：遠流出版社，一九八八年），頁一九。

⑱G．盧卡契著，〈托爾斯泰和西歐文學〉，《托爾斯泰論》（台北：南方叢書，一九八七年），頁一〇七。

第四章　國民黨統治下曹禺的創作道路與思想歸趨

曹禺在一九五六年七月加入中國共產黨。[1]而曹禺重要創作，大約在三、四十年代均已完成，在中國已經確立家喻戶曉的地位，並且獲得當時左翼文人的推崇。到底曹禺這個非左翼作家如何走上左傾的道路，他如何寫出令當時文學界包括左翼作家及評論家激賞的作品？以及他的劇作產生了何種影響？加入共產黨後他的創作路線有何改變？是本文關切的主要課題。

在曹禺一九二五年進入南開中學時，整個大環境已有了很大的變化。自「五四運動」以來，知識分子爲了反軍閥、反侵略，對於西方的各種思潮、學說與主義，毫不選擇的向國內輸入，逐漸分爲兩個壁壘：一個認爲應取法英、美，遵照自由、民主、科學之路，循序而進；一個認爲應取法蘇俄，採行共產黨的有效辦法、遠大理想，作根本解決。前者聲勢雖盛，而議論紛紛，始終不曾形成一個聯合陣線；後者堅定勇猛，步驟齊一，已有共同組織。不過一般社會人士，傾向自由、民主、科學的仍居絕大多數。②

一九一九年五四運動以後，雲集北京大學的新文化運動領袖們開始嚴重分裂，不同於前期的激烈批判傳統和以開放的胸襟推動啓蒙，《新青年》轉變爲介紹馬克思主義的刊物。思想文化理論界論戰頻頻，社會上學生運動、工人運動風起雲湧，知識分子由文化反思轉向認同新意識形態。③整個時代的風潮正處於大變革的風暴蘊蓄期。

在新文化運動早期，中國現代化的榜樣一直是西方。西方資本主義國家被視爲實現「科學」和「民主」這些新價值的典範。然而一九一九年巴黎和會，西方列強私相授受無視於中國的利益，粉碎了西方在中國人眼中道德的先進形象，西方作爲烏托邦的對象幻滅了。同時，十月革命的成功則爲中國展現了一個來自西方，卻又批判資本主義，超越西方現實社會制度的新模式，這就導致了烏托邦寄託對象的轉變。社會主義和烏托邦理想疊加起來，共產主義以超越現有西方制度，徹底解決中國社會危機，贏得了中國知識分子的熱切期望。於是「一九一九年後，馬列主義以一種雷霆萬鈞的力量傳入中國，迅速征服了那些思想和情緒激進又渴望著新意識形態的知識分子。」④曹禺正是在這種風潮下成長，雖然他並未直接捲入，然而正如在同一池子中的蝦蟹，當周遭的池水逐漸加溫甚至到達沸騰的燃點時，池中的水族幾乎沒有不烙上時代的印記而不「赤化」的。

第一節　曹禺抗戰前的思想傾向

一、五四新文學的影響

曹禺在創作《雷雨》之前，只是間接讀過一點馬克思主義的書，他提及自己曾經讀過《資本論》，拿起來讀第一頁，讀不懂就放下了。⑤然而社會主義洶湧的浪潮透過新文學作品，奔騰著時代潮汐的熱潮，深深地震慄著每個熱血青年。

曹禺十三歲就讀了魯迅的《吶喊》，讓他深深「同情勞動人民」。⑥《語絲》、《創造》、《小說月報》更是每期必看。而給他強烈震撼，第一次領悟到文人的筆可以去刺破沉沉黑夜的正是郭沫若的新詩：

> 我在十幾歲的時候，讀了他的《女神》。我被震動了。《鳳凰涅槃》彷彿把我從迷蒙中喚醒一般，我強烈地感覺到，活著要進步，要更新、要奮力去打碎四周的黑暗。⑦

詩中那種熱烈地追求理想，勇敢地衝決藩籬的浪漫主義，點燃了少年曹禺心中的熱情之火。基於愛中國的切身關懷，他珍愛新文學作品遠勝於中國文學和古典文學作品，即使是易卜生的作品「無論如何不能使我像讀『五四』時期的作品一樣的喜愛。大約因爲國情不同，時代也不一樣吧。甚至於像讀了《官場現形記》一類清末譴責小說，都使我的血沸騰起來要和舊勢力拚殺一下，但易卜生卻不能那樣激動我！」⑧他曾說：「我的那些正義感是從哪兒來的呢？這是讀了『五四』運動之後的新書，讀魯迅的作品，讀郭沫若的作品，使我受到教育，覺得要寫作就要像他們那樣做點好事。」⑨曹禺是透過五四新文學的作品，以及他的愛國熱忱及對社會的關懷及觀察，掌握了新時代的脈動。此外，出於對郁達夫的崇拜，他也曾將與友人創辦的《玄背》週刊寄給郁達夫，並且得到他熱烈的回應。⑩郁達夫那種抒發自我感情，大膽赤裸的直率態度及感傷的筆調，也曾影響曹禺初創作時的風格，「我曾寫過一篇小說，叫《今宵酒醒何處》，就是受了郁達夫的影響才寫出來的。」⑪因此，曹禺可說是在「五四」新文學的精神哺育下成長的第二代作家。

二、早期創作仍超然於左翼之外

而綜觀當時文壇，一九二五年「五卅」慘案以後，新文學已步出了新的階段，自然主義與寫實主義成了文化主流。成仿吾發表了〈從文學革命到革命文學〉，主張以「工農大眾」作爲描寫對象；蔣光慈發表〈現代中國社會與革命文學〉，極力主張革命文學。郭沫若也在一九二六年發表了〈革命與文學〉，否定了過去創造社爲藝術而藝術的文藝主張。⑫而魯迅、茅盾和創造社、太陽社的作家，於一九三〇年三月二日在上海成立左翼作家聯盟，文學成了鬥爭的武器。

曹禺當時年紀尚小，未涉入這場文壇論爭。他對馬克思主義是一知半解，也對當時文壇的論爭興趣闕如，他只是關心所處的社會以及生活於其中的人們。在左翼戲劇運動欣欣向榮的三十年代初期，除了少數學生，個別情況，從總的方面看，南開始終超然於左翼之外。[13]南開學校校長張伯苓的辦學主旨在「以教育之力量，使我中國現代化。」曹禺所欽佩的精神導師張彭春，「從來是資產階級改良主義者」。[14]張彭春把高爾斯華綏的《鬥爭》改名爲《爭強》，使原作的工人是強者，資本家也是強者，雙方都必須善於妥協，罷工只能兩敗俱傷的階級調和觀點凸顯出來，最後以資本家後悔了，工人也後悔了，雙方以握手來結束全劇。這種劇情安排與他的政治理念是相符的，可見他是主張循序漸進，反對革命鬥爭的。曹禺後來回顧他一九二九年改編《爭強》，「那時我思想落後，高爾斯華綏這個戲是宣揚勞資合作，號召妥協的。」[15]然而也正是南開新劇團穩健而溫和的戲劇路線，使得曹禺能多方面吸收絢爛多姿的戲劇花卉，不致一開始即涉入狂熱的革命怒潮中。有別於田漢在一九三一年參加中國共產黨，迅即成爲激進的無產階級戲劇家；曹禺在三十年代初期，還是與左翼保持一段距離。

三、大學校園不同政治勢力拉扯的影響

然而青年人總是激進而得風氣之先的，正如胡適主張溫和改革，而他的兩個得意門生，在「五四」運動爆發時，傅斯年爲天安門集會遊行的總指揮，上午做大會主席，下午扛著大旗，直搗趙

家樓——曹汝霖住宅；羅家倫則爲天安門集會「北京學界全體宣言」的執筆人。張彭春雖是溫和改良主義者，而弟子曹禺則逐漸地激進而左傾。

中學時代，曹禺對革命是怎麼一回事還是很模糊的，也不懂得共產黨是何許人也，然而發生了幾件事卻令他印象非常深刻。首先是李大釗的死，據曹禺的回顧，「我是在《晨報》上看到這個消息的。第一頁上印著特大的黑字標題，下面詳細地描寫李大釗和他們的同伴們從容就義的情景。那段新聞文章充滿了崇高、哀痛的感情，使人感到一種不可抑止的悲憤。」⑯在當時這是頭版大新聞，新聞媒體給予相當的尊崇與同情，由此可推知當時軍閥以武力威權壓抑反對的聲音，然而大眾傳播似乎還有言論的空間。

另一件是同學郭中鑒的死，他曾當過班長，是班上功課最好的學生，讀高二時，他被捕了。聽說北洋軍閥嚴刑拷問他時，他表現得很堅強。這位同學使曹禺對共產黨產生了好感，「那時已經聽說這種人叫做共產黨。我才知道，在世界上還有這一種不怕強權、不顧生死、決心要改變社會的人。」⑰郭中鑒那勇者的身影一直留存在曹禺的腦海中，「聽說，一天，他忽然在校外被特務抓起來了，從此再也見不著他，和我比較接近的同學說，他就是共產黨。在軍閥的牢獄裡，他始終不屈，在法庭上，他奔上前憤怒地把手銬向法官擊去！在一九二七年北伐時被軍閥槍斃了。他使我永遠記住，現在還是忘不了他那沉默中的英氣。」⑱由曹禺的措辭及描繪，當時同學間的耳語，均是對郭中鑒持著同情和欽佩的態度。

二十年代後期，尤其是五卅慘案發生後，共產黨的組織網路滲透到各機關學校及工廠，他們吸收了像郭中鑒這種熱血菁英青年，也安置職業學生到各處去。曹禺在南開中學讀書時，和他同年級住同屋的一位同學叫管亞強，他是搞地下工作的，每天都很忙，鬧罷課，外出活動，曹禺跟他很少談思想問題。偶而，他也會勸曹禺：「你老是死啃書本有什麼用？」他當學生，恐怕也是爲了隱蔽身分。學校開大會時，他就敢於當面指責張伯苓校長，問他爲什麼不允許學生罷課。⑲而左聯最活躍的時候，曹禺正在清華讀書，一些左翼作家如蔣光慈的作品，他也讀過一些，不過並未參加過「左聯」，他是抗戰開始，才同共產黨人接觸越來越多。⑳

一九三〇年九月，曹禺與八位南開同學轉入清華大學讀書。清華是所人文薈萃的好學校，然而也是不同政治勢力角逐的政局觀測站，單是一九一一年到一九二八年，十七年間校長就十易其人。軍閥政府每改組一次，就要更換一次校長，而師生同當局的鬥爭，也加速校長的更迭。曹禺未進清華之前，一九三〇年五月，清華師生曾掀起「驅羅」運動。國民黨支持的羅家倫，在「中原大戰」蔣介石在北方一時失勢時，羅家倫被激進的清華師生逼退；緊接著軍閥閻錫山派任的喬萬迭也被清華人趕走。㉑曹禺轉入清華不久，就參與了校長挾著政治背景，與師生憑藉著所謂的民主自由，相互對決的場面。

一九三一年，奉系軍閥驅散了閻錫山、汪精衛在北平另組的「國民政府」。蔣介石在北方又恢復了掌控權，便把國民黨中央政治學校的副教務主任吳南軒派去做清華校長。由於吳南軒口口聲聲說「受命黨國」，又以專橫手段治校，引起清華人的不滿，釀成了驅吳運動，曹禺也積極參加了這次鬥爭。他回憶說：「國民黨派出一個走卒出任清華校長，學生們舉行罷課以示抗議，我也毫不猶豫地加入了他們的行列。」㉒他被選爲赴南京談判代表。這次鬥爭，因得到張奚若、朱自清、聞一多等教授的支持，終獲勝利。㉓國民黨對於文化策略的擘劃是粗糙的，以此事爲例，妄想以軍事統治方式，整頓以自由民主自許的大學校風，無怪乎會引起這麼大的反彈，左翼勢力也樂得藉此良機煽風點火，乘機坐大。

四、對國民黨的徹底失望

一九三〇年，反蔣派大聯合，與南京政府展開了一場大規模的內戰，通稱「中原大戰」。雙方都舉著維護國民黨黨治的旗幟而戰，雙方動員一百四十餘萬人，爲時八個月，傷亡三十五萬人。據身與其事的人說：「戰區之廣，戰禍之烈，不特北京之役，未足與擬，即民國以來，絕無其例，抑亦中國數十年來所未有。此誠中國之浩劫，而中國國民黨之奇痛。」據當時報紙的報導，人民身家生命財產的損失以河南爲烈。戰爭初起之時，河南全省一百二十縣，受旱災者一百零四縣，被匪患者七十六縣，羅兵災者二十八縣。災民一千五百五十萬人，每日餓死一千人。是後數月，有加無減。豫東「戰溝縱橫，屍骨遍野，禾稼未收，房屋倒塌，十室十空，疾疫流行，滿目悽涼。」㉔面對戰爭蹂躪下千瘡百孔的中國局勢，曹禺悲憤不已：「那麼多人死於非命，中國給軍閥搞得四分五裂，人們賣兒鬻女，有些外國人穿著皮靴踢打中國百姓，車夫昏倒暴死街頭，有些人參加了共產黨，有些人模模糊糊滋長了救國救民的理想。」㉕曹禺的左傾並非偶然，而是有其必然的時空背景。

內爭是國民黨的致命傷，而日本明目張膽的武力侵略，更是至大打擊。但對中共而言，則均屬有利契機。北伐前及北伐初期，各方期待於國民黨者頗高。北伐後國民黨內訌不休，戰亂不絕，喪失了以往淬厲奮揚的精神，驕矜自大，儼然成爲統治的特權階級，遂大失人望，而以知識分子爲最。一九三〇年起，「自由大同盟」、「左翼作家聯盟」、「馬克思主義文藝研究會」、「文藝大衆化研究會」等各種左傾團體相繼出現，青年學生是他們爭取的主要對象，雖不必盡皆贊成共產主義，但均不滿意國民黨。信仰民主主義與自由主義者，亦反對一黨專政，對國民黨時加批評。國民黨採高壓政策，因共產黨罪名遭迫害者不少，如一九三一年，上海左翼文藝作家有二十四人遭處死，魯迅匿避，才得倖免。㉖

一九三一年九月十八日，日軍大舉侵華，東北三省相繼淪陷，消息傳來，整個清華校園都震動了，全校師生幾乎都跌入一個空前災難的悲憤中。就在「九一八」事變的第二天，清華學生就成立了抗日救國會，展開了各種抗日救國活動。蔣介石的先安內後攘外的策略，引起了熱血青年的憤慨，紛責政府不抵抗。一九三一年十一月二十六日，南京、上海、北平學生一萬人包圍國民政府。十二月五日，北京大學學生組織示威團，高呼「全國被壓迫民衆聯合起來」，「打倒賣國政府」，佔據火車站，堅持進京。㉗曹禺在舉國同仇敵愾中，熱情愈燒愈旺，他與孫毓棠、孫浩然等幾位同學辦起《救亡日報》，撰寫文章宣傳抗日救亡的愛國思想，也擔任抗日會委員兼抗日宣傳隊隊長，每星期六都要到郊區和鄰近城鎮進行抗日宣傳。㉘時代的浪潮衝擊下，曹禺走出了校園，在一次去保定的宣傳活動中，他偶然遇見一位工人，成了他寫《雷雨》中魯大海的原型：

> 我們斷定他大概是長辛店鐵路工廠的工人。這個陌生的朋友，激起我一些思想和情感，使我開始知道，在受苦、受壓迫的勞苦大眾裡，有一種有頭腦的了不起的人，這種人叫「產業工人」。這些模糊卻又深深印入腦內的認識和印象，在後來寫《雷雨》的時候，給了我很大的幫助。㉙

一九三三年，曹禺完成了孕育四、五年的處女作《雷雨》，由於巴金的慧眼，於一九三四年七月《文學季刊》第一卷第三期一次登載，但還未引起國人的注意和重視。一九三五年四月二十七日，《雷雨》由中華話劇同好會（留日學生戲劇團體）在東京神田一橋講堂首演，此次演出贏得了不少觀眾，旅日的郭沫若及日本的秋田雨雀均撰文作了熱情的評價。緊接著國內天津市立師範學校孤松劇團，和上海復旦劇社相繼演出。而國內第一個職業話劇演出團體中國旅行劇團演出《雷雨》，更是造成巨大的社會影響，先在天津，後在北京、上海、南京等地演出。㉚成功的票房記錄造成劇團爭演、人人爭看的《雷雨》熱潮。

五、批判社會黑暗並苦尋出路

值得注意的是《雷雨》一問世，即贏得了左翼人士的喝采。催生的巴金自不在話下，在日本首演《雷雨》的中華話劇同好會擔任導演的杜宣，以及首先撰文贊賞的郭沫若及日人秋田雨雀，還有將《雷雨》譯成日文的鄭振鐸，均爲左翼人士。

國民黨則將《雷雨》的演出，同共產黨的活動聯繫起來。據扮演周萍的陶金說：

> 國民黨說我們這齣戲有傷風化，兒子跟後娘偷情不會有好影響，少爺和丫頭戀愛同樣很糟。於是，這齣戲被認為是有害的。一星期以後，警察抓走了八個主要演員，我是其中一個。我們被戴上手銬腳鐐，并遭到拷打。他們逼著我們跪下，打我們，要我們承認是共產黨。[31]

其實，曹禺當時對於共產黨革命勝利的信心不足。雖然到處都有罷工，而無產階級主角工農兵之一的工人形象，「魯大海仍然顯得幼稚」。[32]寫《雷雨》是「一種情感的迫切的需要」，「我並沒有顯明地意識著我是要匡正諷刺或攻擊些什麼。也許寫到末了，隱隱彷彿有一種情感的洶湧的流來推動我，我在發洩著被抑壓的憤懣，毀謗著中國的家庭和社會。」[33]儘管曹禺說寫《雷雨》純是宣洩鬱積的情感，然而對於中國封建家庭及社會黑暗面的不滿與憤懣，對家長制專制主義的叛逆，對平等和個性解放的熱烈追求，正是五四以降人們的思想歸趨。據劉紹銘的分析，《雷雨》在主題上，著實抓住了幾個五四時代青年最關心的問題：「其一是在商業社會剝削情況下的勞工生活困境；其二是在父權社會中個人如何去爭取自由和幸福的問題。」「《雷雨》是一個對傳統中國社會制度和道德作徹頭徹尾批判的劇本」。[34]《雷雨》對社會的影響力是巨大的，對當前社會的不滿，同情無產階級，痛恨資產階級，期望舊社會革新，這些對共產黨均是有利的，足以營造革命的契機。因此，左聯的掌門人魯迅，在一九三六年四月與美國記者埃德加·斯諾的談話中，已將曹禺視爲同路人，「最好的戲劇家有郭沫若、田漢、洪深和一個新出現的左翼戲劇家曹禺。」[35]

曹禺在寫出《雷雨》之後，接連改編了《新村正》與《財狂》兩劇，對他下一齣劇作《日出》起了催生的作用。《新村正》採取寫實主義的手法，打破了因襲的大團圓和善惡報應的模式。全劇以豪紳取勝，正義之士李壯圖失敗結束，暗示出封建勢力的根深柢固和改造社會的艱難。而《財狂》則改編自法國莫里哀（Molière,1622-73）的《慳吝人》（*The Miser*,1668），莫里哀以喜劇性與社會批評受到後人的重視，由於深受藝術喜劇的影響，他的劇本多半是充滿典型人物的鬧劇。《日出》一劇不像《雷雨》一悲到底，而是加入一些喜劇成分，充滿了誇張、嘲諷，頗有莫里哀的影子。《財狂》的改編，使他對金錢的憎惡和認識有了更深的體會。除了改編，他又扮演吝嗇鬼韓伯康，簡直把整個自我投入韓伯康的靈魂中，充分表現他演喜劇人物的傑出才能。他認爲這些歷鍊，「無論是參加演出，還是改編劇本，這對我搞劇本創作都是一種鍛鍊，都是有益處的。」㊱

曹禺在寫《雷雨》時，對當時整個社會非常不滿，因爲「我親自聽過的、看過的，親自經歷的那麼多令人憤懣的壞人壞事，都使我感到這個社會非改變不可。我寫《雷雨》時，已經清楚地感覺到這個社會是不會長久的。我心中有的是憤恨和不平，這大概就是所說的正義感和是非感吧！」㊲究竟人該怎麼活著？總該活出一點道理吧！這是曹禺一直在思索的問題，到底該將精神導向何方呢？何處是他的生命安頓處呢？曹禺經歷了一段身心交瘁的煎熬：

> 這些失眠的夜晚困獸似地在一間籠子大的屋子裡踱過來，拖過去，睜著一雙布滿了紅絲的眼睛絕望地愣著神，看看低壓在頭上黑的屋頂，窗外昏黑的天空，四周漆黑的世界，一切都似乎埋進了墳墓，沒有一絲動靜。我捺不住了，在情緒的爆發當中，我曾經摔碎了許多

可紀念的東西，內中有我最心愛的馬瓷觀音，是我在兩歲時母親給我買來的護神和玩物。我絕望地嘶嘎著，那時我願意一切都毀滅了吧。我如一隻負傷的狗撲在地上，嚙著鹹絲絲的澀口的土壤，我覺得宇宙似乎縮成昏黑的一團，壓得我喘不出一口氣，濕漉漉的、黏膩膩的，是我緊緊抓著一把泥土的黑手。我劃起洋火，我驚愕地看見了血。污黑的拇指被那瓷像的碎片劃成一道溝，血，一滴一滴快意的血緩緩地流出來。㊳

對於思想的歸趨，曹禺是「東撞西撞、尋找一點生活的道理。」於是他「找過民主，也就是資產階級民主。」甚至是宗教，「對基督教、天主教，我都想在裡邊找出一條路來。」㊴他不像在寫作，而是淌著血淚苦苦地探索尋覓一條身心安頓的出路，儘管他熬過多少不眠的夜晚，讀《老子》、《佛經》、《聖經》，讀「多少那被認爲洪水猛獸的書籍」。㊵仍然想不出究竟來，對著那光怪陸離的黑暗社會，他內心燃著執拗的恨，對於那夢魔一般可怖的人事，他冥眩不安地燒灼著不平之感，他甚至想起《書經》的《商書．湯誓》中的一句話：「時日曷喪，予及汝皆亡！」期望「看到平地轟起一聲巨雷，把這群盤踞在地面上的魑魅魍魎擊個糜爛，哪怕因而大陸便沉爲海。」因爲他實在是「看不出眼前有多少光明」。㊶

在對西方資本主義造成貧富懸殊，金錢追逐造成人性貪婪的罪惡社會，曹禺充滿了憤懣，然而他並沒有馬上認同馬列思想，他說：「我不像有的作家能夠早些有機會，接近一些人，獲得一種信仰，信奉一種思想。」㊷正如同許多中國知識分子一般，對西方的崇拜幻滅後，馬列主義尚不太普及，還不能成爲普遍寄託的烏托邦。漫無標的尋不著出路，有些人就成了無政府主義及日本「新村」社會實驗者。曹禺寫《日出》時，太陽並沒有能夠完全露臉，他描摹的只是日出以前的事。然而基於「腐肉挖去，新的細胞會生起來」㊸的信念，他隱隱約約將希望指向勞工階層，然而勞動是神聖的概念，早在五四前後即已提出，它如何能代表中國的新希望呢？曹禺卻又說不上來。他曾說：「我大概是屬於那種追求進步、追求正義而並不明白『進步』、『正義』的內容究竟是什麼的知識分子！」㊹他只能模糊地感覺到這群工人階層正高唱夯歌躍居中國新舞台。

一九三六年《日出》問世後，立即引起了評論界的注目。天津的《大公報》從一九三六年底到一九三七年初，連續發表關於《日出》的「集體批評」。著名作家茅盾、巴金、葉聖陶、沈從文、李廣田、朱光潛等都寫了文章加以評論。這些文章，從總體上肯定了《日出》的成就和意義。茅盾指出：「《日出》的所有主要次要各人物的思想意識，主要次要各動作的發展，都有機的圍繞於一個中心軸——就是金錢的勢力，而這『勢力』的線是由買辦兼流氓式的投機家操縱著。這是半殖民地金融資本的縮影。」㊺美國漢學家謝迪克認爲，它可以毫無羞愧地與易卜生和高爾斯華綏的社會劇的傑作並肩而立。㊻曹禺的知音巴金更是強力推薦《日出》和《阿Q正傳》、《子夜》一樣，是中國新文學運動中的最好的收穫。㊼

《日出》的結局出現了《雷雨》一劇中未曾有過的亮色，那是黑夜逝去後，方達生拉開窗簾讓陽光照射進來，照亮了滿屋子。他迎著陽光昂首走出去，窗外日光亮得耀眼，砸夯的工人們高亢而洪壯地合唱著〈軸歌〉。㊽曹禺樂觀地點出中國的出路在勞工階級的崛起，卻尚未看出勞動階級值得寄託重任的光明所在；然而他似乎隱約瞧出一條時代風潮的脈動，爲了對抗腐敗黑暗的金錢社會，有一股新興的無產階級力量正在成形。

六、將對未來的憧憬與嚮往隱約指向共產社會

曹禺從描寫封建黑暗家庭窒息人性的《雷雨》，到刻劃「損不足以奉有餘」的半殖民地資本社會的《日出》，在題材上是個新的飛躍，對於人剝削人的金融投資與不公平的膿瘡社會有了進一步的認識，他將批判的角度從家庭指向社會。在《日出》寫作和演出的期間，是正當世界的經濟危機之後，全世界都鬧著經濟恐慌的時代。日本帝國主義也在這個時候，加緊了對中國的掠奪與侵占，於是有「九一八」事變，有山海關的炮轟，有塘沽協定的締結。這時候，中國陷於經濟恐慌的狀態，特別是沿海的大都市，像上海、天津等處，商業蕭條，工廠停工，銀行倒閉，地產跌落，到處是恐慌失業，於是都想投機僥倖，大做公債。於是也就有人專門操縱公債市場、買空賣空。[49]曹禺企圖透過社會黑暗面的披露，針砭這淫靡腐爛、吃人的禽獸世界。他藉以帶引觀眾及讀者走出黑暗，迎向光明的，卻是方達生這個純真誠懇又略帶傻氣的書呆子。他雖然在陳白露所住的旅館裡看到不少黑暗面，也想跟金八這個黑暗勢力的代表鬥一鬥，爲那些受欺侮的人做點事情，然而《日出》中這個導向光明的橋梁人物，卻仍在摸索中，似乎無法導引人們走出光明來。

曹禺雖然一再著筆強調，他不能使那象徵光明的人們出來，是因爲「一些有夜貓子眼睛的怪物無晝無夜，眈眈地守在一旁。」[50]然而以砸夯工人作爲光明的代表，卻是近乎渺茫而「廉價的

樂觀」㊿。《日出》裡的方達生可說是曹禺的代言人，他那書生式的同情，也並非完全符合無產階級革命的論點。周揚曾以唯物辯証的觀點指出此劇的不足，「實際上，當作一個社會群的腐爛的人們，不管腐爛到怎樣程度，假如不遭到外力的打擊，是永遠不會自己死亡。……而對於象徵光明的人們的希望也還只是一種漠然的希望，他還沒有充分地把握：只有站在歷史法則上而經過革命，這個『損不足以奉有餘』的社會才能根本改變。」㊾另一方面，周揚卻又高度贊揚曹禺的《雷雨》與《日出》，都是具有「反封建反資本主義的意義」的優秀作品。他說曹禺「和實際鬥爭保持著距離，卻有他巨大的才能、卓越的技巧，對於現實也並沒有逃避，他用自己的方式去接近了它，把握了它，在他對現實的忠實的描寫中，達到了有利於革命的結論。」㊿周揚的眼光是睿智的，儘管曹禺當時還不是共產黨人，對馬克思思想也一知半解，但是他對於舊社會的批判卻是令人刻骨銘心，刀刀見血的，足以醞釀普遍不滿的情緒，憤恨封建社會及貧富懸殊的資本社會，對當前既存的罪惡社會產生信念上的動搖。渴望一個嶄新社會的來臨，使共產主義易於高舉著人道主義烏托邦的旗幟，順利攻陷整個中國大陸。

曹禺的情形一如托爾斯泰，托爾斯泰也不瞭解俄國革命的真正性質。但是作爲一位天才的作家，他忠實地記錄了現實的某些基本的特點。因此，在他不知不覺並且違反自己意圖的情況下，他變成了反映俄國革命發展的一面詩意的鏡子。托爾斯泰的現實主義的雄渾精神和廣闊視野，在於這樣一件事實，即它是被一種具有世界意義的運動所推動的，這一種運動在它基本的社會傾向上是革命的。㊿托爾斯泰以他保守的政治立場，在忠實描繪現實時，均不免受到時代潮流的傾向，反映出俄國革命的社會現實來。而曹禺以他對舊社會的不滿，對新社會來臨的渴望，在一番尋尋覓覓之後，將對未來的憧憬與嚮往隱約指向共產社會，雖然這個烏托邦的內容是什麼，曹禺未必清楚，然而他卻將之視爲一個高懸的理想而向其靠攏。由恩格斯的論點，足以說明曹禺雖非左翼文人，他的作品卻深爲左翼陣容重視和喝采的原因：

> 如果一部具有社會主張傾向的小說通過對現實關係的真實描寫，來打破關於這些關係的流行的傳統幻想，動搖資產階級世界的樂觀主義，不可避免地引起對於現存事務的永世長存的懷疑，那麼，即使作者沒有直接提出任何解決辦法，甚至作者有時並沒有明確地表現自己的立場，但我認為這部小說也完全完成了自己的使命。[55]

曹禺的劇作之所以獲得左翼文人及評論家的青睞，在於它挑起對國民黨政權的不滿，有助於共黨的革命奪權。曹禺的下一部劇作《原野》，也是一齣尋求出路的作品，曹禺在一九三六年八月前後開始構思《原野》，他企圖表現「受盡封建壓迫的農民的一生和逐漸覺醒」。[56]對於農村，曹禺並不熟悉，童年時曾聽保姆段媽提起過，也聽過很多鄉下惡霸殺人的事情，這對他產生了些影響。然而他沒有真正到過農村，偶然去看看，也沒有真正生活在其間。[57]曹禺將原野的時代背景，定位在「民國初年，北洋軍閥混戰初期」，當時，「五四」運動和新的思潮還沒有開始，共產黨還未建立。在農村裡，誰有槍，誰就是霸王。農民處在一種「萬分黑暗、痛苦、想反抗，但又找不到出路的狀況中。」[58]三幕劇《原野》在一九三七年四月，開始在靳以主編，於廣州出版的《文叢》第一卷第二期連載，至八月第一卷第五期續完。至此，人們把《雷雨》、《日出》、

《原野》稱之爲三部曲，這三齣劇作，風貌各殊，然暴露黑暗面的主旨不變，從家庭到城市到農村，中國已處於不得不變的局勢。從《雷雨》第四幕結尾時所描述的，「死亡、慘痛如鉗子似地夾住人的心靈，喘不出一口氣。」[59]《日出》時，「由外面射進來滿屋的太陽，窗外一切都亮得耀眼。」[60]到《原野》裡，仇虎和花金子一心想去「黃金子鋪的地方」，以及仇虎臨死前告訴花金子的話：

> 他們都是我的好弟兄，幹哪行的都有，告訴他們我仇虎不孱頭，告訴他們我仇，仇虎走到頭，沒說過一句求人可憐的話。告訴他們現在仇虎不相信天，不相信地，就相信兄弟們要一塊兒跟他們拚，准能活，一個人拚就會死。叫他們別怕勢力，別怕難，告訴他們我們現在要拚得出去，有一天我們的子孫會起來的。[61]

「他們」是指誰，曹禺並沒有明確說清楚，可能是同被關在監獄裡被壓迫的人。《原野》一劇裡，很強烈地流淌著一股與黑暗勢力勢不兩立的仇恨，被欺壓的善良百姓在人間受盡欺陵，即使到了陰曹地府也無法伸訴冤屈，只有走上抗爭一途外別無他種選擇。很特別的是曹禺在文中突然天外飛來一筆，要兄弟們團結殺出一條血路，給子孫拚出一條活路來，正寄寓著作者曹禺向黑暗勢力對抗的決心。然而他和金子出路何處尋覓呢？仍是一個縹緲、高懸的理想烏托邦——黃金子鋪的地方。然而值得注意的是在此劇中，曹禺提到了「集體」的概念，顯見曹禺看出單打獨鬥失敗的必然性，也透露他向反對政治勢力靠攏的念頭。

《原野》的時代背景，據曹禺所言是民國初年，北洋軍閥混戰初期。他寫此劇是在一九三六年底至三七年初。三十年代，許多現實主義作家均不約而同地描寫農民的生活，確實有其產生的時空背景在。一九三〇年閻錫山、馮玉祥和蔣介石的中原大戰，雙方投入上百萬兵力，戰線綿延數千里，曠時七個月，死傷三十多萬人。最後因張學良支持蔣介石，中央軍取勝，但是仍無法統一國民黨所有的軍隊。一些史學家認爲，國民黨南京政府只是名義上統一中國，真正在中央政府控制之下的只是東南沿海、大城市和中原地區，至於邊遠地點和幅員遼闊的農村，南京國民政府只能挾「主義」以令諸侯，很多地方仍在一些軍閥把持之下。也就是說，國民黨只建立一個弱中央政府。[62]

三十年代，正是大陸「農村包圍城市」理論的形成時代，將貧農等同於無產階級，在土地改革中用傳統的均田代替國有化。中國共產黨意識形態正面臨一個重大變構，就是馬列主義的中國化。雖與馬列主義的原有理論基礎存在著基本衝突，然而因瞿秋白主張黨員在主要省份實現總暴動，及李立三根據共產國際指導，提出城市武裝起義的慘重失敗，給予毛澤東崛起的機會。那些根據馬列經典來指導中國革命的理論家一個個被淘汰；而熟悉農村，主張用類似農民起義方式，搞共產主義革命的領導人，則適者生存，起而代之。

一九三五年遵義會議，毛澤東獲得共產黨實際上的最高權力。毛澤東在掌握黨的實際權力之後，便開始用政治力量左右意識形態鬥爭，迫使馬列主義改變其結構。在權力干預下，中國農民革命的經驗和傳統文化，進一步融入共產黨意識，中國共產黨對馬列主義的理解，發生了極大的改變。[63]這正意謂著共產革命工作重心轉移到農村，也相對牽引到文藝理論家及作家的焦點，投射反映在農民身上。

農民問題是中國革命的基本問題，也是最為尖銳的社會現實問題。毛澤東在〈中國的紅色政權為甚麼能夠存在？〉這篇後來被認為是中國式革命道路起源的文章中，把農民武裝稱為紅色割據。他慧眼獨具看出國民黨統治有兩個不可克服的缺陷：一是不能建立鐵板一塊的強大中央政府；二是不能控制廣大農村。共產黨只要深入農村，舉起土地革命大旗，巧妙地利用國民黨派系鬥爭，革命根據地就可以在國民黨控制力薄弱的地區生存，在派系鬥爭裂縫中壯大。⑭在共產勢力向農村推進的同時，打著均田及同情無產者貧農的宣傳口號，迅即得到有良知的文學創作者的傾心，也以其悲天憫人反對非人生活的人道精神加入推動的行列，更打動了億萬農民的心坎。

三十年代，戲劇界就有洪深寫了他的《農村三部曲》——《五奎橋》（一九三〇）、《香稻米》（一九三一）和《青龍潭》（一九三二），對於中國封建勢力盤踞的破產農村作了反映。而他的《農村三部曲》在一九三六年結集出版，也正是曹禺動手創作《原野》的年代，受其影響是必然的。然而洪深寫《香稻米》，很大程度是從「閱讀社會科學的書得來的關於農村經濟和農村鬥爭的概念出發的」。⑮他多角度地描寫農民的反抗鬥爭，地主鄉紳、維持秩序的官吏、放高利貸的資本家、深入農村進行經濟侵略的買辦，以及依附他們的鷹犬走卒們，形成密不透風的網羅，農民沒有不深受剝削壓迫的。

曹禺選擇他不熟悉的農村題材，應該與當時共產黨大力向農村挺進的宣傳；也與當時文壇上的大勢所趨有密切關聯。他一針見血地將所有農村的罪惡來源指向土地的掠奪，正與共產意識有相符之處，可說是有意無意間參與了時代重大的活動，對三十年代共產勢力推進農村，具有推波助瀾的功效。從《日出》到《原野》，也可看出他創作的雄心，有意將中國社會全面做大體檢。城市資本主義橫行，農村人民的生活更苦，舊社會已到了非革命不可的地步。而人應該過得像人的生活，期待陽光，期待金子鋪地的烏托邦，他的理想高懸著。而共產世界也以其誘人的粉飾向他招手，曹禺一步步向其靠攏，然而心底還是有些躊躇，因此在黑林子中狂奔的仇虎，終於跑不出黑林子。

《原野》發表時，正值七七事變爆發，在抗日洶湧的波濤下，人們也顧不得對它細細地評論了。在爲數不多的評論中，大多持否定的看法，最主要的是《原野》第三幕偏離寫實的表現主義技法。然而《原野》正標誌著曹禺的寫作歷程翻出了另一個高峰，顯見他有擴大廣角的創作雄心。唾棄黑暗社會，急於尋覓出路，雖然隱約覺得共產世界，也許正是他理想所寄的烏托邦。然而對於敏於向內心求索，又缺乏對馬列思想認識的曹禺，還是存著幾分遲疑。《原野》中第三幕仇虎在野外叢林失路狂奔，似乎象徵著曹禺在尋找出路的慌亂與躊躇，顯見他對於農民革命仍持著幾分悲觀。

早在完成《雷雨》後，他就曾經改編過以農民爲題材的《新村正》，劇末代表黑暗的勢力獲勝，這種正義與邪惡鬥爭的艱難與挫敗，似乎對曹禺產生相當大的刺激。《原野》一劇中封建勢力沉重侵逼，尋找出路亦困難重重。然而值得注意的是《原野》中的主人翁，已有了反抗的決心與舉動，比起前二部作品《雷雨》與《日出》，更向前邁出了一大步。《原野》中曹禺安排仇虎向已成形的黑暗挑戰，這在他的劇作中，是第一次賦予正面人物行動的力量。

註釋：

①田本相、張靖編著，《曹禺年譜》，頁九八。

②郭廷以，《近代中國史綱（下）》（香港：中文大學出版社，一九九一年），頁五〇七。

③金觀濤、劉青峰，《開放中的變遷》（台北：風雲時代出版公司，一九九四年），頁二五八。

④同註③，頁二六三—二六四。

⑤曹禺，〈我的生活和創作道路〉，原載《戲劇論叢》一九八一年第二期，《曹禺研究專集（上）》，頁一〇二。

⑥田本相與曹禺在一九八三年九月十四日的談話記錄，見田本相，《曹禺傳》，頁四四。

⑦曹禺，〈郭老活在我們心裡〉，原載《光明日報》一九七八年六月二十日，《曹禺全集(6)》，頁三九七。

⑧顏振奮，〈曹禺創作生活片斷〉，原載《劇本》一九五七年第七期，《曹禺研究資料（上）》，頁一五六。

⑨同註⑤，頁一〇二—一〇三。

⑩郁達夫的來信，原載一九二六年十一月二十八日天津《庸報·玄背》第十六期，崔國良編，《曹

禺早期改譯劇本及創作》，頁一八〇—一八一。

⑪曹禺與田本相一九八二年五月二十四日談話記錄，見田本相，《曹禺傳》，頁四六。

⑫李輝英，《中國現代文學史》，頁二〇五—二〇七。

⑬馬明，〈張彭春與中國現代話劇〉，《南開話劇運動史料》，頁八九。

⑭同註⑬，頁八七—八八。

⑮曹禺，〈回憶在天津開始的戲劇生活〉，書同註⑬，頁六二。

⑯張葆莘，〈曹禺同志談劇作〉，原載《文藝報》一九五七年第二期，《曹禺研究資料（上）》，頁一四五。

⑰同註⑯。

⑱同註⑤，頁一〇三。

⑲同註⑱。

⑳同註⑤，頁一〇三—一〇四。

㉑田本相，《曹禺傳》，頁一二五。

㉒〔西德〕烏韋·克勞特，〈戲劇家曹禺〉，原載《人物》一九八一年第四期，《曹禺研究資料（上）》，頁一〇九—一一〇。

㉓《清華大學校史》（清華大學出版社，一九八〇年），轉引自田本相、張靖編著，《曹禺年譜》，頁二十。

㉔同註②，頁五八六。
㉕同註㉒，頁一〇九。
㉖同註②，頁六四〇。
㉗同註㉖。
㉘《曹禺年譜》，頁二〇—二一。
㉙同註⑯，頁一四六。
㉚《曹禺年譜》，頁二八—三一。
㉛同註㉒，頁一一一。
㉜同註㉛。
㉝曹禺，〈《雷雨》序〉，《曹禺文集(1)》，頁二一一—二一二。
㉞劉紹銘，〈《雷雨》所受的西方文學的影響〉，《小說與戲劇》，頁一一一。
㉟尼姆·威爾士，〈現代中國文學運動〉，《新文學史料》一九七九年第二輯，轉引自《曹禺年譜》，頁三六。
㊱同註⑤，頁一〇一。
㊲同註㊱。
㊳曹禺，〈《日出》跋〉，《曹禺文集(1)》，頁四四九。
㊴同註⑤，頁一〇二。

㊵同註㊳。
㊶同註㊳，頁四五〇。
㊷同註⑤，頁一〇二。
㊸同註㊳，頁四五〇。
㊹同註⑤，頁一〇三。
㊺茅盾，〈渴望早早排演〉，《曹禺研究資料（下）》，頁七一一。
㊻H.E.謝迪克，〈一個異邦人的意見〉，書同註㊺，頁七二五。
㊼巴金，〈雄壯的景象〉，《曹禺研究資料（下）》，頁七一四—七一五。
㊽曹禺，《日出》第四幕結局，《曹禺文集⑴》，頁四四四。
㊾楊晦，〈曹禺論〉，原載《青年文藝》第一卷第四期，一九四四年十一月，《曹禺研究資料（上）》，頁二四三—二四四。
㊿同註㊳，頁四五四。
(51)周揚，〈論《雷雨》和《日出》〉，原載一九三七年《光明》第二卷第八期，《曹禺研究專集（上）》，頁五七六。
(52)同註(51)，頁五七五—五七六。
(53)同註(51)，頁五六五、五六七。
(54)盧卡契，〈托爾斯泰和現實主義的發展〉，《托爾斯泰論》，頁一六。

(55)恩格思，〈恩格斯致敏·考茨基〉，《馬克斯恩格斯選集》第四卷（北京：人民出版社，一九七二年），頁四五四。轉引自熊自健，《馬克思恩格斯的文藝理論在中國大陸的發展》（台北：唐山出版社，一九九四年），頁五六。

(56)同註⑤，頁一一二。

(57)同註⑤，頁一一一。

(58)同註⑯，頁一四八。

(59)曹禺，〈《雷雨》序〉，《曹禺文集(1)》，頁二二〇。

(60)同註㊽。

(61)曹禺，《原野》第三幕第五景，《曹禺文集(1)》，頁六七八。

(62)同註③，頁三五二—三五三。

(63)同註③，頁四一二—四一五。

(64)同註③，頁三九九。

(65)潘克明，〈《洪深代表作》前言〉，潘克明編，《洪深代表作》（鄭州：河南出版社，一九九二年），頁六

第二節　抗戰時期曹禺的思想歸趨

一、激越昂揚的愛國抗日熱忱

一九三七年七七事變爆發時，曹禺正因兄長家修的病故回天津奔喪，盧溝橋位處北平西南十五公里處，戰事很快蔓延到天津。曹禺家在意租界較少受波及，但他親眼見到河東一帶被炸得到處都是斷壁殘垣，死屍遍野，胸中充滿了憤怒。日軍不斷採取鎮壓措施，查封報館，逮捕殺害知名愛國人士，曹禺也受到日本特務的注意和追蹤，他知道天津再也住不下去了。在他得知日軍於八月十三日大肆轟炸上海和南京之後，國立劇專已西遷長沙，便化妝成一名商人，秘密離津，乘船繞道香港再去長沙。輪船上擠滿了「逃難」的人群，大家都有著共同的心聲：不當亡國奴。在船上大家一起唱起〈義勇軍進行曲〉、〈在松花江上〉，激昂悲壯的歌聲和著大海洶湧的波濤聲中，他堅信：中國是不可征服的。①

抗戰開始，隨著宣傳抗戰，話劇運動蓬勃展開。上海的話劇從業人員及一部分電影從業人員聯合組成「上海戲劇界救亡協會」。成立不久後，上海戰局已漸趨緊張，乃立作撤退準備，組成十三個救亡演劇隊，除第十及十二隊決定留滬，在英、法兩租界活動外，餘均分別分頭向後方轉進，展開演出活動。該年十二月間，上海、南京相繼陷落，政治、軍事重心均移往武漢，全國各種戲劇團體亦雲集武漢。②曹禺任教的國立劇專也奉令向重慶轉移。他在一九三八年到達重慶，與這股宣揚抗戰的話劇團隊匯流。當時，著名影劇演員大部分都集中重慶。為了迎接全國第一屆戲劇節，曹禺和宋之的接受了創作一齣反映抗戰的多幕劇之任務，作為這次戲劇節的重點劇目。

他們是根據宋之的、舒群、羅烽、荒煤的集體創作四幕劇《全民總動員》加以改編，後易名為《黑字二十八》，由宋之的負責第一、二、四幕的編寫，曹禺執筆第三幕。並組成龐大陣容的導演團，余上沅、應雲衛、馬彥祥、曹禺、洪深等均列名其中，演員更集一時之選。劇專校長余上沅；時任教育部次長的張道藩，也都在劇中串演一個角色，共襄盛舉。③抗戰初期，國共合作的氣氛中，抗戰成為壓倒一切的主題，因此色彩鮮明的左右翼人士，也暫卻前嫌一致團結攜手抗日。

經過密集排演，於一九三八年十月二十九日至十一月一日在重慶國泰大戲院共演出七場，場場爆滿，盛況空前。總括說來，《黑字二十八》緊密結合抗戰現實，圍繞著這場反間諜、反漢奸的嚴酷鬥爭，贊揚了以鄭瘋子為代表的愛國青年和抗日將領；鞭韃了漢奸賣國賊，特別是日本間諜「黑字二十八」的種種劣行；也諷刺了以抗戰作幌子的醉生夢死之徒。④但由於這齣戲人物較多，又追求曲折驚險的情節，致使人物淹沒在紛繁的頭緒之中，揭露現實雖顯得不夠深刻，諷刺則停留在表象上，歌頌的人物也缺乏深厚的血肉；但作家的抗戰熱忱卻是不可抹煞的。

公演之後，代表國共兩黨發言的重慶《中央日報》、《新華日報》等都給予肯定。⑤抗戰初期，全民救亡運動風起雲湧，許多演出劇目反映了全國人民奮起抗戰的意志，發揮了不可磨滅的戰鬥作用。然而，大體說來，在藝術上是粗糙的，劇作家們無暇去精雕細琢，他們要將血脈賁張的抗戰怒潮立即傳送給全國民眾，而觀眾也熱情激動地回應著。各種類型的話劇活動如街頭劇、活報劇、茶館劇等不拘形式的演出蓬勃發展，曹禺也曾熱情導演過這一類抗戰題材的短劇。早在國立劇專遷至長沙時，他就導演過《毀家紓難》、《炸藥》、《反正》三個獨幕劇。也導演過街頭劇《瘋了的母親》，在湘鄂川進行了旅行公演，共演四十場。⑥均激起一股激越昂揚的愛國熱誠，然而曹禺更渴望寫出具有偉大時代意義的抗戰劇作來。

二、周恩來是他走向共產黨的引路人

對於三十年代文壇左派文人囂張的局面，尹雪曼認爲其原因是：民國十七年初才開始執政的中國國民黨與南京的中央政府，一開始面對的就是紛至沓來的內憂外患，無暇亦無心照顧非當務之急的文藝工作；原本無若何政治色彩的文藝青年，因政府與執政黨疏於照顧，結果都被共黨吸收，致使左派力量日益壯大，純正文藝作家陣容日見委縮。⑦事實上，國民黨除了無暇亦無心照顧文藝之外，亦小覷了文藝的宣傳性及煽動性；而共產黨則深知革命需要以文藝作先鋒，費盡心思地拉攏文人。國民黨在知悉文藝對民心向背的影響之後，又粗暴地以圍剿壓抑策略對待左傾文人，這無疑是爲澤驅魚，文壇的赤化伊于胡底。以魯迅爲例，據陶希聖在〈三十年代文藝瑣談〉

一文中，曾敘及魯迅左傾的經過：

魯迅的作品尖酸刻薄，嬉笑怒罵，擁有廣大的讀者。但是他的思想與馬克思乃至無產階級無關。他的特點是傲慢與孤僻，實在不過是一個憤世嫉俗的文人而已。五卅以後，他脫離語絲社。北伐之後，他又脫離北新。他譏笑那些留學生鍍金回國而有不可一世之慨的教授們，同樣他譏笑那些坐在霞飛路或北四川路茶酒樓高談無產階級文學而自命作家的人們。他是批判左翼文人的一個尖端人物。而那些人亦使用組織力量圍攻魯迅，打得他筋疲力竭，頭破血流。美國共產黨人史沫特勒到了上海，勸告周揚與夏衍等，要他們拉攏魯迅。史沫特勒謁見魯迅，盛稱他是中國的高爾基，並替他在美國左派報刊上大肆鼓吹，把魯迅捧得飄飄然。馮雪峰是魯迅的學生，在老師的家裡，幫助師母做事，頗得魯迅歡心。於是田漢從外部遊說，馮雪峰從內部慫恿，魯迅便參加左聯而且居領導地位。⑧

兩岸對壘，各持己見鄙薄對方，真僞難辨。然而以曹禺爲例，左翼人士對他的拉攏不餘遺力；對於文壇盟主魯迅的爭取，自必無所不用其極應是可信的。

一九三六年曹禺應國立戲劇學校校長余上沅的邀請，前往南京國立劇校任教。國立劇校的背景是複雜的，它直屬國民黨中央宣傳部，同時又屬教育部，支持創辦劇校的國民黨中宣部的負責人張道藩，他也是校務委員會的主任，實權在校長余上沅之上。諷刺的是校務委員會的祕書石蘊華就是共產黨。石蘊華未來劇校之前，就在北京大學從事學生運動，並曾被捕入獄，釋放後，奉共產黨組織之指示到劇校開展黨的工作。⑨他主動親近曹禺，曹禺曾述及石對他的影響：

一九三六年，我到南京國立劇專工作，認識了張道藩的一位秘書。他常跟我說，現在常談社會主義，可是你要分清不同的社會主義，德國的納粹黨也講「社會主義」，你要分清楚。還說「你現在寫東西不講明階級，至少也要講明階層啊」。我還記得，他在操場上為我一個人低低唱首歌，問我「這首歌好聽不好聽？」我說「好聽」，他告訴我，「這就是《國際歌》」。那時，在南京白色恐怖比較厲害。他常到我家來，罵張道藩，據說他是個地下黨員。⑩

由此可見國民黨對於思想滲透的毫不設防；共產黨對知名文人卻極盡拉攏之能事。抗戰期間，領導抗戰的國民政府，所採取的戰略是「持久戰」與「消耗戰」，不在沿海、沿江地帶決戰，僅只節節抵抗，消耗並吸引日本兵力，同時保持自己的實力，即所謂「以空間換取時間」的「磁鐵戰」，以對付日本「速戰速決」的戰略。⑪這也給予共產黨口實，宣稱國民黨並非真心的，只有共產黨才是真正抗日。許多共產黨員，即以激昂的抗戰熱情的英雄形象，贏得了青年人及文人的傾心。曹禺對徐特立的崇拜即是一例：

使我感佩、給我印象很深的，還是徐特立同志。兩次見到他，都是聽他講演，一九三七年在長沙，幾千人聽他講話，他講的是抗日的大道理。我從來不願去找什麼人，我卻在一大清早特意跑到徐特立的住處去訪問，不巧，他早已外出了，看見他的一個小衛兵，小傢伙只有十四、五歲，我們談起來，他說他為徐老打水洗臉，搞點雜務，他說徐老對他很好，還教他識字，他們倆睡在一張床上，他非常愛徐老。這給我印象深刻極了，共產黨是真正講平等的。至今我還記得這個小衛兵的面龐……我記得我曾找劇專校長余上沅說，能不能把徐特立先生請到學校來講一講。他說，好啊，好啊！後來，經過了多方面的努力，總算把徐特立同志請去作了講演。⑫

可見曹禺對徐特立的傾心，是起於感佩他的革命熱情，及立身處世也能實踐平等的人權。

抗戰時期，話劇以街頭劇、活報劇等形式直接面對觀眾，穿透各角落無遠弗屆的威力，激發了民眾的抗戰熱潮。在西南大後方，尤其是陪都重慶，話劇風氣之盛，劇運之蓬勃，是從來未曾有過的事。人們爲話劇的演出如痴似狂，也培育出堅強的「重慶精神」。國民黨對於文化宣傳對抗日的影響力是有所認識的，但對於共產黨搞內部分化的技倆卻懵懂未知。一九三八年二月六日，國民政府軍委會成立政治部，陳誠任部長，周恩來任副部長，郭沫若任第三廳長，馮乃超、胡愈之、陽翰笙等大批左翼作家參加工作。⑬軍事部門所設立的話劇團體，可謂係戰時整個話劇演出活動中最爲主要的一環。當時主管此等劇宣隊的軍委會政治部三廳，由共黨分子郭沫若擔任廳長，並有共黨分子田漢及洪深等從中協助、操縱，不少劇宣隊中均有共黨分子滲透，故在一九四一年以後，軍委會政治部曾實行整飭，免去郭沫若、田漢、洪深等職務，整頓各劇宣隊之人事、組織，使之不爲共產黨所用。⑭然而話劇界已幾乎全盤盡「赤」了。

根據左翼學者胡叔和坦陳，在太平洋戰爭爆發後，周恩來立即指示，應通過靠近黨的劇作家、導演、演員，利用乃至控制國民黨的文化機構和團體，把話劇這一武器牢牢掌握在我們的手裡，做到爲我所用。⑮對話劇的宣傳作用有深刻認識的周恩來，對在話劇界有極大魅力及影響力的非左翼作家曹禺，親自放下身段，頗費心思加以籠絡。雖然也有同爲南開校友惺惺相惜的情分在，然而周恩來對曹禺的賞識與禮遇，恐怕泰半是肇因於「爲我所用」。而曹禺對周恩來的知遇之恩，則是終身感念，沒齒難忘。

一九三八年冬，曹禺接到周恩來的信，邀請他去曾家岩作客。曹禺談到那讓他銘心肺腑的一次晤面：

> 到了曾家岩，我由人領著走進一間簡樸的屋子，迎面碰上總理炯炯的目光。國統區是陰沉的，但周先生所在的地方卻陽光明麗。話談到一半，防空警報響了，總理讓我和他一起上山。當我們登上山頂時，日本帝國主義的飛機已經向山城扔下了許多炸彈，一股股濃煙騰起。面對這樣的屠殺，我鬱悶地說不出話。我望著總理。總理的面容憤慨而嚴峻。他指著火光起處，痛斥日本帝國主義的兇殘，告訴我中華兒女必須團結一心，奮起抗日。雖然在當時的重慶，聽不到反擊的炮聲，但是總理的話使我堅強，給我力量。我相信共產黨是堅決要抗戰到底的！從那時起，我靠近了黨。⑯

熾熱的愛國熱誠，曹禺被周恩來及共產黨堅定抗日的一席話感動了。周恩來又回馬一槍，詆毀國民黨不是真心抗日：「我們一定要團結起來，一致抗日，不能像國民黨蔣介石反動集團真反共，假抗日。」「從那天起，總理的光輝形象，在我的心裡生了根。」⑰周恩來企圖在他心中植下政府軍聽任敵機轟炸而不回擊，激起曹禺對國民黨的反感。

事實上，該年的九月，周恩來返延安出席中共中央委員第六次會議。會議未畢，周恩來趕回武漢，向蔣面遞毛澤東的親筆信，謂在蔣領導之下，深信國、共兩黨的長期團結，必能支持長期抗戰。周重提中共黨員加入國民黨請求。蔣對於毛之所說，頗有疑慮，對於周的建議，鑑於過去容共的不利經驗，仍未之許。毛於中共中央全體會議中發表〈論新階段〉，強調統一戰線及國民黨的領導地位，國、共兩黨長期合作，共同抗戰，共同建國。[18]由此事實看來，周恩來對曹禺的重視，恐怕惜才的成分少，而利用的成分大。

此次會面以後，曹禺及其他文化工作者常被邀請到八路軍辦事處，多半是「爲了聆聽中共代表如何與國民黨反動派鬥爭，揭露蔣介石背信棄義的醜惡嘴臉。」然而曹禺並不覺得自己在接受統戰，因爲「總理看我們的生活很清苦，常常餓肚子，便邀請我們到曾家岩去吃便飯。總理看我們身上的衣裳單薄，便送給我們一塊延安紡織的灰色粗呢，而他自己的穿著也並不比我們厚些。總理雖然很忙，可他從未停止對文化工作者的關懷。」[19]周恩來拉攏文人的手段是神而明之的，是那麼窩心的「關懷」，卻又能表現得不著痕跡。

三、國民黨的圍堵政策使曹禺反感

國、共兩黨的矛盾一直是持續而深化的，國民黨的容共原是迫於形勢。而中共黨員利用合法身份，逐步加強其在國民黨內的權力。所採策略是將國民黨分爲左右兩派，使相互傾軋，謂左派爲革命派，右派爲妥協派，利用內部嫌隙製造分化。北伐的勝利實賴革命的武力與民眾運動的結合。武力握於國民黨之手；民眾運動大都由中共領導。一九二七年，由於爭奪上海控制權，蔣與鮑羅廷、中共決裂。該年四月二日，國民黨正式議決清除黨內的中共分子。八月一日，中共在南昌暴動，武漢政府下令討伐，武力反共，從此國共兩黨全面破裂，水火不容。⑳也就是在一九二七年上海大肆搜捕及殺害共黨份子後，曹禺「開始憎恨國民黨、同情共產黨」。㉑

一九三五年，曹禺的第一部劇作《雷雨》在北京第一次公演，當時在場看戲的還有警察，他們向國民黨當局告發，說這齣戲有傷風化。當局不分青紅皂白逮捕了八個演員並加以拷打，要他們承認是共產黨，更引起了曹禺的憤怒與反感。㉒然而一九三六年，曹禺來到南京，在他寫《原野》時，共產黨尚未主動吸收他。曹禺自己承認直到中日戰爭爆發前，「共產黨沒找他」，他又「過於膽怯去接近他們」，然而，在南京，他反對國民黨，因爲「他們逮捕一切進步人士」。連他未來的岳父也以爲他是「共產黨」而反對他與鄭秀的婚事。㉓由此可見曹禺是反對國民黨對左翼人士的迫害而傾向共產黨的；然而，在抗日戰爭之前，他與共產黨還是有段距離的。

抗戰開始，國民黨也逐漸體悟到政治宣傳的重要，對於文藝作家也展開拉攏的行動，然而比起共產黨吸收知名文人的手腕，卻顯得拙劣而不純熟。曹禺曾談到在重慶時，教育部政務次長顧毓秀以清華校友的身份來訪，「進門後，閒談半天，臨行，走到門口，他忽然掏出一份國民黨表格，我說：『你拿這個幹什麼？』我是沒有料想得到的，太突然了，我變得嚴肅起來，他只好笑著說：『留你看看嘛！』。」㉔國民黨在吸收藝文界時，似乎也缺乏一套動聽的說詞。然而曹禺之所以不願參加國民黨的原因，主要是因爲「國民黨那麼腐敗殘暴的行爲」，使曹禺「看不下去」、「非常反感」。㉕當時曹禺左傾的色彩愈來愈鮮明，有一次，在校長余上沅家吃飯，桌上有人曾問曹禺：「你怎麼會那麼喜歡共產黨？」曹禺回答是：「你怎麼知道我喜歡共產黨？」㉖其實當時曹禺還沒有什麼明確的政治思想，他說：「我愛國，我希望人民能過好生活，希望國家富強；我對黑暗的反動的東西，對壞事情深惡痛絕，至於中國社會究竟會變成個什麼樣子？我也想得不具體。」㉗對於共產主義將把中國社會帶向何方，曹禺並不清楚。

一九三八年底，周恩來禮賢下士的「誠懇」晤談，及堅定的抗日態度，深深地吸引了曹禺，從此他成了馬克思主義的信徒。與其說他信奉馬列共產思想，毋寧說他是被共產黨動人的政治宣傳及周恩來的氣度所折服。

一九三九年四月，日軍加緊了對重慶的轟炸，國立劇校奉令疏散，遷移到距重慶三百多里遠的江安縣。江安縣雖是個偏遠小城，但早在一九二七年，共產勢力已滲透到此地建立了共產黨的支部。一九三八年建立了中共江安縣委。爲了迎接國立劇校及曹禺的到來，中共江安縣委經過認真討論並作了充分準備，演出曹禺的劇作《原野》。扮演仇虎及金子的演員都是地下黨員，令曹禺心情相當激動。中共江安縣委代理書記張安國並將曹禺一家人安排到家中酒廬居住，他就在這裡完成了《蛻變》、《北京人》。㉘中共對於黨外文人的吸收與拉攏是上下齊心的；這也是上下相征利、官僚氣習濃厚的國民黨所望塵莫及的。

曹禺曾經自剖，認爲「愛國主義是他最重要的氣質」。㉙抗戰開始，他就醞釀創作一齣以抗日爲主題的劇作。局勢吃緊，他從天津逃出，輾轉武漢間，在不到兩年的時間中，他看到和聽到了許多奔迸著血與火感人的抗敵事蹟，也憤恨地親眼目睹藉機發國難財的腐敗份子。一九三九年暑假，他以犀利的筆鋒，批判抗日戰爭中一些醉生夢死、貪婪苟且的小官僚；又懷著浪漫的情懷渴望祖國快快「蛻變」，盼望在戰爭的洗禮下能浴火重生。他以蘸滿熱情樂觀的心情寫出《蛻變》，並說：「戲的關鍵還是在我們民族在抗戰中一種『蛻』舊『變』新的氣象。這題目就是本戲的主題。」㉚

該年秋冬之際，國立劇校《蛻變》劇組赴重慶公演。據飾演丁大夫的沈蔚德在〈回憶《蛻變》的首次演出〉一文中說，國府當局態度十分冷淡，連演員的住處也不給安排，結果只好宿在一家歇了業的浴室裡。此劇雖是抗戰劇，但「中宣部對戲劇方面進行劇本和演出的雙重審查」。當劇本審查後，當局提出了四點必須修改：第一、劇中第一幕那個烏煙瘴氣、貪污腐敗的後方醫院爲什麼要寫成「省立」（公立）的？第二、院長的小老婆的外號爲什麼偏要叫做「僞組織」？第三、丁大夫的兒子丁昌爲什麼要唱〈游擊隊之歌〉，而且是隨戰地服務團到西北去？第四、小傷兵送給丁大夫的肚兜爲什麼偏偏是紅色的？紅色不都是「赤化」的標誌嗎？後來經過學校的交涉並徵求曹禺的同意，結果劇本作了兩處改動：一、將「省立傷兵醫院」改爲「受公家津貼的私人開的醫院」；二、不提「僞組織」這個外號，只是在演出時，一面嘴裡說「這個」，一面用動作——一手豎起小指表示她是秦院長的小老婆。㉛

這齣戲演出時，蔣介石也來看了，看到丁大夫揮動著小傷兵的祖母送給她的紅肚兜，與傷兵告別，就把張道藩訓斥了一頓說：「作者把紅旗拿到了我們台上，那麼揮動飄揚，你們都看不出來！」而張道藩卻覺得「寫的是國民黨好，你看國民黨軍隊抗日已經打到了大都市，勝利了。」㉜後來，《蛻變》一度遭禁，但迫於壓力，又不得不開禁。㉝

事實上曹禺寫《蛻變》是有所影射的，他自己坦陳說：「《蛻變》裡唱的是〈游擊隊之歌〉；『紅旗』是我有意這樣安排。」㉞「那裡面的梁專員，根本是個共產黨員，鑽到國民黨去的。」丁大夫的兒子參加的游擊隊，唱賀綠汀作的游擊隊歌，「這歌是首禁歌，國民黨不許唱。」㉟這麼露骨的諷刺，別說會引起蔣介石的憤怒，若易地而處，曹禺暴露的是共產黨的黑暗，恐怕不僅是「禁演」的後果。以「王實味事件」爲例，一九四二年中國共產黨開始延安整風，毛澤東在召開「延安文藝座談會」上，明白清楚地交代作家寫作的分際。不僅如此，還對暴露他們自己內部黑暗的王實味加以開刀。有一個死硬派的中共黨員王實味，竟然不怕死活的寫出共產黨的黑暗，以一篇〈野百合花〉的雜文，指出對日抗戰後的共黨巢穴——延安，「衣分三色」、「食分五等」；高級幹部日日「舞迴金蓮步，歌囀玉堂春」；小幹部則食不飽，穿不暖。王實味因不滿延安的現狀而暴露出若干黑暗面，激怒了毛澤東與共黨高幹，進而發動向他圍剿、實行「清算」，釀成一場軒然大波。㊱由此看來，「原來共產黨只是拿寫實主義去對付敵人的，寫實主義所暴露的黑暗，只能是敵人的黑暗而不應該是共產黨的黑暗。」㊲

對於國共兩黨的傾軋鬥爭，曹禺是懵懂不知的。他憤怒的是國府當局官僚腐化的行政弊端；嚮往著延安那理想烏托邦。他向周恩來提出，「想到延安，想離開國統區的醜惡和陰暗的念頭。」而周恩來則是「諄諄善誘」，要曹禺留下。並勸他說：「這裡需要人，國統區也一樣有重要的工作要做。」㊳心思縝密的周恩來，深知秉持寫實主義原則寫作的曹禺，到延安恐怕弊多於利；若留在國統區，對國府當局則能產生相當的破壞力，因此勸曹禺還是留在國統區好。

《蛻變》的魅力是無法可擋的，一九四一年十月十日，《蛻變》由黃佐臨導演，作爲上海苦幹劇團的第一個劇目在「孤島」上海首次演出。每天日夜兩場，竟連續客滿三十五天，後遭上海公共租界工部局禁演。當第一場演出，就引起全場愛國熱情的高漲，台詞不斷爲雷動的掌聲所中斷。劇終以後，連續謝幕三次，很多演員和工作人員都在後台激動得流了淚。到了十一月十二日孫中山先生誕辰這天，觀眾的愛國熱情出現了新的高潮，當結尾劇中人向抗日戰士講話時，說到「中國中國，你是應該強的」的時候，池座裡大聲地喊出了愛國口號，一時整個劇場都沸騰起來。閉幕以後，觀眾還不斷鼓掌，許久都不願意離開劇場。㊴

左翼評論家都肯定了《蛻變》對國民黨統治當局腐化面的揭露；然而卻對此劇中塑造出來的「正面人物」有所疑慮。四十年代，楊晦就指出以八路軍駐長沙辦事處的負責人徐特立爲原型的梁專員，「只不過是有幹事的熱誠，也有幹事的能力的新官吏而已，他須要有賢明的主管上司，對他信任，付他職權，他才能有所爲；不然，他就束手無策。」丁大夫幸好有「梁專員從天而降似地來作了救星」，才得以奉獻所長。㊵胡風雖也贊賞《蛻變》「正面地送出了肯定的人物」，但具體談到梁專員，則認爲「與其說他是一個性格，還不如說他是一個權力的化身。」㊶兩岸分治後，中國共產黨對《蛻變》普遍抱著批判的態度，認爲像梁專員這種賢明的官吏，在當時國統區是不可能存在的。諷刺的是，爭著以抗日正統自居的國共兩黨，對這齣以抗戰爲主題的《蛻變》，都不滿意。

四、對民族與人生憂患的歷史長思

隨著中日戰爭進入拉鋸的膠著狀態，劇作家不再像早期《盧溝橋》等劇中一味在宣洩憤怒激昂的情緒，他們緩下步來，開始去思索，對於民族與人生的憂患有所反思。研究抗戰戲劇的廖全京，指出了當時戲劇界的主要趨向：

> 試比較一下曹禺抗戰前期（按：廖的分期，一九三七年七月到一九四一年元月為前期）的《蛻變》和後期（按：廖的分期，一九四一年元月至一九四五年八月為後期）的《北京人》；陳白塵抗戰前期的《盧溝橋之戰》和後期的《歲寒圖》；陽翰笙抗戰前期的《前夜》、《塞上風雲》和後期的《天國春秋》、《草莽英雄》；宋之的抗戰前期的《自衛隊》和稍後期的《霧重慶》；甚至主要在孤島和淪陷區寫作的于伶抗戰前期的《血灑晴空》和後期的《長夜行》等等，……從總體上看，寄憂患于雄放，可以說是大後方戲劇的主要的美感特徵。㊷

《蛻變》完成了階段性的宣傳抗日，曹禺沉潛下來，陷入長長的思索，中國將何去何從。基於腐朽必然歸於滅亡，光明必須快快迎來的信念，在一九四〇年秋開始寫作《北京人》。爲什麼曹禺在描寫抗戰的當下現實之作《蛻變》後，又回到老題材封建家庭去呢？劇評家與作者均有不同的解讀，楊晦說，由於中國社會大部分並沒有走上「蛻變」道路，曹禺感到失望。《北京人》是他「於失望之餘，悲哀心情的表現。」唱出的是「他悲哀的舊調」。曹禺「知道中國的舊封建社會，非崩潰不可，但是他卻愛戀那種勢必隨著封建社會死滅的道德與情感，他低回婉轉地不忍割捨，好像對於行將沒落的夕陽一樣。在《北京人》裡唱出了他的輓歌，是又幽靜，又悲哀的呀！然而，他卻無法挽回封建社會崩潰的命運，他更無法留住那行將死滅的道德與感情，跟『無計留春住』，是同樣無可奈何的事情。」㊸五十年代中期，曹禺和他人談到《北京人》時，自述這個戲「可能是喜劇，不是悲劇，裡面有些人物也是喜劇的。」㊹劇評家有的將之歸類為喜劇，有的歸之為悲劇，有的認為這是一齣悲劇與喜劇情調的社會正劇。

事實上《北京人》有兩條主線在發展，習於封建以及意志薄弱無法反抗封建壓迫的人物必然走向敗亡；胸懷愛與理想願意掙脫封建束縛的得以重生。作者來自封建家庭，批判之餘，難免在回顧之餘帶上幾分溫情。而值得注意的是《北京人》一劇中，出現了一個相當奇特的象徵——北京人，也許是一九二九年北平周口店發現人類祖先的頭骨化石，給予曹禺靈感。在強烈批判儒家賴以維護宗法的倫理道德，反成為僵死的名教，反成了枷鎖束縛的禮教家規，人們在其壓迫下呻吟受盡折磨，中國人趨於懦弱無所作為。曹禺回溯歷史，開出他的一帖藥方，希望能活化中國人種，他向荒蠻世界去找尋沒被文明浸蝕，沒被權勢金錢異化的原始生命力量。雖然落幕時北京人打開大門，讓袁任敢帶著女兒、瑞貞、愫方離開了養心齋。曹禺安排這個結局，可看出他已朦朧地知道了革命在什麼地方，並且熱烈地嚮往它。但他改造中國人種的想法，與共產主義的社會改造風馬牛不相關。無怪乎楊晦在贊賞曹禺藝術修養之高，卻又惋惜他「對於社會問題的不能把握」。㊺

一九四一年十月二十四日，《北京人》在重慶抗建禮堂首次公演，轟動了重慶，接連演了三四十場。一九四二年二月再度公演，依然「轟動著重慶愛好戲劇的觀眾」。周恩來幾次去看了演出，非常喜歡這齣戲。他對曹禺說：「你還在嚮往原始共產主義哪，我們現在已有了延安了。」㊻可見曹禺劇中描寫的共產世界，與現實延安的共產路線是有差別的。然而共產黨之所以欣賞曹禺，是因爲他批判舊社會的神乎其技與所向披靡。早在一九四〇年延安劇協「工餘劇人協會」，就在毛澤東親自提議並支持下，演出《日出》。毛將當時魯迅藝術文學院負責人張庚找去，說延安也應上演一點國統區名作家的作品，《日出》就可以演。並指示組織一個臨時黨支部，保證把戲演好。㊼

《日出》在延安上演成功的訊息，魯迅藝術文學院給曹禺發來賀電，被江安憲兵隊截獲，以此作爲「通匪罪證」，搜查了曹禺的家，搜走所有的信件，檢查他的書籍、雜物。此後，曹禺家每天都要來一個三十歲上下，乾瘦的穿中山服的人。老是和曹禺閒扯，問東問西，古今中外、親戚朋友。當曹禺外出時，這人總是跟著他，過了幾天，曹禺的幾個學生便莫名其妙被捕了。㊽曹禺雖自認是不問政治，不惹是非的人，事實上他已經成爲共產黨詆譭國府當局的一個有力的攻擊手。

一九四二年初，曹禺辭去國立劇專教職，離開江安，到復旦大學教英文，也教外國戲劇。該年夏天，他在張駿祥的介紹下，來到重慶以東十多公里處，長江邊上的一個小碼頭——唐家沱，住在一艘輪船裡，創作改編了四幕劇《家》。曹禺的劇本《家》是根據巴金的小說《家》改編的。他讀巴金小說《家》的時候，「感受最深的和引起當時思想上共鳴的是對封建婚姻的反抗」，所以改編《家》時「就以覺新、瑞珏、梅小姐三個人物的關係作爲劇本的主要線索」。[49]這時候曹禺的婚姻正面臨著痛苦的深淵，他與鄭秀雖有過熱戀的時期，然因志趣不相合磨擦日增，已經很難彌合。

此外，他也與鄭譯生（後改名方瑞）——第二任妻子相識且相戀。他們是在一九四〇年夏天認識的，該年秋天他寫《北京人》時，劇中的愫方就有方瑞的影子。而創作《家》一劇時，他與方瑞更是陷入熱戀與苦戀中。這次戀愛並非像上次婚姻一樣，純是對愛情的憧憬與兩性的吸引，而是出自於心靈的契合。創作中，他每完成一個段落，總要把原稿寄給方瑞，而她總是回他一封熱情鼓勵的信，有時也在原稿上稍稍改動一些，或添補或刪減。曹禺回憶說，「自從我寫《北京人》，我的所有的文稿都是經過所愛的朋友的手，或抄謄過，或改動過。」[50]因此《北京人》、《家》二劇中都流淌著極美的詩情；而且幾乎與寫作《家》同時，他應邀翻譯《柔密歐與幽麗葉》，因此《家》一劇呈現著青春、美與愛情。

巴金的小說《家》，著重描寫覺慧這個人物對封建家庭的反抗，以及他的革命熱情；而曹禺的劇本《家》，著重突出反抗封建婚姻這一方面，描寫覺新、瑞珏和梅小姐這三個善良的青年，在婚姻上的不幸。小說中兵變和學潮，在劇本中只是作爲背景來處理。⑤¹最早也最有影響力對《家》提出批評的是何其芳，他認爲曹禺的《家》和巴金的原著相比，「重心不在新生的一代的奮鬥、反抗，而偏到戀愛婚姻的不幸上去了。」照他的看法，封建社會的主要矛盾是「農民與地主的矛盾」。大家庭的婚姻悲劇，爭財產糾紛，「都不過是地主階級的內部矛盾，因而只能算是封建社會的次要矛盾。」「這些不幸，比起那些真正巨大的不幸來，算得什麼呵！這大都不過是一種情感上的牙痛症罷了，忍痛把痛牙找了出來，也就可以霍然而癒的。」何其芳認爲曹禺描寫戀愛婚姻不幸的分量過重，「青年人們的奮鬥方面寫得太少了，時代的影響也幾乎看不見，又怎麼能鼓舞起一種對於光明的渴求和一種必勝的信心啊！」⑤²

當時左翼陣容馬克思主義的文藝批評對《家》的改編有所不滿，然而封建家長包辦婚姻制度，是青年一代痛苦的根源。封建政治制度已被推翻，而依附它的家庭制度和婚姻制度，以及與之相應的倫理思想和道德觀念，卻還根深柢固存在於一部分人的頭腦之中，這豈僅是牙痛症？分明應該得到幸福的青年男女，在封建社會卻要遭受到如此悲慘的命運。因此八十年代初，胡叔和提出另一個角度的思考，認爲《家》一劇激勵準備從《家》出走和已經從《家》出走的覺慧們，「向封建主義進行堅韌不拔，百折不撓的戰鬥。」⑤³值得深思的是被一些批評家認爲缺乏現實意義的《家》一劇，由中國藝術劇社爭得首演權，在重慶公演，演出盛況空前，連演三個月。⑤⁴事實上，《家》一劇除了描述一段纏綿悱惻的愛情故事外，更是給青年的一代很大的啓示：要得到幸福，就得掙脫家的枷鎖；與維護惡勢力的制度戰鬥。曹禺對封建制度的圍剿，是猛烈而持續深化的。

一九四一年，皖南事變爆發後，國共雙方更加注重政治宣傳，共產黨在文藝工作上表現得很積極。毛澤東在一九四二年五月在延安文藝座談上發表「講話」，明白暴露了中共在文藝工作上的野心。國府當局不能不有所因應，於一九四二年創辦《文化先鋒》半月刊，以期展開與毛共對抗。在《文化先鋒》創刊上，載有張道藩的〈我們所需要的文藝政策〉一文，提出了文藝創作的「六不」和「五要」主張。其中「六不」中的前兩項是：一、不要寫社會的黑暗。二、不挑撥階級的仇恨。[55]這正是中共刻意要宣揚的，中共正是要利用文藝來宣傳社會的黑暗，增強人民對於社會與政府的不滿。中共《紅旗》雜誌指出毛澤東在共產黨八屆十中全會中曾說過：「利用小說進行反黨活動，是一大發明。凡是要推翻一個政權，總要先造成輿論，總要先做意識型態方面的工作。革命的階級是這樣，反革命的階級也是這樣。」[56]小說如此，戲劇宣傳更是如此。

自一九二八年國民黨清黨勝利，共黨除江西的井崗山共區以外，全部轉入地下活動。然而他們善於利用文藝宣傳，到了抗戰後期，許多青年都往陝北跑。所以劉心皇痛心地說：「三十年代的文藝對我國各方面，都有影響；而總的影響，則是共黨的得以竊據大陸。其次，三十年代的文藝還給我們兩項用無數萬人的血淚換來的經驗：甲、它使我們知道文藝的重要性。乙、它向世界供給了一整套利用文藝去滲透、宣傳、組織和叛亂陰謀的範例。」[57]而蔣夢麟也談到當時共黨操縱文藝的方法，和政府應付的失策：

> 政府方面因不懂本國社會日趨沒落的背景和國際巧妙精密的陰謀，故只用兩個簡單的辦法

去應付：一個辦法是禁封書局，抓人。結果愈禁，人家愈要看，抓人的範圍愈廣，便要鱔魚當蛇，一齊捉起來，鱔魚也從此對蛇表同情了。另一個辦法是自己來創作文藝。但這種作品，由於政府自己對社會上各種問題負有責任，病者諱疾，而且和廣大的民眾脫了節，對於社會不滿意的情緒，知之不深，覺之不切。因此我們的文藝作品都是些不痛不癢的東西。後來共產黨把文藝移花接木地從西歐思想變成了俄國思想，從此民主思想變成了階級思想，個性主義變成了集體主義。這一來共產黨的勢力在文藝界便強大起來；……不論是工人群眾或知識青年，從城鎮到農村都被他們滲透進去。等我們覺察時，共產主義思想已經瀰漫全國了。58

這段分析頗為愷切，深中要害，在文藝工作方面，國民黨確實處於劣勢，既不能制敵機先，只得嚴加防堵。一九四四年，重慶圖書雜誌審查委員會發表《取締劇本表》，曹禺的《原野》，陳白塵的《石達開》，歐陽予倩的《桃花扇》等均遭禁。59一九四五年上半年，重慶國民黨宣傳部公布查禁和修正的劇目，其中查禁的有曹禺的《原野》、《雷雨》，修正的有《日出》等。60相對的，共產黨則給予他極高的尊崇。曹禺在該年九月在周恩來的安排下，見到了毛澤東，毛勉勵他努力為人民服務，並說：「足下春秋鼎盛，好自為之。」該年十月二十一日，參加文協聯歡晚會，周恩來在席上公開贊揚《日出》、《北京人》是優秀作品。61

共黨的宣傳策略不僅施於中國內部，更及於國際輿論。羅斯福介紹給蔣的政治顧問拉提摩爾與居里對中共皆抱好感。美國大使館秘書兼史迪威的政治顧問戴維斯、謝偉思，與周恩來不時往來。周恩來以其靈活的外交手腕及漂亮的政治宣傳，使美國朝野上下一致認爲中共代表著民主，而國民黨統治區代表著封建的中國。[62]抗戰勝利前夕的國民黨，可說是抗戰以來中國處境最艱危險惡的一年。中、俄關係繼續惡化，中共的要求不斷擴大，日本大舉進攻，國民黨內部動盪，美國的壓力愈增，物價上漲更速。[63]物腐蟲生，蟲生必因物腐。一九四三年起，國民黨內的高級人員，暗中論及時事亦多感慨。有的說文武負責者庸儒無所作爲，但事擴張勢力；有的說政府用人不重職責，機關不重制度，缺少組織效力；有的說蔣的主觀太重，厭聽直言，上下隔阻，社會人心浮動，青年煩悶；有的說時勢之危不在外而在內，黨政腐敗，由於自私。爲眾矢之的者是控制教育人事的CC系（按：陳立夫、陳果夫），掌握財政經濟的孔祥熙，主管軍事的何應欽。[64]而物價不停的上漲，通貨無止境的膨脹，獲利的爲極少數，受害的爲大多數，而以受薪階級最甚。返視當權有勢者的所作所爲，及政治社會種種不合理現象，民眾充滿了怨尤；而掌握政治、財政、經濟的官員，亦各有企業，最令人側目。[65]

激於一股義憤，曹禺開始構思《橋》，將矛頭指向孔祥熙。曹禺曾說，這齣劇的鬥爭，「表現在民族資本家同官僚資本家之間，我使觀眾能一目瞭然地看出劇中的官僚資本家的形象，是按照蔣介石的連襟——國民黨財閥孔祥熙塑造的。」[66]刺激曹禺寫這齣戲的動機最主要的原因有二：一是一九四五年前後，官僚資本摧殘民營工業特別是鋼鐵工業，已到了極端嚴重的程度。最明顯的例子是綦江煉鐵廠面臨破產的厄運，《新華日報》對此作了連續報導。另一原因是毛澤東在〈論聯合政府〉中指明了發展民族工業的道路；延安《解放日報》又以〈發展資本主義〉爲題發表社論，進一步闡述。重慶《新華日報》全文轉載這兩篇文章，《新華日報》是曹禺喜讀的報紙，受其影響是在所難免的。然而最直接的影響，應是來自「周恩來多次向曹禺談到這個問題」。[67]雖然周恩來運用的是暗示手法，將曹禺納入中共宣傳體系爲其効命；而曹禺卻是自發而不自覺的，有感於權勢利用國難大發其財的憤慨心理而作的，爲大多數民眾而寫。

描寫投機市場的鬥爭稍早有曹禺的《日出》與茅盾的小說《子夜》。無獨有偶的，同是描寫民族工業的出路問題，曹禺的《橋》更緊隨茅盾的《清明前後》同讀者見面，而且兩者都是話劇。所不同的是《清明前後》是《子夜》的續篇，《橋》則是《日出》的發展與深化。[68]值得尋思的是寫《日出》時，曹禺將「有餘」的資產階級，與「不足」的無產階級相對立；而《橋》一劇中卻將資產階級顯明劃分爲兩個階層，一個階層是大資產階級，另一個是民族資產階級，顯然的，曹禺是站在民族資產階級這一方，這正是共產黨「拉攏次要敵人打擊主要敵人」的策略運用。曹禺只是被操縱的一具傀儡，然而他卻是有感於現實誠心而作的。《橋》在抗戰勝利後一九四六年四月，在《文藝復興》第一卷第三期至第五期連載第一、二幕，但因不久曹禺即獲邀赴美講學，多幕劇《橋》終於沒有完成。

註釋：

①田本相，《曹禺傳》，頁二一九—二二二。

②吳若，賈亦棣，《中國話劇史》（台北：行政院文化建設委員會，一九八五年），頁一五五—一五八。
③同註②，頁一七二。
④華忱之，〈關于《黑字二十八》〉，原載《抗戰文藝研究》一九八一年第一期，《曹禺研究專集（下）》，頁一八六。
⑤同註①，頁二三一。
⑥田本相、張靖編著，《曹禺年譜》，頁四四—四五。
⑦尹雪曼，《中國新文學史論》（台北：中華文物供應社，一九八三年），頁一七五—一七六。
⑧陶希聖，〈三十年代文藝瑣談〉，引自註⑦，頁二〇八。
⑨同註①，頁一九二。
⑩曹禺，〈我的生活和創作道路〉，原載《戲劇論叢》一九八一年第二期，《曹禺研究專集（上）》，頁一〇三。
⑪郭廷以，《近代中國史綱（下）》，頁六六六。
⑫同註⑩，頁一〇四。
⑬司馬長風，〈附錄㈠：戰時戰後文壇大事記〉，《中國新文學史（下）》，頁五三。
⑭同註②，頁一六五。
⑮胡叔和，《曹禺評傳》（北京：中國戲劇出版社，一九九四年），頁一九七。

⑯曹禺，〈獻給周總理的八十誕辰〉，原載《北京文藝》一九七八年第三期，《曹禺全集(6)》，頁三七三。

⑰曹禺，〈我們心中的周總理〉，《曹禺全集(6)》，頁三六八。

⑱同註⑪，頁六八〇。

⑲同註⑰。

⑳同註⑪，頁五五八—五六二。

㉑〔西德〕烏韋·克勞特，〈戲劇家曹禺〉，原載《人物》一九八一年第四期，《曹禺研究資料（上）》，頁一〇九。

㉒同註㉑，頁一一一。

㉓同註㉑，頁一一五。

㉔同註⑩，頁一〇四。

㉕同註㉔。

㉖同註㉔。

㉗同註⑩，頁一〇四—一〇五。

㉘同註①，頁二四〇—二四一。

㉙同註㉑，頁一〇七。

㉚曹禺，〈關於《蛻變》二字〉，選自《蛻變》（文化生活出版社，一九四七年），《曹禺研究

專集（上）》，頁五九。

㉛沈蔚德，〈回憶《蛻變》的首次演出〉，原載《新文學史料》一九七八年第一期，《曹禺研究資料（下）》，頁一〇〇〇—一〇〇五。

㉜同註⑩，頁一一二。

㉝田本相訪問曹禺記錄，見《曹禺年譜》，頁五五。

㉞同註⑩，頁一一二。

㉟趙浩生，〈曹禺從《雷雨》談到《王昭君》〉，原載香港《七十年代》一九七九年第二期，《曹禺研究資料（上）》，頁一三二。

㊱同註⑦，頁二三二。

㊲同註㊱。

㊳同註⑯，頁三七三。

㊴柯靈、楊英梧，〈回憶「苦幹」〉，田漢，歐陽予倩等編，《中國話劇運動五十年史料集（第二輯）》（北京：中國戲劇出版社，一九八五年），頁三四七。

㊵楊晦，〈曹禺論〉，原載《青年文藝》新一卷第四期，一九四四年十一月，《曹禺研究資料（上）》，頁二五七。

㊶胡風，〈《蛻變》一解〉，原載一九四三年《文學創作》第一卷第六期，《曹禺研究資料（下）》，頁九九三—九九四。

㊷廖全京，《大後方戲劇論稿》（成都：四川教育出版社，一九八八年），頁三七

㊸同註㊵，頁二五八—二五九。

㊹張葆莘，〈曹禺同志談劇作〉，原載《文藝報》一九五七年第二期，《曹禺研究資料（上）》，頁一五二。

㊺同註㊵，頁二六四。

㊻田本相與張瑞芳在一九八三年二月十七日的談話，張瑞芳在《北京人》一劇中飾演愫方。見田本相，《曹禺傳》，頁二八四。

㊼鍾敬之，〈延安魯迅藝術學院概貌側記〉，《新文學史料》一九八二年第二期，轉引自《曹禺年譜》，頁五七—五八。

㊽曹禺，〈從一件小事談起〉，《迎春集》（北京出版社，一九五八年），引自《曹禺年譜》，頁五九。

㊾《劇本》記者，〈曹禺同志漫談《家》的改編〉，原載《劇本》一九五六第十二期，《曹禺研究資料（上）》，頁一八七。

㊿曹禺，〈爲了不能忘卻的紀念〉，一九七八年八月六日《文匯報》，引自《曹禺年譜》，頁六二。

(51)同註㊾。

(52)何其芳，〈關于《家》〉，寫於一九四七年二月，《曹禺研究資料（下）》，頁一一五九—一

一六三。

(53)胡叔和，〈傑出的現實主義藝術〉，原載《藝譚》一九八〇第一期，《曹禺研究資料(下)》，頁一一八五。

(54)田本相訪問張瑞芳記錄，張瑞芳在劇中飾演瑞玨，見《曹禺年譜》，頁六六。

(55)張道藩，〈我們所需要的文藝政策〉，《中國新文學大系（一九三七—一九四九）．文學理論卷(一)》（上海文藝出版社，一九九〇年），頁七五—七六。

(56)三聯書局編，《毛主席關於文學藝術的五個文件》（香港：三聯書局，一九六七年），引自張錯，〈一九四九年以來中國大陸文藝思潮的發展與論爭〉，《從莎士比亞到上田秋成》（台北：聯經出版公司，一九八九年），頁三二七。

(57)劉心皇，《現代中國文學史話》（台北：正中書局，一九八六年），頁四六七。

(58)蔣夢麟，〈談中國新文藝運動〉，引自註(57)，頁四五三—四五四。

(59)《雜誌》第十三卷第一期，引自《曹禺年譜》，頁六八—六九。

(60)《雜誌》第十五卷第三期，引自《曹禺年譜》，頁七〇。

(61)《曹禺年譜》，頁七〇—七一。

(62)同註⑪，頁六九六。

(63)同註⑪，頁六九七。

(64)由註⑪，頁七〇一。

⑥⑤同註⑪，頁七〇七—七〇八。
⑥⑥同註㉑，頁一一八。
⑥⑦同註⑮，頁二四七。
⑥⑧同註⑮，頁二四三。

第三節 中國大陸政權轉變前夕選擇投効左翼陣容

一、對資本主義社會強烈反感

一九四五年八月六日，美國以原子彈炸廣島；八日，再以原子彈炸長崎。次日，蘇俄對日本宣戰。十五日，蔣介石廣播「不念舊惡」「與人爲善」，只認日本軍閥爲敵，不企圖報復，即所謂「以德報怨」。九月二日，日本外相及參謀總長代表日本政府向同盟軍統帥麥克阿瑟投降。九日，日本派遣軍總司令岡村寧次向中國陸軍總司令何應欽投降，八年中日戰爭終於結束。中國先後徵發兵員一千四百萬人，傷亡官兵三百二十萬人，人民生命犧牲以千萬計，財產損失約四千八百八十億美元。[1]戰爭一結束，蔣介石給毛澤東打了三次電報，敦促毛來重慶商談「和平建國大計」。八月二十八日毛澤東在周恩來及美國大使赫爾利等人陪同下到達重慶，開始國共會談。雙方在軍隊國家化、解放區地方政府及受降問題上有很深的歧見，經過四十多天的交涉，十月十日，簽訂三個《會談紀要》（中共稱之爲《雙十協定》）。[2]一九四六年一月十日，國共間成立停戰協定，同日召開政治協商會議（國民黨八人、共產黨七人、民主同盟九人、中國青年黨五人、無黨派九人），三十一日採取「和平建國綱領」等爲新的統一政府的「五項決議」。對和平和統一的樂觀氣氛，這時達到高潮。③

曹禺就在舉國歡騰慶賀抗戰勝利，及國共和談在美國大力調停下已露出曙光的時刻，和老舍接受美國國務院的邀請，赴美講學一年。一九四六年三月四日，曹禺坐上一艘美國海軍運輸艦，經過半個月的航行，從西雅圖港踏上了美國的國土，開始了他們講學觀光的旅程。在四月底，到達紐約時，據老舍統計，他已看了兩次舞劇，三次廣播劇，兩次音樂劇和八次話劇，而曹禺看得更多一些。④他們在紐約停留的時間最長，對於曹禺來說，紐約百老匯的戲劇是他早就嚮往的，但是整個百老匯卻使他大失所望。最流行的是歌劇和喜劇，演出者只是希望獲利，瀰漫著商業氣息。他回憶說：「那時的百老匯的戲劇藝術，被那些演出公司的老板控制著，爲金錢操縱著，這必然使那些從事嚴肅戲劇的劇作家、導演和演員逐漸失去信心和力量。當然，也有少數人堅持著，但也無法改變那種社會現實和社會潮流。」⑤對於資本主義操縱下的百老匯戲劇，曹禺深爲不滿。

在紐約和好萊塢，曹禺有幸兩次會見德國劇作家布萊希特（Bertolt Brecht,1898-1956）。他回憶與布氏見面的情景，「同他見面是我那次訪問中最難忘的大事。」曹禺說：「他對人和藹可親，熱愛中國」，「布萊希特是個大人物，但他並不擺架子。他很富於同情心，待人隨和。」⑥曹禺對布萊希特產生好感是著眼於其待人處世與熱愛中國，非常可惜的是曹禺似乎對布氏在史詩劇場方面受東方傳統戲劇影響，卻又深具創意的戲劇理論與嶄新表現手法不太關注。

二次大戰後，美國最著名的兩大寫實劇作家，是田納西・威廉斯（Tennessee Williams）和亞瑟·密勒（Arthur Miller）。亞瑟·米勒的《推銷員之死》（*Death of Salesman*）完成於一九四九年；而田納西·威廉斯的成名作如《慾望街車》（*A Street Car Named Desire*），曹禺一九四六年訪美時均失之交臂。美國劇壇對百老匯全爲迎合大眾口味不滿，「外百老匯運動」（off-Broadway Movement）於一九五〇年左右興起，甚至更具實驗性質的「外外百老匯」，曹禺均不得恭逢其盛。事實上，他看到的只是美國劇場的糟粕。讓他覺得不虛此行的是在紐約世紀劇院看了英國老維克劇團名演員勞倫斯·奧立佛主演的莎士比亞歷史劇《亨利第四》；以及看到奧尼爾的《送冰的人》的演出。奧尼爾是他心儀的傑出劇作家，可惜正在病中，無法訪問他⑦，令曹禺深以爲憾。然而得以見到他的新作演出，多少也滿足了曹禺的心願。《送冰的人》是奧尼爾後期的偉大劇作，它描寫紐約西區一家簡陋的旅館中，房客們寄人籬下，過著醉生夢死的生活，作品中帶有濃重的悲觀色彩。曹禺似乎隱約感到，如果說奧尼爾前期作品還透露著希望和憧憬，還具有一種對困境的掙扎和搏鬥，而現在，他的作品絕望了，人們再也逃不出那無形的網。在這樣一個高度科學技術文明和富有的國家，作者卻看不到他們的出路。《送冰的人》的絕望和悲哀的劇情，使曹禺陷入沉思之中。⑧《送冰的人》是第一次公演⑨，輿論界的反應卻很冷淡，也使曹禺心有戚戚焉，他了解到美國這個西方資本主義社會，並非他理想之所繫。

使曹禺最反感的是美國對黑人的種族歧視。甚至老舍和他自己也遭到某種程度的種族歧視。⑩更使他感覺美國並不是天堂。一次茶會上，曹禺同痛恨左派的林語堂就林的《吾土與吾民》一書發生激辯，曹禺堅持「文學作品應該具有社會意義，否則就毫無價值。」⑪對於高度資本主義化的社會愈來愈厭倦，曹禺思鄉心切，在美國總共住了十一個月，就編造了個母親染疾，必須回國的藉口，高高興興地離開美國。⑫老舍則繼續留在那裡，完成他的新作《四世同堂》。

赴美之前，曹禺對西方這個富庶的樂土充滿了憧憬與期待，然而卻是懷著失望的心情返抵國門。他的學生梅朵是這樣描寫歸國的曹禺的：

曹禺先生去美國的時候，脫下了他的長袍，換上了西裝，領帶打得很整齊，皮鞋上面拭掉了慣常有的泥污，曹禺先生突然好像換了一個人，因為他從來不修邊幅。先生那時的心境很好。不但希望一次愉快的旅行，而且那時的政局也未令人絕望，大家都還覺得幸福的日子離得不遠。他看見歡送會上年輕人熱情的眼睛，他的心裡也被這熱情燃燒成一團火。……帶著希望去的，馱著陽光去的，然而這一年來，祖國的天空是一重重的陰霾濃雲捲了過來。在美國，他要說的話，他要呼喊的聲音，卻不免因此低沉暗澀，當那一位曾經與他合作演出《原野》的偉大志士倒下去的時候，那比什麼消息都更沉重啊！心上的暗影再也抹不掉了！⑬

美國之行使曹禺對資本主義徹底失望；也促使他義無反顧地將身心安頓擺置在社會主義的高懸理想上。

二、聞一多被暗殺事件的催化

西南聯大教授聞一多的死，的確是對曹禺相當大的打擊，這個一向支持他，並親自爲《原野》擔任舞台設計的伙伴被暗殺了，令曹禺痛心疾首。一九四五年十二月一日，有一百多個武裝軍人襲擊西南聯大、雲南大學、中法大學等校學生，造成四個人死亡，五十多人受傷的事件，當時稱爲「一二一事件」。這引發了軒然大波，又是罷課，又是遊行。聞一多這時可以說是配合整個的學生運動，以及民盟，甚至中共的政策，進行反政府、要求民主等抗議示威活動。一九四六年一月十日到三十一日，在重慶舉行了國共以及各黨派的「政治協商會議」，中共以及民盟發起很多的學生聚會來支持這個會議。二月十日在重慶校場口各界慶祝政協成功大會上，持著武器的軍人進入會場，打傷了郭沫若、李公樸等人，造成所謂「二一〇」事件。昆明立刻響應，聞一多作爲民盟宣傳部長，當然也參與其事，擔任昆明各界發起的政協會談的大會主席。⑭

「一二一事件」中有四個學生死亡。三月十七日舉行烈士大出殯，有三萬多人參加遊行，聞一多當然也參加了，在開會時他公然對當時治安當局挑戰。四月十四日在聯大校友話別會裡，聞一多罵當時國民政府主席，這些動作當然加速製造了他和政府間的衝突。五月二日，他和二十位教授聯名致電當時在中國調停國共衝突的馬歇爾將軍。在電文裡，要求政府必須承認中共在東北所控制的民主聯軍以及人民自治政府；以及要求美國停止援助國民政府。這些舉動可以說和政府完全站在相反的立場；完全支持中共各種政治要求。五月三十一日，國軍正在收復東北，來自雲南的一百八十四師宣布投靠中共，在這個尖銳的政治事件中，聞一多以及其他的一些學人，致電該師的官兵，說他們是「第二次護國起義」。這樣的政治立場，當然和政府已成水火不容之勢。⑮

七月十一日，民盟的中央委員李公樸被暗殺。十五日雲南召開李公樸殉難經過報告會，聞一多說：「你們殺死了一個李公樸，會有千百萬個李公樸站起來！」又說：「我們不怕死，我們有犧牲的精神，我們隨時像先生一樣，前腳踏出大門，後腳就不準備再跨進大門！」在當天的下午五點左右，他就和他的兒子被幾名暴徒槍殺，他自己當場死亡，兒子遭受重傷。此事立即引起一連串的全國各地抗議活動和追悼會。美國的報紙、雜誌，很多人發表譴責，有的並致函美國總統杜魯門，要求在中國沒有成立民主的聯合政府之前，美國必須停止其對華一切的軍事、經濟援助。聞氏血案發生後，蔣介石立派大員赴滇，除經審判將兇手二人處死以外，亦將雲南警備總司令霍揆彰免職。一九五一年四月，中共昆明市軍管會又將聞案的另四名兇手處決。⑯

聞一多慘案發生時，曹禺正應美國政府的邀請，來美進行文化交流。聞一多被暗殺的消息傳來，這無聲的暗害，使曹禺憎恨到了無言的程度。他眼前又歷歷浮現七年前與聞一多在昆明合作導演《原野》的情景：金子穿的那件緊身的紅緞面子的絲棉襖，就是聞一多從舊衣店裡親自選購來的；仇虎在森林中的那一幕的景，他用許多黑色的長條木板在舞台的後半部，一排排大小錯落地排列起來，演出時叫人提了小紅燈籠，穿來穿去，在台下看起來就顯得這片森林多麼幽黑深遠。在那個「國破山河在」的艱難歲月，爲了想在昆明的話劇舞台上燃起一把火，聞一多特意邀約曹禺來昆明演出《原野》。想不到這麼可敬可佩的愛國志士竟被暗殺了，⑰聞一多被暗殺的事件，更堅定曹禺左傾的決心；也加深他對國民黨仇恨的心態。

事隔半個世紀，國民黨陣容的邵玉銘依然非常痛心地說：「在抗戰勝利到大陸淪陷期間，若想找一個事件，對國民政府在國內和國際的聲望造成最大創傷的，就是李公樸，尤其是聞一多事件。李公樸是個政治人物，聞一多卻是一個學者和詩人，因此引起更多的同情，我看到美國國務院、白宮的一些資料，在這件事情上他們對國民政府非常不滿，這對中美關係確實是致命的一擊。」⑱他爲聞一多死得淒慘而扼腕嘆息，並認爲這是本世紀中國歷史的最大悲劇之一。

三、政權更迭前夕走上左的道路

曹禺在一九四七年一月回到中國來，發現局勢比他預期的還要嚴重，聞一多被暗殺，固然使他悲憤莫名，然而紊亂的社會和經濟亂象更令他震驚。當時在上海的鄭振鐸以「慘勝」表現這個狀況。雖說勝利，卻太過悲慘的勝利，反倒變得比日本和傀儡統治時代更亂而無秩序。一九四六年十一月，上海發生大暴動。在北平於十二月，以美軍士兵強姦女學生事件爲契機，發生反美示威遊行。接著一九四七年五月就變作反飢餓、反內戰、反迫害的「五・二〇學生運動」。城市貧民的搶米暴動，擴大到全國三十八個城市。一九四七年末，物價高漲。匱乏原料和運用資金的民族工商業，無法抵抗美國放出大量剩餘物質，紛紛倒閉，失業者泛濫街頭。農村更爲悲慘，生產急驟降落，餓殍者光一九四六年便有一千萬。⑲

論者曾以「泥足巨人的末路」來形容這時候的國民黨政權。通貨膨脹與腐敗大行其道，物價上漲兩千多倍；全國風傳中國所有財富，都迅速地集中在以四大家族爲首的少數官僚手中，城市經濟終於徹底解體；已在解體的農村也出現了同樣的結局。一九四六年國民黨徵兵六十萬，一九四七年又徵兵一百五十萬，所有這些均靠基層保甲抓捕壯丁。一九四六年爲了內戰需要，國民黨宣布對四十個省田賦徵實，加上徵借和地方公糧，農民須上繳的糧食高達一億一千萬石，當時就有人驚呼這是史無前例的苛政。農村，終於因國家和基層惡霸地主的壓迫而雪崩般地的瓦解。據不完全統計，一九四七年飢民增加到一億；僅上海一地，失業者即達二百萬。中國社會結構大崩潰開始了。國民黨政權出現了兵敗如山倒的局面。⑳

曹禺一九四七年初從美國回來後，他的思想「發生較大變化」，與共產黨的聯繫更多了，對共產黨奪取全國勝利的信心更加堅定。一年來的旅美生活，他覺得美國那種資產階級民主文明的社會制度是沒有前途的，「中國的唯一出路是要靠共產黨」，「國民黨是徹底腐爛了」。㉑他的學生劉厚生、方琯德、任德耀接受了共黨組織交給他們的任務，邀請曹禺參加一個讀書會，每一二週去上海育才中學聚會一次，學習艾思奇的《大眾哲學》及其他革命書刊。㉒曹禺稍稍懂得一些階級鬥爭和無產階級專政的道理，還是在讀了列寧的《國家與革命》以及其他馬列的書之後，不過那是「全國解放之後的事了」。㉓因此許多左翼評論家企圖在曹禺一九四九年以前的作品中，尋訪共產思想的軌跡，無疑是緣木求魚；而曹禺在大陸政權轉移後，大力刪改以前的作品，也是削足適履的不智之舉。

一九四七年夏，曹禺經黃佐臨介紹，任上海文華影業公司編導。該年秋天，他寫成了電影劇本《艷陽天》，自任導演，由文華公司拍攝。《艷陽天》是描寫抗戰勝利後，國統區一個正直不阿的律師陰兆時，和敵僞時期當過漢奸的富商金煥吾之間的鬥爭。陰兆時，最後控告了金煥吾的種種罪行，終於取得了勝訴。電影在一九四八年五月廿九日在上海、南京等地的十幾家戲院同時上映。上海《大公報》以〈曹禺編導《艷陽天》〉爲題，報導「本外埠十六家電影院同日開映」這個消息的前三天，即五月廿六日，在〈文化界推薦文華新片《艷陽天》〉的通欄標題下，用頭版整整一版的篇幅刊登了葉聖陶、鄭振鐸、熊佛西、巴金、臧克家等的推薦短文。大致均認爲曹禺編導的第一部影片《艷陽天》，衝破了那種麻醉觀眾的情調，表現了較爲嚴肅的社會問題；熊佛西甚至稱《艷陽天》「是影劇界的艷陽天」。㉔

然而左傾評論家對於曹禺沒有運用階級觀點，劃清兩種不同社會制度下的「法庭的公平和尊嚴」，而深覺遺憾。八十年代初期，華忱之仍指出曹禺「讓陰兆時這樣一個單有著正義感和是非之心的知識分子，憑藉著資產階級專政下的『公平尊嚴的法庭』，單槍匹馬地一舉把金煥吾打倒，這種描寫不僅給人不夠真實之感，而且在一定程度上還會影響人們對國統區黑暗現實的本質的認識。」因此論定曹禺在創作《艷陽天》時，「有社會主義傾向和樸素的階級觀念」，但並未「確立了馬克思主義的世界觀」。㉕

《艷陽天》結尾的一幅壯麗的美景：「碧藍的天空，無垠的曠野，……天邊上飄著白雲，遠遠地平線上隱約望得見一點樹影。大地灑滿了陽光。」㉖這正是曹禺胸中的渴望與期待，而他的理想所歸在延安。一九四八年，決定共產勝利的「三大戰役」——遼瀋、淮海、平津戰役，自秋天打到冬天，曹禺所住的上海已處於惶惶不可終日的慌亂裡，有錢的富商攜家帶眷逃往香港，物價飛漲，謠言四起。該年年底，他得到黨組織要他轉赴香港的消息後，非常興奮，隨即南下香港。一九四九年初，在中共地下組織的安排下，與馬寅初、葉聖陶等人化粧成商人，乘船經煙台進入解放區，他們這些著名文化人的「來歸」，可說爲共產黨做了最佳的宣傳與號召。曹禺在山東時遇到被俘的杜聿明，杜見著這麼多著名文人「投奔」中共，對其思想轉變產生了很大影響。㉗曹禺不知道自己也成了宣傳工具之一，衷心感念共黨在烽火遍天患難的時刻，仍未忘記他。

註　釋：

①郭廷以，《近代中國史綱（下）》，頁七一五。

②同註①，頁七二一—七二六。

③小島晉治、丸山松幸合著，葉寄民譯，《中國近現代史》（台北：帕米爾書店，一九九二年），頁二〇八。

④老舍，〈老舍先生告劇界諸友〉，《清明》第三號，引自田本相、張靖編著，《曹禺年譜》，頁七三。

⑤田本相與曹禺在一九八二年五月廿六日談話記錄，田本相，《曹禺傳》，頁三四一。

⑥〔西德〕烏韋·克勞特，〈戲劇家曹禺〉，原載《人物》一九八一年第四期，《曹禺研究資料（上）》，頁一一九。

⑦田本相、張靖編著，《曹禺年譜》，頁七三。

⑧田本相，《曹禺傳》，頁三四〇—三四一。

⑨〔美〕弗吉尼亞·弗洛伊德著，陳良廷、鹿金譯，〈年表〉，《尤金·奧尼爾的劇本一種新的評價》（上海：譯文出版社，一九九三年），頁六。

⑩同註⑥。

⑪同註⑥。

⑫同註⑥。

⑬梅朵，〈記歸國的曹禺〉，《文匯報》一九四七年二月十二、十四日，引自田本相，《曹禺傳》，頁三五〇。

⑭邵玉銘，〈爲何「千古文章未盡才」（三）〉，《聯合報》副刊，一九九五年一月十日。

⑮同註⑭。

⑯同註⑭。

⑰胡叔和，《曹禺評傳》（北京：中國戲劇出版社，一九九四年），頁二五五—二五六。

⑱邵玉銘，〈爲何「千古文章未盡才」（四）〉，《聯合報》副刊，一九九五年一月十一日。

⑲同註③，頁二一〇。

⑳金觀濤、劉青峰，《開放中的變遷》，頁三六九—三七一。

㉑曹禺，〈我的生活和創作道路〉，原載《戲劇論叢》一九八一年二期，《曹禺研究專集（上）》，

頁一〇五。

㉒同註⑦，頁七七。

㉓同註㉑。

㉔胡叔和，《曹禺評傳》，頁二六四—二六八。

㉕華忱之，〈論曹禺解放前的創作道路〉，原載《江西師院學報》一九八一年第一期，《曹禺研究資料（上）》，頁三七七—三七八。

㉖曹禺，《艷陽天》第九本結局（上海：文化生活出版社，一九四八年），《曹禺全集⑹》，頁六〇八。

㉗同註⑦，頁七七—七八。

第五章　共產黨統治下曹禺的創作道路與思想歸趨

第一節　大陸政權轉變後頓覺今是而昨非

一、不解唯物論　寫作遇瓶頸

一九四九年十月一日，毛澤東在一片萬歲聲中登上天安門城樓。早在一九四二年中國共產黨開始延安整風之後，毛澤東、劉少奇等人的著作被列爲幹部學習的必讀文獻。而毛澤東成爲中國共產黨意識形態的權威。一個新意識形態被創造出來了。一位近現代史學者指出，在四十年代，毛澤東已被推上了「人民大救星」的「聖王」地位。①一九四九年共產黨執政時，的確給中國人民帶來一個嶄新的希望——一個不再受百年來的各個帝國主義欺壓的獨立的中國。曹禺非常興奮地寫下了：「每一個北京人，每一個中國人將永不忘記一九四九年十月一日那個莊嚴的時刻，親愛的毛澤東主席在天安門上宣布了：中國人民站起來了！」②對於新局勢的到來，曹禺心中充滿了期待：「那真是高興。知道國家站起來了，過去有自卑感，挨打挨慣了。過去，你看，就五月一個月裡，就有多少國恥紀念日，心裡真是說不出的難過。……唉，不快活的日子太多了，從四九年以後開始心裡好過了。」③

中共建國以後，曹禺就被推上行政官僚系統，除了參加一連串的文化會議之外，他也參加第一屆中國人民政治協商會議，並負責政協對外文化交流工作。忙碌的外事任務，加上四九年十月剛成立的國立戲劇學院（即中央戲劇學院的前身），由他擔任副院長，他忙得沒工夫寫東西。④繁忙的生活雖是影響他寫作的因素之一，然而真正斲傷他的創造力的是：迎接新世紀的到來，須有反映新的生活，以廣大的人民為題材的創作，這些都是他覺得陌生的，他不知道如何寫出黨要求的工農兵文學。曹禺確實遇上了寫作的瓶頸。

「解放」初期，介紹曹禺仔細讀列寧的《國家與革命》的，是當時北京市委宣傳部副部長廖沫沙，他是後來遭到「四人幫」惡毒迫害的《三家村札記》撰稿人之一。⑤隨著接觸愈多的馬列及毛澤東思想的書刊，曹禺愈加惶恐，深深自責「沒有歷史唯物論的基礎，不明瞭祖國的革命動力，不分析社會的階級性質，而冒然以所謂的『正義感』當作自己思想的支柱，這自然是非常幼稚，非常荒謬。」⑥他甚至以自己是小資產階級知識分子的觀點寫作，未必能表現人民心目中的是非來否定以前的作品：「我的作品對群眾有好影響嗎？真能引起若干進步的作用麼？」「一個作家的錯誤看法，爲害之甚並不限於自己，而是擴大蔓衍到看過這個戲的千百次演出的觀眾。最可痛心的就在此。」⑦曹禺覺得唯有通過創作思想上的檢查才能開始進步，「將自己的作品在文藝爲工農兵的方向的X光線中照一照」，才可以明瞭「思想上的瘡膿是從什麼地方潰發的。」⑧

二、大事刪改舊作　面臨創作危機

懷著向大眾人民負荊請罪的心情，曹禺在一九五一年夏，自編《曹禺選集》時，對《雷雨》、《日出》、《北京人》三部作品作了大量修改，其中尤其以《雷雨》修改最多。他說：「改很費事，所用的精神僅次於另寫一個劇本。」雖然可能露出一些補綴的痕跡，「但比原來接近於真實」。⑨然而所謂的「真實」，並非曹禺創作這三部作品時當下的真實，而是曹禺刪修時想像中虛擬的真實。

曹禺對《雷雨》和《日出》的修改，大體上是按照周揚在一九三七年三月發表的一篇文章〈論《雷雨》和《日出》〉，而周揚的馬克思主義批評依據，主要來自於蘇聯。事實上，被蘇聯視爲無上權威的馬克斯與恩格斯的一生中，並沒有寫過一篇完整的美學論文，也沒有發表過一本有系統的文學批評著作。馬克思和恩格斯散見各處的文藝評論，尤其是關係「現實主義」等文藝問題的書信，經過了蘇聯的御用文人加以搜集並詮釋。一九三二年史達林爲了便於嚴密控制文藝創作，乃欽定「社會主義現實主義」爲蘇聯作家創作的教條。一九三四年蘇聯召開「蘇聯作家協會」第一次代表大會，日丹諾夫（Andrey Zhdanov）的演講，完成了史達林「社會主義現實主義」的具體內容。它的要點是：「一、規定『社會主義現實主義』爲文學創作與批評的方法。二、限制文藝創作的題材和創作的典型。三、發展革命的浪漫主義。」一九三四年，莫斯科向全世界宣告「社會主義現實主義」的誕生。⑩

蘇聯的「社會主義現實主義」在四十年代輸入延安，周揚等人把它種植在毛澤東思想中，因而出現了毛澤東的〈在延安文藝座談會上的講話〉，並從此奉爲中共「社會主義現實主義」的理論基礎。毛在講話中所規定的創作原則：必須站在無產階級及人民大眾的立場和觀點從事文藝創作，爲工農兵及其幹部服務而創作；政治標準第一，藝術標準第二等等，都是師承蘇聯的「社會主義現實主義」而來。⑪〈講話〉的內容隨著共產黨在中國大陸政權的鞏固，被視爲至高無上的創作原則。而〈講話〉中，毛將文學應爲人民大眾而寫的「人民大眾」解釋爲工人、農民、兵士和小資產階級，但是主張文藝「第一是爲著工農兵，第二才是爲著小資產階級。」他抨擊站在小資產階級立場，「對於小資產階級出身的知識分子寄與滿腔的同情，連小資產階級的缺點也加以同情甚至鼓吹。對於工農兵，則缺乏接近，缺乏了解，缺乏研究，缺乏知心朋友，不善於描寫他們」的作品。⑫這些以人民大眾及無產階級爲尊的文藝理論，對曹禺是一大撞擊，雖然他寫作時一向是懷抱著人道主義精神，卻難免帶有小資產階級的觀點，他以悔罪的心情，將周揚的批評意見視爲馬克思主義的批評權威，誠誠悃悃地動筆修改舊作。

(一)《雷雨》改得面目全非

文學作品的刪改原是很平常的事，然而一九五一年開明書店出版的《曹禺選集》改動卻很大。《雷雨》中的「幾個人物面目大變，第四幕等於重寫。」⑬曹禺爲增強人物鮮明的階級屬性，將周樸園揭掉了老本子中的善良的外衣，將專橫、冷酷赤裸裸呈現在觀眾面前；周萍也被改寫成一個非常卑劣的小人；而對於魯大海的修改更是動了大手術，曹禺有意「提高」大海的覺悟水平，並點明周樸園的「官僚、買辦資本家」的身份，讓第二幕魯大海與周樸園見面的一場戲，展開尖銳的鬥爭。⑭曹禺創作《雷雨》時，缺乏對工人的理解，魯大海這一形象存在著缺點，周揚曾加以批評：

> 大海這樣一個現代工人。可惜在這個人物上作者是完全失敗了，他把他寫成那麼粗暴、橫蠻、那麼不近人情，使他成了一個非真實的、僵冷的形象。這樣說，我並不是主張把大海寫成一個大英雄，把周樸園一下子打倒。……我的意只是，第一、作者應當把他描寫成不單在名義上，而也在性格甚至血統上都是工人的代表。第二、他和周樸園的矛盾應當在社會層的衝突上去發展，而不應當像作者所做的那樣，把興味完全集中在奇妙的親子的關係上。這裡應當是兩種社會勢力的相搏，而不是血統上的糾纏。⑮

除了對工人形象的不滿外，周揚批駁了《雷雨》一劇中宿命論的傾向，「對於一般觀眾的原和命定思想有些血緣的樸素的頭腦會發生極有害的影響，這大大地降低了《雷雨》這個劇本的思想的意義。」無法向人們展示出「一個舊的勢力的必然的崩潰」。⑯對於這些批評，曹禺的懺悔是：「在寫作中，我把一些離奇的親子關係糾纏一道，串上我從書本上得來的命運觀念，於是悲天憫人的思想歪曲了真實，使一個可能有些社會意義的戲變了質，成爲一個有落後傾向的劇本。這裡沒有階級觀點，看不見當時新興的革命力量；一個很差的道理支持全劇的思想，《雷雨》的宿命觀點，它模糊了周樸園所代表的階級的必然的毀滅。」⑰爲了增強人物鮮明的階級特徵，曹禺讓劇中人物都說著符合其階級屬性的對話。爲了克服宿命論的傾向，他將原本忍辱含悲的侍萍，改寫成一個敢於反抗，具有鬥爭性格的婦女形象；把魯大海改寫成一個具備應有的工人階級品質的形象；而結尾也做了大修改，周萍沒有自殺，按照周萍的階級本性，他不可能再自殺了。周沖也沒有觸電死亡，四鳳也沒有尋短見。⑱經過大更動後，《雷雨》面目大大變樣，不再是一齣悲劇了。

㈡《日出》修得滿目瘡痍

至於《日出》，周揚對它的批評是「歷史舞台上互相衝突的兩種主要的力量在《日出》裡面沒有登場。代表可怕的黑暗勢力的金八，作者故意叫他不露面，令他無影無蹤，卻時時操縱場面上的人物。」周揚從政治的角度發言，「我們看不出他的作爲操縱市場的金融資本家的特色，而且他的後面似乎還缺少一件東西——帝國主義。」⑲這些評論引發曹禺的自悔自咎：

但造成這些現象的基本原因，我沒有挖掘。我忽略我們民族的敵人帝國主義和它的幫兇官僚資本主義，更沒有寫出長期和它們對抗的人民鬥爭，看了《日出》，人們得不到明確的答案，模糊的覺得半殖民地社會就只能任其黑暗下去，人生原來就是如此。我既沒有指出造成黑暗的主要敵人，向他們射擊，那麼，只有任他們依舊猖狂橫肆。然而這和中國革命

> 的歷史真實是不相符合的。實際上，在一九三五年，我寫《日出》的時候，人民的力量在延安已經壯大起來，在反動區的城市裡，工人群衆已經有相當有力的革命組織。反帝的怒潮遍及全國，人民一致要求民族的解放。在文藝運動上正提出國防文學的口號，而我在當時，卻和實際鬥爭保持著距離，我在《日出》裡泛泛地寫著城市的罪惡，甚至指不出這些罪惡是半殖民地社會的產物。⑳

對《日出》的修改，曹禺的主觀意圖是要把造成罪惡的根源寫出來，突出向敵人做生死鬥爭的正面力量。他就把環繞著小東西的命運，又增添一條情節線，增設了幾個人物：一是小東西的父親，是仁豐紗廠的工人，而金八是仁豐紗廠的總經理，金八的後台是日本帝國主義，小東西的父親是被金八殺害的烈士，爲此，紗廠工人展開罷工鬥爭，反對日本帝國主義。金八把小東西送到寶和下處，方達生已成爲一個從事革命鬥爭的地下工作者，到處尋訪小東西的下落，方達生同仁豐紗廠的工人一起，把小東西從虎口救了出來。㉑幾乎全盤推翻了原有的架構。

唉！何昔日之芳草，竟成今日之蕭艾？曹禺否定舊作，並把自己說得一無是處，等於全盤否定自己以前的一套思維模式。往昔以血淚刻鏤成的作品，在馬克思主義的「照妖鏡」一照之下，竟然佈滿了膿瘡，曹禺的大事修改舊作，洩露著自己正面臨著創作思想上的極大危機。這次的修改是失敗的。原作是他受情感的牽動而發抒的心音，故自然而生動；修改後的新作，則是受某種概念及政治理念所操縱，原有的布局、氛圍、節奏盡失，顯得突兀而不協調。

是什麼力量促使曹禺否定昨日的我，希望透過改造自我，再現一個新生的我？其實在四十年代末，五十年代初，毛澤東思想已成滔滔巨流，曹禺對共產黨產生強烈的歸屬感。田本相指出，曹禺是從國統區來的作家中，最早的一個反省自我的作家，沒有任何外界壓力，也沒有任何外力的敦促，是他主動地對舊作進行自我批判。㉒他是誠心地，真誠地自我檢查，希望來一次脫胎換骨的改造，然而一大堆未曾消化過的思想硬塞進舊作中，卻使得原作面目全非、神韻盡喪。

雖說曹禺自我反省是自發的，然而如果將之聯繫到一九五一年五月到八月，中共當局發動對電影《武訓傳》的思想批評，由毛本人親自督師，指出武訓行乞興學的故事，實在是宣揚「封建文化」的行爲；武訓「爲了取得自己所沒有的宣傳封建文化的地位，就對反動的封建統治者竭盡奴顏婢膝的能事。」㉓當時政治干涉文學的徵兆已經浮現，幾乎所有的作家都在做著自我批判。曹禺的自省雖非外力所迫，然而思想已在不知不覺中受到無形的禁錮。雖然他在一九五四年三月人民文學出版社出版的《曹禺劇本選》，又重新修訂《雷雨》、《日出》、《北京人》三個劇本，大致又回復原作的老樣子。和解放前的舊版本相比較，「除了一些文字的整理之外，沒有什麼大的改動。現在看，還是保持原來的面貌好一些。」㉔但是高度敏感的政治干預一旦入侵文學與藝術的領域，已留下了陰影，從此曹禺思想的翅膀再也不能自由翱翔。

註　釋：

①金觀濤、劉青峰，《開放中的變遷》，頁四一七—四一八。

②曹禺，（北京——昨日和今天），原載《我愛新北京》（北京出版社，一九五七年），《曹禺

全集⑹》，頁一一二。

③趙浩生，〈曹禺從《雷雨》談到《王昭君》〉，原載香港《七十年代》一九七九年第二期，《曹禺研究資料（上）》，頁一三五。

④同註③，頁一三六—一三七。

⑤曹禺，〈我的生活和創作道路〉，原載《戲劇論叢》一九八一年二期，《曹禺研究專集（上）》，頁一〇五。

⑥曹禺，〈我對今後創作的初步認識〉，原載《文藝報》三卷一期（一九五〇年十月出版），《曹禺研究專集（上）》，頁六〇。

⑦同註⑥，頁六〇—六二。

⑧同註⑥，頁六二。

⑨曹禺，〈《曹禺選集》序言〉，選自《曹禺選集》（開明書店一九五一年八月版），《曹禺研究專集（上）》，頁六四。

⑩熊自健，〈「現實主義」的文藝理論〉，《馬克思恩格斯的文藝理論在中國大陸的發展》，頁四五—四七。

⑪毛澤東，〈在延安文藝座談會上的講話〉，原載一九四三年十月十九日《解放日報》，《中國新文學大系》編輯委員會，《中國新文學大系（一九三七—一九四九）．文學理論卷》（上海文藝出版社，一九九〇年），頁一四、二五。

⑫同註⑪，頁十四—十五。

⑬廖立，〈談曹禺對《雷雨》的修改〉，原載《鄭州大學學報》一九六三年第一期，《曹禺研究資料（上）》，頁六三四。

⑭同註⑬，頁六四〇—六四一。

⑮周揚，〈論《雷雨》和《日出》〉，原載一九三七年《光明》第二卷第八號，《曹禺研究資料（下）》，頁八二八。

⑯同註⑤，頁八二七—八二八。

⑰同註⑥，頁六〇—六一。

⑱田本相，《曹禺傳》，頁三六九—三七〇。

⑲同註⑮，頁八三二。

⑳同註⑥，頁六一。

㉑同註⑱，頁三七〇。

㉒同註⑱，頁三六六。

㉓張錯，〈一九四九年以來中國大陸文藝思潮的發展與論爭〉，《從莎士比亞到上田秋成》，頁三三〇。

㉔曹禺，〈《曹禺劇本選》前言〉，原載《曹禺劇本選》（人民文學出版社，一九五四年），《曹禺全集⑸》，頁五一。

第二節　走上思想改造艱難的道路

一、誠心接受思想改造

知識分子爲何需要接受改造？願意接受改造？是研究曹禺爲何走上思想改造的路途，須先解決的課題。一九二一年中國共產黨給共產國際的報告中指出：「我們黨到現在爲止，幾乎完全是由知識分子組成的。」有據可考的第一批黨員共四十四人，大學教授七人，編輯、翻譯、記者七人，律師一人，國民黨左派一人，中小學教師六人，留學生六人，大學生十人，中學生五人，工人只有一人。平均年齡不到二十六歲，可以說基本都是五四青年。①最早接受它、宣傳它的都是新文化運動中生活在城市的新知識分子。日後共產主義如何轉化，才能配合共產黨整合農村以奪取中國大陸呢？這確實值得探索。

在中國共產黨發展史上，有兩個關鍵時刻，一個是一九三五年遵義會議，毛澤東獲得共產黨實際上的最高權力；另一個是一九四二年延安整風，毛澤東思想從此登上意識形態權威的寶座。新文化運動領袖及共產國際指導的軍事行動面臨一連串慘重失敗，甚至把共產黨推到瀕臨毀滅的邊緣，最後，長征途中召開遵義會議，毛澤東出來挽救困局，以類似農民起義方式搞共產主義革命才獲得生機。在長達十幾年的革命戰爭中，特別是在二萬五千里長征中，中國共產黨的無產階級立場中心主義漸漸佔了主導地位。隨著共黨的幹部中知識分子比例日益減少，文化程度不斷下降，輕視經典和書本知識，以及重視經驗、直觀感覺的傾向就愈明顯。②

一九三七年前後，毛澤東、劉少奇等人一系列演講和相應的文章中，力圖把道德理想主義作爲馬列主義解釋的基礎。劉少奇巧妙地把無產階級立場和個人道德品質畫了等號。他在〈論共產黨員的修養〉一文中明確指出，共產黨人必須成爲馬、恩、列、史這些偉大革命導師的小學生，學習他們崇高的品質。他把中國人諳熟的儒家道德修煉引了進來，提出了成爲合格的共產黨人最重要的條件是去實行道德純化之修身。劉提出了爲了革命，共產黨員必須把一切獻給黨，與各種個人主義的思想感情作頑強、自覺的、堅持不懈的鬥爭，才能成爲具有共產主義道德的人。③經過一九四二年延安整風後，中國共產黨已完成了馬列主義中國化的結構性改造，有論者認爲馬列主義中國化實際上是儒家化和農民化，儒家化實現了由知識中心向道德中心之轉化和破除反傳統心態；農民化則是在儒家化的同時，把農民視爲無產者，農民戰爭經驗和農民文化系統納入馬列主義。④

當時共產黨正處於緊張激烈的戰爭環境和農村條件下，知識分子必須在農村和以農村爲主體的革命軍隊打成一片，以進行艱苦漫長的鬥爭。故毛、劉宣講，是基於現實的需要，以「思想改造」和「自我修養」作爲武器，的確批判了不利於當時政治要求的思想、觀念、習氣和風尚。李澤厚認爲：總起來看，強調思想改造，個人修養，確乎是延安時期共黨的建設和發展中的一個突出特點。⑤毛澤東在〈在延安文藝座談會上的講話〉中談到了知識分子需要改造。首先他將人民分類，認爲文藝應爲廣大人民服務，而廣大的人民大眾包括工人、農民、兵士與小資產階級，將地主階級及資產階級排斥在外。工人是「領導革命的階級」；農民是「革命中最廣大最堅決的同盟軍」；兵士是「戰爭的主力」。而小資產階級雖也是革命的同盟者，然而「人數較少，革命堅決性較小」，他們往往站在小資產階級立場，無法深入工農兵，深入實際鬥爭的過程。他們的思想與作品都有很多缺點，但是他們比較地傾向於革命，比較地接近工農兵。因此，幫助他們克服缺點，爭取他們到爲工農兵大眾服務的戰線上來，是一個特別重要的任務。⑥爲了驅使知識分子爲革命服務，毛澤東大大地貶抑了知識分子的優越心態：

> 拿未曾改造的知識分子與工農兵比較，就覺得知識分子不但精神有很多不乾淨，就是身體也不乾淨，最乾淨的還是工人農民，儘管他們手是黑的，腳上有牛屎，還是比大小資產階級都乾淨。……我們知識分子出身的文藝工作者，要使自己的作品為群眾所歡迎，就得把自己的思想感情來一個變化，來一番改造。⑦

毛將知識分子的功能，定位在爲工農兵服務的工具論上，而且在誠心爲工農兵服務之前，還須接受思想意識的改造。這篇〈講話〉在「解放」之後，成了不可挑戰的無上權威，將「改造思想」作爲共黨建設的關鍵環節。它極大地高揚了倫理道德主義。這個道德主義表現爲，在殘酷的生死鬥爭中，對艱苦捨己爲人的犧牲精神的歌頌膜拜；表現爲對比工農勞動者，知識分子的複雜的精神世界裡的種種污濁、骯髒、瑣屑、渺小的批判揭發。自私自利、爭名奪利、明哲保身、自由主義等被逐一地、詳盡地在思想改造運動中，在「批評與自我批評」中檢討、揭發、展示出來。於是，不但使知識分子在出生入死的農民群眾、軍隊指戰員前自慚形穢、自愧不如，而且也使他們在精神上、靈魂上受到空前痛苦的磨練、洗滌和淨化。這就是毛澤東講的要知識分子使自己的思想感情「來一個變化」、「來一番改造」。這「變化」和「改造」不只是生活上的，而更是精神上的。⑧

共黨政治核心的重量級高幹，都勤於自我批評。以曹禺敬愛的周恩來為例，他在大會小會總把「錯誤」掛在嘴邊，連他身邊的工作人員都覺得不安：「就那麼一點事，我們都聽總理自我批評一百多次了，還要自我批評到什麼時候啊？」周恩來這樣沒完沒了地自我批評，與他謹慎的性格有關；與他嚴於責己、寬以待人的為人之道有關；也與毛澤東的「提醒」有關。⑨身為國務院總理的周恩來尚且如此，廣大的知識分子更是汲汲競逐於自我檢討、批判的洪流中。

曹禺在一九五一年春，與妻子方瑞去安徽農村參加土改。在和農民相處的日子裡，他發現了勞動人民高度的智慧、勇敢和勤勞的品質，並為此深受感動。同時，他也為自己出身於半官僚軍閥家庭感到痛苦。⑩對於舊作他更是常懷慚愧之心，懺悔自己以小資產階級的立場去寫作，回首前塵盡是錯。一九五一年夏，他修改舊作，將《雷雨》中，周沖跑到四鳳家裡談他的理想的一場好戲刪掉，「我們可以飛，飛到一個真正乾淨、快樂的地方，那裡沒有爭執、沒有虛偽、沒有不平等的，沒有……。」（第三幕）。論者認為這一場戲是曹禺特意留下的一個小小的窗口，從這裡可以呼吸到一點點雖然飄渺但卻清新的空氣。⑪這正是一個很好的象徵，意味著曹禺心甘情願親手埋葬自己的理想與美夢，從此將自己窒息在「一切爲黨」的滔滔巨流中，從此他不再有自我、只有黨意。

二、虛心學習「社會主義現實主義」的創作方法

曹禺從一九四七年秋天寫出了電影劇本《艷陽天》，中共建國後，有六、七年間他卻以寫不出作品而深爲苦惱。在一九五三年九月中國文學藝術工作者第二次代表大會上，曹禺以〈要深入生活〉爲題發言，對自己建國後沒有寫出作品表示慚愧，「我的政治學習太差，像大家時常提起的，十分缺少馬克思列寧主義。」他也歉疚自己沒有做好社會主義文藝工作者的功課：「我沒有下功夫讀過《矛盾論》、《實踐論》，沒有每天仔仔細細地讀《人民日報》，沒有好好讀過中國革命史，對日常發生的政治問題沒有賦予充分的注意。」他將自己寫不出作品的原因，歸咎於沒有真正「深入生活」。⑫一九五三年中共召開「第二次文代大會」，確定「社會主義現實主義」爲中共文藝創作和批評的準則，並且認爲「五四」以來「社會主義現實主義」成爲中國創作的主導方向，從「五四」到「延安文藝座談會」上的講話，是「社會主義現實主義」的萌芽階段，這以後「社會主義現實主義」，即代表中國文藝的主流。⑬曹禺自創作《雷雨》以來，一直秉持寫實主義寫作。而中共建國後，不但寫作題材有所制限，連創作表現手法均做了規定。

所謂「社會主義現實主義」的概念是來自於蘇聯。蘇聯在一九三四年八月十七日至九月一

日，召開作家協會第一次代表大會，參加的代表中有四十個外國文學界代表。其中聯共中央書記日丹諾夫的演講詞，等於代表史達林的訓令。日丹諾夫除了對於文學家的題材有限定外，連人物形象也有範本：「在我們國家裡，文藝作品中的主要人物，就是新生活的積極建設者『男女工人、男女集體農莊莊員、黨員、經濟工作人員、工程師、青年團員、少先隊員。』這些人都是樂觀的，因此我們的文學充滿了熱情與英雄氣概。」日丹諾夫並對文學家說，爲什麼史達林稱你們爲「人類靈魂的工程師」呢？是因爲文學家能實踐「社會主義現實主義」的創作方法。日丹諾夫並對這種新的寫作規範作了如下的定義：

要知道生活，以便善於在藝術作品中把它真實地描寫出來，不是煩瑣地、不是死板地、不是簡單地描寫「客觀的現實」，而是要從其革命發展中描寫現實。並且，藝術描寫的真實性和歷史具體性，必須和那以社會主義精神從思想上改造和教育勞動人民的任務結合起來。這種文學創作的和文學批評的方法，就是我們稱之為社會主義現實主義的方法。⑭

這種寫作戒條，經由周揚的引進，出現在毛澤東的〈延安文藝講話〉，並由毛澤東授意，成了清除黨內文藝界異己的「尙方寶劍」。對於這種新的寫作手法，曹禺相當陌生。他已照著周揚的旨意修改舊作了，然而卻不知道如何遵循新的教條寫出新作品來。一九五〇年他參加治淮工作；五一年參加安徽土改，收集了一大堆材料卻沒能寫出作品，他自認問題關鍵在他沒有真正「深入生活」。⑮也就是說他尙未做好思想的改造，無法真正深入工農兵的生活中去鬥爭，無法寫出具有社會主義先進思想的作品。

三、思想改造兼抗美援朝的政策宣導劇終於出爐

一九五三年，全國文協創作委員會組織北京一部分作家、批評家、各文藝機關的領導幹部四十餘人，進行「社會主義現實主義」理論的學習。⑯曹禺也是參與學習的一員。在一九五四年四月，他構思很久的《明朗的天》終於進入創作階段。從《家》到《明朗的天》，時間相隔了十二年，一個作家寫不出作品來，是很痛苦的事。他甚至懊惱得想轉行，「甚至在解放初期，我還想到，建設社會主義，各人都應該盡一分力量，我不能寫出東西了，就應該選擇別的工作。」⑰其實早在一九五二年初，他和周恩來談話以後，就很想寫一個以知識分子思想改造爲主題的劇本。不久，隨北京市委工作組參加領導北京高校教師思想改造運動的工作，其中以在協和醫學院的工作時間最長，在三個月之內，他做的筆記有二十本以上，爲創作《明朗的天》收集了大量素材。⑱這齣戲主題正是周恩來鼓勵他寫的知識分子的思想改造，他力求站在工人階級的立場，以馬克思主義的觀點來創作，並期望達到教育觀眾的目標。雖然「我沒有那麼高的馬克思列寧主義修養，對於新事物還不夠熟悉，所以只能達到劇本現在的水平。」然而他對自己的寫作生命尚未譜上休止符感到欣慰，他說：「過去的十二年之內我懷疑自己不能再寫出東西，甚至想到改行，可是現在，我敢於這樣說，以後我能繼續寫出作品！」⑲

《明朗的天》在一九五四年七月中旬完成。十二月十八日在北京人民藝術劇院上演。立即獲

得周恩來的肯定。評論界對於這位蜚聲國內外的大劇作家試圖以新的思想，新的方法，反映新時代，塑造新的人物的創作，都給予高度贊揚與肯定。張光年首先推許這部作品寫出了「作者對工人階級及其政黨、對新中國的新人物和新事物的強烈的愛。」也充分傳達了「對美帝國主義和蔣匪幫，對美帝影響下的資產階級知識分子的反人民思想的強烈的憎恨心。」並贊美「《明朗的天》的現實主義，就顯然有別於批判的現實主義，而是屬於社會主義寫實主義的範疇了。」⑳《明朗的天》剛面世時，雖然也有觀眾反映它感人的力量不夠強烈，還沒達到以前達到的水平，然而一般評論者均以文藝服務於政治的觀點，以知識分子思想改造的主題正確性，高度贊揚《明朗的天》的成就。直到新時期文學評論家才敢撥除思想的迷障，指出《明朗的天》受藝術教條主義的束縛，忽略了現實主義創作方法自身的規律。

《明朗的天》除了知識分子思想改造的主題外，還塞入了抗美援朝的時事，並刻意醜化美帝國主義者的野心與劣行，使此劇成了政令傳聲筒及政策宣導劇。一九五〇年六月二十五日，北韓受蘇俄的唆使突然進攻南韓。美國認爲南韓如失，不只日本難保，其他接近蘇俄的國家，亦將爲其所囊括。六月二十七日，美國對台灣政策一變，杜魯門一面命麥克阿瑟支持南韓作戰，一面命第七艦隊防衛台灣。周恩來代表中共政權在六月二十八日發表強烈聲明，批評美國新的朝鮮、台灣政策，就是「美帝國主義侵略中國和獨占亞洲」的企圖。十月中旬，以彭德懷爲總司令的中國人民志願軍，越過鴨綠江，以夜間埋伏攻擊，予美軍以重大打擊，到年末就和朝鮮人民軍一起反攻到三十八度線。由於國際輿論恐大戰再起，以及中朝聯合軍裝備有限，在三十八度線附近僵持著，到一九五三年七月締結停戰協定，三十八度線一帶還反復著激烈的陣地戰。㉑因此曹禺在創作《明朗的天》時，是將時事與意識改造相結合，而點燃他創作熱情的火花的是一股愛國心。他說：「那時美國要是打過鴨綠江，咱們國家就很危險，所以我始終以爲抗美援朝是對的。」㉒

五十年代出擊美國於朝鮮，確實對積弱已久的中國打上一劑強心針，百年來各種帝國主義帶來的屈辱一掃而光。在此期間，中國大陸全面開展抗美援朝運動，也爲了壓制中國大陸內部蠢動的政治勢力，以及土地改革引起的反抗，一九五〇年起展開鎮壓反革命運動。同時一九五一年末到五二年夏，大規模開展的揭發貪污和資本家不法行爲的三反、五反運動，以及改造知識分子思想運動，帶有濃厚的批判資本主義、近代民主主義、個人主義的性格。透過這些運動，中共統治權更爲加強；民主各黨派和無黨派知識分子發言力愈益低落。不過這些都還保持一定程度的節制，仍被一般知識分子所接受。㉓五十年代初期，中共政權抵禦強敵的危機感，激發國內同仇敵愾的民族主義，《明朗的天》正是這股高昂愛國熱潮的產物。

四、充滿希望的政治表象中正式加入共產黨

一九五三年第一次五年計劃開始，到一九五五年夏到五六年，以猛烈的速度集體化，農業總產量初期穩步慢慢增加起來。而一九五四年四月在日內瓦舉行了討論朝鮮問題、印度支那問題的國際會議，中共政權第一次參加這種國際會議，頗爲提高其國際地位。一九五六年九月，中共召

開十一年來的第八次全國大會，大會接受劉少奇的政治報告，認爲「社會主義改造已經獲得決定性勝利，無產階級和資產階級的矛盾已經基本上解決，幾千年來的階級剝削制度的歷史基本上結束。」此時此刻，對毛澤東的個人崇拜已達到無以復加的神化地位。在這種看來比較良好的氣氛中，毛澤東於一九五六年四月提倡「百花齊放，百家爭鳴」，一九五七年四月末，毛澤東邀請民主黨派負責人和無黨派的著名知識分子暢談，要求他們援助黨的整風。以後在各地、各機關舉行了要求非黨員和知識分子對共產黨和政府批評的集會。這個運動是對共黨官僚化的反省，以及中共對建國以來的成果極大的信心支持著。㉔

曹禺就在這馬克思主義經由一場盪滌舊社會，打倒剝削者的革命之後，政治清明有望，社會風氣及道德水平顯著提高，充滿了理想與希望之際，一九五六年七月，加入中國共產黨。此時，批判《武訓傳》開始的文藝整風尚未找上他。他個人的戲劇生涯似乎充滿了絢麗。《明朗的天》受到熱烈贊賞，並獲得第一屆話劇會演的劇本一等獎。又從一九五四年起，他的舊作又開始上演，先是北京人民藝術劇院上演了《雷雨》，繼之，《家》在上海公演，到一九五七年春天，他的《雷雨》、《日出》、《北京人》、《家》在北京都演出了，形成一個高潮。國家領導人劉少奇、周恩來、彭真等人都關心著他的創作和劇本的演出。他的舊作也陸續出版了，人民文學出版社出版了《曹禺劇本選》，及譯作《柔密歐與幽麗葉》；上海文藝出版社出版了《家》；中國戲劇出版社出版了《雷雨》和《日出》的單行本。㉕他正是在這種充滿希望的政治自由表象中，向共產黨組織提出了入黨申請。

註　釋：

①王來棣，〈關於中國共產黨早期組織的幾個問題〉，杭州：《浙江學刊》一九八一年第三期，引自金觀濤、劉青峰，《開放中的變遷》，頁三三二。

②書同註①，頁四一三—四一六。

③劉少奇，〈論共產黨員的修養〉（一九三九年七月），《劉少奇選集》上卷（北京：人民出版社，一九八一年），頁九七—一六七。

④書同註①，頁四一八。

⑤李澤厚，《中國現代思想史論》（台北：風雲時代出版公司，一九九〇年），頁二一九。

⑥毛澤東，〈在延安文藝座談會上的講話〉，原載一九四三年十月十九日《解放日報》，《中國新文學大系（一九三七—一九四九）．文學理論卷㈠》（上海文藝出版社，一九九〇年），頁一一四—一二三。

⑦同註⑥，頁一一一。

⑧同註⑤，頁二一六—二一七。

⑨權延赤，《走下聖壇的周恩來》（台北：新銳出版社，一九九四年），頁三六七—三六八。

⑩蔚明，〈從《雷雨》到《明朗的天》〉，原載一九五五年一月十一日《文匯報》，《曹禺研究

資料（上）》，頁一四一。

⑪廖立，〈談曹禺對《雷雨》的修改〉，原載《鄭州大學學報》一九六三年第一期，《曹禺研究資料（上）》，頁六四五。

⑫曹禺，〈要深入生活〉（一九五三年九月），《曹禺全集⑸》，頁五一九—五二二。

⑬熊自健，〈「現實主義」的文藝理論〉，《馬克思恩格斯的文藝理論在中國大陸的發展》，頁四七。

⑭鄭學稼，〈論社會主義的現實主義〉，台北：《中華雜誌》第十六卷一七六期（一九七八年五月），頁三八。

⑮同註⑫，頁五一八。

⑯《文藝報》一九五三年第十四期，引自《曹禺年譜》，頁八七。

⑰同註⑩，頁一四〇—一四一。

⑱同註⑩。

⑲同註⑩，頁一四二。

⑳張光年，〈曹禺的創作生活的新進展——評話劇《明朗的天》〉（一九五五年一月十四日），《曹禺研究資料（下）》，頁一二〇三、一二一二。

㉑郭廷以，《近代中國史綱（下）》，頁七六九—七七〇；小島晉治、丸山松幸合著，葉寄民譯，《中國近現代史》（台北：帕米爾書店，一九九二年），頁二三六—二三七。

㉒趙浩生，〈曹禺從《雷雨》談到《王昭君》〉，原載香港《七十年代》一九七九年第二期，《曹禺研究資料（上）》，頁一三八。
㉓《中國近現代史》，頁二二八。
㉔《中國近現代史》，頁二二八—二三八。
㉕田本相，《曹禺傳》，頁三九八—三九九。

第三節　步入思想貧弱與創作衰落期

一、大躍進時期（1958-1962）左的緊箍咒愈箍愈緊

㈠超英超美的亢進目標帶來大災難

五十年代初期，中共初建國時，確實有了一段黃金歲月，中共建立了一套從中央到地方基層的官僚體系，並加強意識控制，共黨就利用這巨大的調節能力解決了歷史上從未解決的問題。黑社會絕跡；一夜之間關閉了妓院；政府用糧食徵購和配給制，戰勝了十幾年來一直無法控制的通貨膨脹；並在一次大規模的現代化戰爭中，挫折了西方最強大的國家——美國。在五十年代初朝鮮戰爭中，中國人民志願軍雖然軍事戰備處於劣勢，而且完全缺乏空中作戰能力，卻能殲敵七十萬，令自本世紀以來對外戰爭無往不勝的美國第一次受到抑制。①

國內也充滿了百廢待舉，旺盛的建設力。可是，這一切並沒有繼續長久。曾幾何時，大體在累積了數年之後，而以一九五七年為轉折點，整個社會就逐漸陷於緊張、痛苦、匱乏、沉默、貧窮，以至到最後的「史無前例」的動亂之中。這一切又是如何發生的呢？一九五七年十一月，蘇聯十月社會主義革命四十周年紀念之際，各國共產黨和工人黨領導人雲集蘇聯首都莫斯科。中國

共產黨則派出了以毛澤東爲首的代表團，出席了蘇聯的四十周年慶典和各國共產黨的兩個代表會議。慶祝十月革命四十周年大會上，蘇共領導人赫魯雪夫提出一個嶄新的宏偉目標，在十五年內不僅趕上並且要超過美國。毛澤東受到啓發，提出了中國要在十五年內趕上和超過英國的行動口號。一九五八年一月一日，《人民日報》發表元旦社論〈乘風破浪〉，進一步向全國人民宣傳了十五年左右趕上和超過英國的口號。趕超英國，是一個多麼令人激動鼓舞的口號和目標。一百年前，英國人憑藉自己的優勢，衝開了古老中華大國的國門，中國人遭遇了一個多世紀的苦難和屈辱。趕超英國，是渴望富強的中國人民多麼嚮往的事！一九五七年十一月十三日，《人民日報》社論中曾提到「大躍進」這個名詞，深爲毛所欣賞而接納。毛興致勃勃卯足了勁，宣揚「不斷革命」的觀點，所有「反冒進」的老幹部都受到嚴厲批評，周恩來、陳雲、薄一波、李先念都提出了自我檢討。[2]事實証明，這種「不斷革命」的思想，是經濟建設中「左」的急於求快的思想根源。「大躍進」就是這種思想指導的結果。

糧食生產在高指標和批反冒進的壓力下，一九五八年上半年，各地出現嚴重虛報產量的浮誇風。隨著「大躍進」運動的掀起，毛澤東把中國「超英超美」的時間不斷縮短。超英超美的另一項重要指標，是鋼產量的不斷提高，單純靠已有的鋼鐵廠不可能完成煉鋼任務，於是土法煉鋼的做法風靡了全國。煉鋼的煤不夠了，就劈柴、伐樹，山裡的樹都燒光了，就扒房子。有一個村子家家戶戶只剩一扇門，另一扇門都拆去劈著燒了。村幹部們帶著民兵，拉著車，手裡拿著大鐵棍、斧頭、鉗子什麼的，挨家挨戶串。到人家裡，二話不說，先把門吊兒擰下，到屋裡，用大鐵棍往鍋裡一捅，就是一個窟窿。告訴你，你這鍋使不得了，煉鐵去支援造飛機吧。菜刀、剪子之類的東西都收走，只要沾著鐵星兒的東西，都被拿去煉鐵。到了一九六〇年，全國的人力、物力、財力都處在超負荷運轉狀態，緊張到崩潰的邊緣。人民的生活愈來愈感覺困難。糧食緊缺！副食品緊缺！日用品緊缺！部分城市中，已開始出現浮腫病！農村出現大量「非常死亡」！「大躍進」變成了名符其實的「大倒退」！非正常死亡人數和減少出生人口四千萬，經濟損失一千二百億元，耽誤時間八年，這就是「大躍進」所帶來的災難和所付出的代價！③

毛澤東那急躁而天真的現代化衝動，簡直把全國當做實驗場，「大躍進」一詞可以擴展到包括所有事物，由生產增加到社會意識和社會結構的改造。毛澤東不脫游擊戰士本色，運用戰鬥口號去推動群眾，「向大自然戰鬥」，推行他「三年奮鬥」以實現千年共產主義幸福。全國不論農村城市，都在推行爲期不久的「後院煉鋼」運動，一個個熔煉鋼鐵的高爐紛紛豎起，煉成的產品無論什麼都用絲布包裹，上繳當局，結果煉出許多成份不純的廢鐵。工人爲了要應付更高和不切實際的生產指標，都得收取更低的工資作更長時間的工作。初時農民在被迫作灌溉和水利工程勞動之餘，發現他們的私有耕地減少了，然後到了一九五八年更將所有農村進一步改爲「人民公社」，農民被編入「生產大隊」，所有財產都成公物，這種急遽轉變所帶來的結構危機是不難想見。一九五九年一年之中，除了水旱二災肆虐之外，中國還經歷了另一打擊。中共對赫魯雪夫所作史達林鞭屍之舉，素持異議，並拒絕在國內採取同樣行動。中蘇關係便急遽惡化，蘇聯突然召回在華一千四百名專家和顧問，使得許多工程就此中斷。缺糧的情形和管理紊亂的農村造成全國大飢荒（一九五九—六一），餓死人民約達一千至二千萬。雖然中共當局把大躍進的失敗諉過於蘇聯，但這項政策已証明是國家災難。④中國人民的浩劫接踵而至，漫漫長夜苦等不到天曙。

㈡雙百政策引蛇出洞

而文學與思想的領域，也面臨了寒霜冰雹期。一九五六年毛澤東提倡「百花齊放，百家爭鳴」，當時組織有著約十萬人的民主各黨派（其中約三萬爲民主同盟）和知識分子，對共黨當局的批評頗爲嚴厲。大學裡貼出大字報，還出現集會、示威遊行，甚至罷課。文化界的報紙《光明日報》主編儲安平，把現狀直截了當地批評爲「黨天下」。民主各黨派領導人國務院交通部長、森林部長章伯鈞、羅隆基，大膽踏進禁忌領域，對黨領導權由懷疑乃至否定，暗示要求「新聞自由」，和邁向兩黨交替的政權。上海的《文匯報》，連日把版面騰給這些申述異議的，深得知識分子和學生們的支持。

面臨這個始所未料的批評和責難的怒濤，共黨領導人驚愕、激怒，六月轉向全面反擊，展開反右鬥爭。一九五八年，將共黨黨員和共產主義青年團總動員起來，對「右派」進行徹底的攻擊。在中央，章伯鈞和羅隆基成爲中心標的；九月，包括像女作家丁玲和詩人艾青，文藝評論家馮雪峰等著名黨員作家約七千名，被當作「右派分子」剝奪其地位，或被降職到地方上不重要地位，或被送去勞改。⑤有些論者認爲「雙百政策」是引蛇出洞的「陽謀」；也有人認爲這是反撲力量太強烈，使共黨核心震驚而反擊。但這件事給毛澤東和黨中央一個很好的教訓：文藝及思想領域總是一塊不安份的地帶，作爲意識形態的鬥爭，是絕對不可放鬆的。

在這一波的「反右鬥爭」整風中，戲劇界有一批被劃爲「右派分子」，僅在一九五七年七月到一九五八年三月間共十七期的《戲劇報》上，就點名批判了近百名戲劇工作者，打擊面之大，是中共建國後空前的。許多有才華的作家、藝術家被選去「勞動改造」，他們的藝術生命被扼殺，對戲劇發展有很大的損傷。一九五八年，在「高指標、瞎指揮、浮誇風」的潮流下，話劇界出現了大量配合時政的戲劇，但這只是一種虛假的繁榮。這一時期的大量作品，成爲政治的從屬物。在當時那種狂熱的潮流下，連一些成熟的前輩作家如田漢的《十三陵水庫暢想曲》，老舍的《紅大院》等，都是「大躍進」的產物。⑥在那股「大躍進」的狂潮中，許多作家都競相提出偉大的創作計劃，有的作家提出一年創作的計劃，比曹禺一生創作的劇目還要多，使曹禺心底十分惶恐。光是《明朗的天》，從搜集資料到寫作劇本、排練演出到最後修改出版，幾乎用了三年時間，也沒寫出令自己滿意的作品。他一向認爲寫作「要真有所感才寫」。⑦曹禺一生中最後的三部著作，也就是中共建國後的創作，都是周恩來明示或暗示下達的任務，然而沒有現實上的感動力量他是寫不出來的。

㈢時局多艱奉命創作《膽劍篇》、《王昭君》

曹禺創作《膽劍篇》時，中國正面臨一段艱苦的歲月，糧食短缺，經濟蕭條，許多人因營養匱乏而浮腫，而一九五九年秋天起連續三年天災水患。除了內憂外，外患也接踵而來，中蘇關係惡化，蘇聯停止對中國援助，撤走一千多名的技術人員，中國工業，尤其是重工業遭受重大打擊，與台灣的對峙愈形白熱化，五八年人民解放軍炮擊金門、馬祖；五九年西藏動亂，達賴出亡印度；

與印度發生中印邊境衝突。⑧正是在這樣一種極度困難的情況下，領導「給他下達的任務」，由他和梅阡、于是之合作，開始了《臥薪嘗膽》的創作。⑨雖是「奉命」的文學，然而時局多艱，他的一股愛國熱忱又被點燃。

五〇年代末六〇年代初，中國戲劇舞台上出現了百來部以越王勾踐臥薪嘗膽，十年生聚，十年教訓，轉敗爲勝，滅吳興越爲題材的歷史劇。茅盾指出，曹禺的《膽劍篇》，「在所有的以臥薪嘗膽爲題材的劇本中，不但最後出，而且也是唯一的話劇。作爲最後的一部，它總結了它以前的一些劇本的編寫經驗而提高了一步。」⑩

曹禺的寫作態度是嚴肅的，在抗戰期間，就曾經嘗試過歷史劇的創作，《三人行》半途而廢，《李白和杜甫》也沒有完成。因此在他寫《膽劍篇》時，就先從廣泛搜集及閱讀歷史資料入手，從《史記》等正史到《越絕書》、《吳越春秋》等野史資料；從《東周列國志》到一些古典戲曲本，凡能找到的，他都找來看了。除了將史料都讀熟了，他更不放過任何細節的部分，春秋戰國時代的風格、教化、服飾、陳設這些細節他都注意到了。他以爲還必須做更深入地細微的把握，爲此，曹禺寫信給老友沈從文向他請教。沈從文正在從事古代服飾研究，便給他寫來長信，詳細介紹了戰國時期吳越社會各方面的狀況。而且爲了逼真寫實，每個細節他都琢磨再三。譬如寫膽，他把《本草綱目》都借來看了，還有其他關於膽的資料也讀遍了。⑪爲了寫出新的東西來，他除了詳加查核史實外，對於人物形象的塑造與台詞的琢磨都費盡心思。

當《膽劍篇》尚未定稿期間，在京著名歷史學家和作家就先後於一九六一年三月十日和十三日參加了關於這個戲的座談會，熱忱、踴躍地提出了一些修改意見。在《人民文學》一九六一年七、八月號上正式刊出，並由北京人民藝術劇院公演後，北京、上海的戲劇界和史學界又進行了座談，一致肯定劇作的高度藝術成就，稱贊演出的成功。在不到兩年裡，京、津、滬和一些省的報刊上發表的有關《膽劍篇》的評介文章就近六十篇。其中學術上較有分量的有茅盾、吳晗、李希凡、何其芳、張光年、張庚等。⑫一般說來評論界的反應大部分都是肯定的。由於此劇演出的時機，正是人民需要克服困難，自強不息，振奮起精神的時刻，也受到觀眾熱烈的歡迎。然而曾是南開新劇團一員的周恩來，倒是看出了曹禺仍受著某些思想的束縛，「左」的文藝思潮仍然綑住他的創作才華。一九六二年二月十七日，曹禺出席在紫光閣舉行的在京話劇、歌劇、兒童劇作家座談會。周恩來在會上作了〈講話〉指出：

新的迷信把我們思想束縛起來了，於是作家不敢寫了，帽子很多，寫得很少，但求無過，不求有功。曹禺同志是有勇氣的作家，是有自信心的作家，大家很尊重他，但他寫《膽劍篇》也很苦惱。他入了黨，應該更大膽，但反而更膽小了。謙虛是好事，但膽子變小了不好。入了黨應該對他有好處，要求嚴格一些，但寫作上好像反而有了束縛。……過去和曹禺同志在重慶談問題的時候，他拘束少，現在好像拘束多了，生怕這個錯、那個錯，沒有主見、沒有把握。這樣就寫不出好東西來。⑬

自中共建國以來，左的思潮一直苦惱著曹禺，據曹禺的自白：「解放後，我和知識分子一樣，是努力工作的。雖說組織上入了黨，但是，『資產階級知識分子』這個帽子，實際上也是背著的，實在叫人抬不起頭，透不過氣來。這個帽子壓得人怎麼能暢所欲言地爲社會主義而創作呢？那時，也是心有顧慮啊！不只我，許多同志都是這樣，深怕弄不好，就成爲『反黨反社會主義的毒草』。」⑭然而左的思潮到底如何挫傷曹禺的生命力，嫻熟舞台藝術的周恩來只從它的感動力不如往昔，似乎受了某種束縛的現象立言。當時的評論家卻不敢涉足這個思想禁區加以深究，直到八十年代才有劉延年、田本相先後闖進了這個令人望之卻步的思想領域。

但《膽劍篇》的完成，確實也給他帶來相當大的信心，抗戰期間兩部史劇因語言及史實的難以掌握均告夭折，現在他終於克服了這個挑戰，曹禺似乎覺得自我的創造力又恢復了。在《膽劍篇》最後定稿發表之後，曹禺便於一九六一年夏天與一些著名作家藝術家，應內蒙自治區主席烏蘭夫邀請，前往內蒙參觀訪問。他收集了一些故事和傳說準備創作《王昭君》。訪問中，他還興致勃勃地與蒙古族兒童摔跤，並學習騎馬。他們的訪問，被拍成新聞紀錄片。⑮《王昭君》的創作任務，也是周恩來交給曹禺的。據曹禺回憶說：

記得那是一九六〇年左右的一個下午，在政協禮堂，總理和我們一起談話，內蒙的一位領導同志向周總理反映，在內蒙地區，在鋼城包頭，蒙族的男同志要找漢族對象有些困難，因為漢族姑娘一般不願意嫁給蒙族的小伙子。周總理說：要提倡漢族婦女嫁給少數民族，不要大漢族主義；古時候就有一個王昭君是這樣做的！接著，總理對我說：「曹禺，你就寫王昭君吧！」總理還提議大家舉杯，預祝《王昭君》早日完成。⑯

周恩來交辦創作《王昭君》，並非只是一時的心血來潮，而是有他的政治動機。一九五九年，西藏動盪，導致達賴出亡。甚至不久後，六二年伊犁的數萬維吾爾族逃亡蘇聯。⑰中共政權與少數民族的嫌隙日深，故如何拉攏少數民族，是擅長外交手腕及深具遠見的周恩來所關切的。以歷史人物作橋梁勾勒出與少數民族淵源已久的情誼，《王昭君》並非頭一遭，一九五九年，田漢創作的《文成公主》已問世了。這是一齣民族團結的頌歌，劇中所表現的兄弟民族親善以及漢藏文化交流的思想內容，不僅歌頌了歷史佳話，而且也具有現實意義。此劇於一九五九年底，由江蘇省話劇團在南京首演；一九六〇春，中國青年藝術劇院在北京演出；後來，《文成公主》進藏，由西藏話劇團用藏語演出，又譜寫了一段漢藏文化交流的新佳話。⑱可見周恩來建議曹禺寫《王昭君》，並非偶發事件的觸發，而是有其政策考量。

一九六二年二月中旬在紫光閣舉行的在京話劇、歌劇、兒童劇作家座談會上，周恩來的講話中給予曹禺很大的鼓勵，要他不必受某種思潮的影響，給他久受束縛的心靈得到極大的解放和鼓舞。緊接著三月間的廣州會談——全國話劇、歌劇、兒童劇創作座談會，陳毅在會上報告：「我國知識份子絕大多數是擁護社會主義的，是經受了考驗的。他們是勞動人民的一部分。應當爲他們脫『資產階級知識分子』之帽，加『勞動人民知識分子』之冕。」⑲接著周恩來也有類似的談話，這些言語，聽在廣大知識分子及曹禺的耳中，都覺得一股解凍的暖意輕輕拂過，在廣州會議較爲寬鬆的精神激勵下，他開始了《王昭君》的創作，曹禺感到那種自由飛翔的創作慾望又回來了。

一九六二年，在中共「七千人大會」上，毛澤東等對大躍進失敗作自我批判；然而不久，毛又在第八回十中全會提出了在社會主義社會的階級鬥爭，開始農村社會主義運動。⑳將過錯諉於黨內的修正主義思想，把「七千人大會」以後共黨內剛剛開始形成的較活躍氣氛打掉，黨內各種關係驟然緊張起來，左的思潮佔主導的意識形態愈箍愈緊。曹禺將寫好的《王昭君》第一、二幕悄悄鎖在抽屜裡，他隱隱感覺到一場階級鬥爭的風暴即將來臨，只是他做夢也沒想到一場人間大浩劫，竟會降臨在他這個戰戰兢兢的忠實黨員身上。

二、文革時期（1966-1976）的噤若寒蟬

㈠《海瑞罷官》拉開文革序幕

毛澤東在一九六二年雖然承認大躍進失敗，當他正爲一己的錯誤而惱怒不已之際，劉少奇和他的同路人（包括鄧小平）卻在重整旗鼓，採用列寧方式重新建立起黨內的官僚機構；作爲黨主席的毛澤東很少受到諮詢。毛憤怒之餘，就開始談論黨內有反動和資產階級分子，他發起了一個群眾的意識形態運動，叫做「社會主義教育運動」（一九六二—六六），但卻遭到黨內的冷漠對待和抗拒。㉑肅殺的政治暗鬥很快蔓延到文藝界，災禍首先降臨在戲劇界，一九六三年三月二十九日《李慧娘》首先被點名批評，同年十二月及六四年六月，毛澤東兩度批示，對文藝領域相當不滿，並引起二次整風，作家、藝術家和廣大的文藝工作者，無不人心惶惶。中共中央在一九六五

年四月七日發表〈關於調整文化部領導問題的批復〉，免去了夏衍、齊燕銘文化部副部長職務。㉒

文化大革命的序幕是由批鬥歷史學家吳晗的劇本揭開的。吳晗利用了史實直指政治時事，譏諷毛澤東清算彭德懷。他把生在十六世紀的官員海瑞的生平戲劇化了。海瑞就是因皇帝沉迷道術修煉丹藥向他直言進諫而被罷官，毛澤東立刻領悟到劇本的含意，皇帝自是非他莫屬了，目前他正是年老昏庸但又渴求長生。海瑞自是在廬山會議時，因大躍進斗膽批評主席而遭鬥爭的彭德懷。諷刺的是，吳晗的劇本竟是黨方就毛澤東個人的提示授意寫成的，有一段時間，毛看到幹部害怕成爲「右派分子」，不敢直言，於是贊揚具有勇氣和剛直性格的海瑞。一篇批判這劇本的文章〈評新編歷史劇《海瑞罷官》〉帶出政治動向，遂成爲全國的注目焦點。爲文批判的人是日後成爲四人幫之一的姚文元，寫於一九六五年十一月。清算隨即鋪天蓋地而來，作家、學者、黨國要員們都受到波及。㉓毛爲了要鬥垮羽翼漸豐的劉少奇、鄧小平，在一九六六年八月五日親手寫了「炮打司令部」的大字報，並得林彪和軍隊助以一臂之力。

毛決定又一次發動群眾的力量，紅衛兵就是這群眾運動主力，他們大多是激烈的青年學生。首先點燃的是高校，康生派其夫人親往北京大學鼓勵造反。緊接著在一九六六年五月二十九日，清華附中幾位熱血沸騰的中學生，他們決定建立自己的組織，並自取名稱叫「紅衛兵」，於是，在世界學生運動史上永載史冊的青年學生組織宣告誕生了。到六月初，北京許多中學的學生紛紛成立類似的組織，卻遭到打擊或被強行解散。於是學生貼出大字報予以反擊，其中最著名的內容是毛澤東的最高指示：「馬克思主義的道理千條萬緒，歸根結底就是一句話：造反有理！」同時他們又寫信給毛澤東請求支持，在八月一日，即在八屆十一中全會召開的那一天，毛澤東親筆寫了〈給清華附中紅衛兵的一封信〉。紅衛兵一夜之間從被打翻在地的現狀中翻過身來，成爲反工作組織的英雄，成爲「造反」英雄。緊接著，毛澤東在天安門廣場，從八月十八日起至十一月十六日，先後八次接見紅衛兵，人數達一千一百萬之多。當時，天安門廣場上用萬眾人頭鑽動、呼聲雷動來形容是遠遠不夠的。一九六六年五月十八日，林彪的講話中第一次提出了破除「舊思想、舊文化、舊風俗、舊習慣」的號召，劉少奇雖有心抑止，但在八月十八日，毛澤東首次接見紅衛兵的大會上，林彪再一次提出了這個口號，並號召「紅衛兵小將們」立刻行動起來。就從這一天起，紅衛兵開始了舉世震驚的激烈行動。㉔瘋狂的大災難如瘟疫般地蔓延，腥風血雨籠罩著整個中國大陸。

(二)前所未有的大浩劫

1.田漢、巴金、老舍悲慘的遭遇

那真是一場人間的大浩劫，文化界的人士幾乎很少得以倖免。鋪天蓋地的大字報，從北京大學開始，席捲著大學，席捲著機關、團體、工廠，席捲著整個中國。距離北京人民藝術劇院不遠，文藝大樓的小禮堂裡，像演戲一樣，每隔一段時間，就把「文藝黑幫」頭目揪出來示眾一次。小禮堂擠滿了人群。由幾個紅衛兵在台上吼著：「帶田漢——」於是田漢便被兩個人反剪著雙臂由後台拖了上來，按著跪下，身上掛著「黑幫分子田漢」的大牌子。就這樣把一個又一個拉出來示眾。那真是一個發了瘋的歲月，整個中國似乎都在顫抖。㉕

巴金也在六六年八月，受到上海市文聯「造反派」批判，並關在上海文聯資料室的「牛棚」裡。㉖八月二十三日下午，一隊腰紮皮帶的女紅衛兵，高唱「造反有理」歌，衝進了北京市的文聯、文化局大院。先闖入編輯部，把稿子、刊物撕碎；又衝進文聯會談室，一邊嘴裡嚷：「養尊處優」、「精神貴族」、「裴多菲俱樂部」，一邊手裡的剪刀挨個把一張張皮沙發戳上些大窟窿。緊接著，她們從文聯、文化局兩個門往外驅趕「牛鬼蛇神」，大院裡，四十幾個站成一圈，在四十多度的高溫下，老「牛」們一個個頸吊黑牌，彎腰九十度。二十幾個紅衛兵則站在大圈外，手揮皮帶往老「牛」們的脊背上暴風驟雨般地抽打，當打到二十幾下時，也站在圈裡的老舍，皮開肉綻了，鮮血淋漓了，兩腿麥桿一樣在那裡搖顫。他的眼鏡早打飛了，他分不清站在圈外的是人還是獸；分不清脊背上流的是血還是汗；他更分不清自己是在熱愛了一輩子，也寫了一輩子的北京城，還是在鬼影幢幢的煉獄。下午四點半，老「牛」們被紅衛兵押解到國子監街孔廟。那裡已經堆滿小山似的京劇行頭——刀槍劍戟，蟒袍羅衫。紅衛兵又要他們在濃煙中跪成一圈，並用木刀往他們的腦袋上砍去。突然，不知哪個紅衛兵喊了一聲：「這老東西流血了，頭破了，真他媽的太嫩！」被稱作「老東西」的，正是老舍，鮮血從他的頭頂上，一串串沁出，順著額頭，順著臉頰，又流進脖子裡，但他沒有揩去。二十五日下午，他死於太平湖。㉗然而這僅是罄竹難書的血腥暴行的一鱗半爪。

2.可怕的夢魘未放過曹禺

這種可怕的夢魘也未放過曹禺，一九六六年十二月的一個夜晚，一陣喧嚷聲，紅衛兵闖進來了，不容分說，便把曹禺從床上拖了下來，呼叫著把他裝進汽車，押走了。他被押到中央音樂學院的禮堂裡。這是他有生以來第一次被綁架，他還從來沒有領受這樣的人生經驗。似乎，心臟都停止了跳動。不知憤怒，不知悲哀，不知是日是夜，不知是冷是暖，不知是在人間還是在地獄裡。周恩來知道曹禺被紅衛兵抓走後，親自趕到現場，看到曹禺和彭真等在一起，就對紅衛兵說，「曹禺算什麼呢？他又不是走資派。」就這樣保護了曹禺，把他放了。因為周恩來為他說了那麼幾句話，傳到北京人藝，就起到保護的作用。他不是走資派，但是，「黑線人物」、「資產階級反動學術權威」的帽子，卻牢牢地戴到他的頭上；同樣，也把他關進「牛棚」裡，加入了北京人藝「牛鬼蛇神」的行列之中。㉘曹禺後來這樣回憶這段生活：

「四人幫」統治的那幾段歲月，真是叫人恐怖，覺得自己都錯了。給我扣上「反動學術權威」的帽子倒是小事，自己後悔不該寫戲，害了讀者，害了觀眾。……有一段，我住在家裡，不敢出房門。大院裡也是兩派在罵，夜晚也在鬥走資派，一天到晚，心驚肉跳，隨時準備著挨鬥。我覺得我全錯了，我痛苦極了。我的房間掛著毛主席像，貼著毛主席語錄：「革命不是請客吃飯，……」我跪在地上，求著方瑞：「你幫助我死了吧！用電電死我吧！」真不想再活下去了，好幾次都想死去。我想從四樓跳下去，我哀求著方瑞，讓她幫著我死。……晚間，是寫不完的外調資料，我懂得這不能馬虎，不能寫錯啊！這是人命關天的事。但是，你寫出來，如實地寫出來，就罵你不老實，逼著你，打你！記得上海來一些造反派，讓我寫外調材料。他們不滿意，就讓我讀「最新指示」，我念了三遍都念錯了，

又是打又是罵。「滾蛋！走！」「明天再寫不出來，饒不了你！」㉙

曹禺的作品也被批鬥得體無完膚，一份北京師範學院革命委員會《文藝革命》編輯部編輯的《文藝革命》「打倒反動作家曹禺」專號，對曹禺的羞辱已到了無所不用其極的程度，他的作品統統被歸爲大毒草：「早在三十年代曹禺就拋出了《雷雨》、《日出》等大毒草，極力宣揚階級調和、階級投降，鼓吹資產階級人性論、大肆誣蔑中國共產黨領導下的工人運動——他是一個老反革命。抗戰期間曹禺又炮製過大毒草《全民總動員》、《蛻變》，吹捧蔣該死「德高望重」，「廉潔奉公」——他是一隻蔣家門樓的叭兒狗。抗戰勝利後，曹禺炮製過大毒草《橋》，把美帝所豢養的「奴才」美化爲能救中國的優秀分子，向美帝獻媚取寵。後來又投入美帝的懷抱，進行反蘇反共反人民的罪惡活動——他是崇美、親美的洋奴。解放以後，他又炮製了《明朗的天》、《膽劍篇》等大毒草，瘋狂地反黨反社會主義。尤其是《膽劍篇》惡毒已極，它攻擊以毛主席爲首的黨中央和我們偉大的領袖毛主席，爲右傾機會主義分子鳴不平，……爲蔣該死反攻大陸呼風喚雨，爲中國赫魯雪夫復辟資本主義製造反革命輿論——他是劉、鄧黑司令部的御用文人。」㉚

在這種惡毒叫囂的攻擊下，他終於受不住折磨而病倒了，住進了協和醫院，也許是因爲他的病救了他，曹禺被放到北京劇場傳達室裡。每天接待來往客人的登記，打掃院落，這大概是最輕的勞動改造了。不久，從國外傳出中國的莎士比亞曹禺在傳達室打掃院子的消息。這樣，給「內外階級敵人」提供了「反宣傳」的材料，於是，又把他安排到東城史家胡同五六號北京人藝的家屬宿舍看守傳達室，傳呼電話，接收信件，掏大糞，倒垃圾。以後，又到北京郊區的團河農場等地勞動改造。㉛七十年代末期，曹禺接受美籍華人教授趙浩生的採訪，曹禺談到文革時的遭遇，他認爲自己還算是比較幸運的：

> 我的遭遇還算好的。被關了幾年，後來又勞改。勞動本來是很好的事，如果把勞動當懲罰、侮辱，那就不太好了。不只要勞動，而且跟家裡隔離，甚至影響到孩子，一直搞得你神志不清，最後甚至會自己覺得自己不對。因為他們成天逼你念叨著：我是反動文人、反動學術權威，……。
>
> （趙問：您的最大罪狀是什麼呢？）反動呀，反動文人、反動權威，三十年代文藝黑線，腐蝕了許多年輕人……。真難說，我們寫的東西最初出現的時候，還有人說過我們進步。他們逼著你招供，供了以後不但別人相信，甚至連你自己也相信，覺得自己是大壞蛋，不能生存於這個世界，造成自卑感，覺得自己犯了大錯，不要寫戲了，情願去掃掃街。這種自暴自棄的思想就產生了，這種思想上的折磨比打死人還厲害。㉜

這種對自己作品的自厭與自棄，對自己的人格產生鄙視，否定自己的思想架構，甚至否定自己的生命價值，對於一個人的戕害，比剝奪他的生命還更令人不寒而慄。

3.藝文界慘遭大摧殘

文革對文人人格的踐踏與蹂躪是駭人聽聞，前所未聞的。文革期間被整肅的文藝工作者，據金達凱的分類有文藝領導幹部、文藝作家、戲劇界、音樂界、舞蹈界、美術界，文網彌天捲來，令人無所遁逃。其中文藝作家有：何其芳、袁水拍、張光年、趙樹理、成仿吾、阿英、張天翼、陳白塵、巴金、老舍、臧克家、沈從文、冰心、劉大杰等。戲劇界有田漢、陽翰笙、張庚、馬彥祥（以上爲中共戲劇協會領導人）、曹禺、吳祖光、柯靈等（以上爲戲劇作家）、周貽白（戲劇史家）。電影界有夏衍、張駿祥、陳荒煤、于伶（按：也是劇作家）、蔡楚生等（以上爲共區電影領導人）、應雲衛、梅阡、黃佐臨、焦菊隱等（以上爲導演）。更慘的是已故的美術家齊白石，竟遭「紅衛兵」挖墓鞭屍。㉝受害者真是罄竹難書。

江青策劃炮製的《紀要》，不僅否定了中共建國後的十七年文藝成就，連三十年代左翼文藝也遭到野蠻的否定。一大批作家遭受難以忍受的折磨以後，紛紛自殺，如老舍（劇作家）、楊朔（散文家）、聞捷（詩人）、傅雷（作家）、周瘦鵑（作家）、孫維世（演員）、上官雲珠（演員）等等。被迫致死者有趙樹理（小說家）、邵荃麟（評論家）、王任叔（評論家）等等。遭到批判者有周揚（評論家）、夏衍（劇作家）、巴金（小說家）等等，不計其數。這些人或是被拘押囚禁，或是被流放，或是被強制勞動，那些曾經在歷次批判運動中遭到過批評的人物更是罪加一等，像丁玲（小說家）、馮雪峰（評論家）、蕭軍（小說家）、艾青（詩人）等等。到了最後，在中國的舞台上只剩下「八個樣板戲」，兩個芭蕾舞劇，一個交響樂。在美術館裡只有一泥塑（《收租院》）和一幅油畫（《毛主席去安源》）。㉞中國大陸藝文界無不心驚膽顫熬過始終不見天曙的漫漫長夜。

當眾多文人生活在水深火熱，求生不能求死不得的境地，他們所景仰的文藝政策的導航員周恩來，如何看待這史無前例的大迫害呢？周恩來雖然也對曹禺等少數文人施過援手，然而毛澤東主導的大整肅洪流中，他也無可奈何。「文化大革命」全面推開以後，除了政治外，經濟領域也被捲入其中，企業、農村和經濟管理部門一片混亂。一九六七年國務院總理周恩來召集部分國務院領導人，卻連部長、主任都到不齊，因爲他們正在挨鬥挨批，他痛心地流下了眼淚。㉟同年，紅衛兵襲擊蘇聯大使館、英國駐華代理事務所。㊱中國大陸在國際上陷於空前孤立的處境，被指責爲「不講文明的國度」、「野蠻的民族」！這些均使周恩來憂心忡忡。

曾經跟隨周恩來幾十年的權延赤，曾經對周的個性加以分析，說周與毛的關係像張良與劉邦，周對毛是忠心耿耿。他是共黨內節制、理智、友愛、合作和信任的代表力量，是真誠團結各派別的主要力量。每當出現對抗、衝突和激烈殘酷的交鋒時，他總是通過自己的努力緩解這種對抗和衝突，盡量減少交鋒帶來的損失。但他對毛澤東以服從爲主，謙和恭敬有餘，堅持原則稍嫌不足，缺乏必要的正面交鋒。有時明知毛澤東對某些事情措置失當，也做出讓步，違心地屈從了。比如「文革」後期，他發現了問題，認識到存在的嚴重錯誤，也沒有鼓起勇氣向毛澤東當面指出。㊲有論者稱周的處世哲學爲「老二哲學」，永遠不敢踰越「老大」毛澤東的旨意，不敢批其逆鱗；也有論者指責周在文革中沒有挺身而出護衛文化工作者，畢竟有許多文人如巴金、曹禺等，是因仰慕周恩來及受其吸收而向共黨靠攏的。

不過由極具鬥爭經驗的鄧小平分析，周在當時那種處境下，反對也是無效的。鄧說：他（按：周恩來）在「文化大革命」中沒有倒下去是件極大的幸事。當時，他處的地位十分困難，他說了好多違心的話，做了好多違心的事，但人民原諒他。因爲他不做這些事，不說這些話，他自己也保不住，也不能在其中起中和作用，起減少損失的作用。他保護了相當一批人。㊳足見共黨統治下的中國大陸政權真是污漆不見底的黑洞，連耿耿忠誠的周恩來，都不敢稍盡一份如封建時代御使大夫諫諍的職責。文人如曹禺等，在其成功地搞倒國民黨政權及歌功頌德的任務結束後，利用價值已失，只有輾轉死於溝洫或羞辱地苟活著，無法如傳統知識分子挺起背脊，稍具士人風骨地批評時政，或有尊嚴地迎接死亡，這真是左翼文人的一大悲哀。

㈢被出賣的紅衛兵驚覺自己成了政爭工具

事實上，以毛澤東為首的大陸政權，在贏得了知識界壓倒性的支持，成功地掌握了工農兵，順利地取得大陸政權，仍不忘其好鬥的本性。一九五九年鬥垮了功高震主的彭德懷；一九六六年夏季，在國防部長林彪的幫助下，把彭真整肅掉；緊接著，他想鬥倒的是劉少奇，但要擺平劉少奇可要費功夫。劉身為國家主席，得到官僚和軍方的廣泛支持，黨主席和國家主席對立內鬥，在大躍進後聲勢下降的毛澤東沒有十足把握，他只想將學生轉為工具，用以支援軍隊，紅衛兵運動便是這樣攪起來的。初時的學生都是來自大學，以後連中學生都發動起來，他們高喊「造反有理」，反對全國的官僚，毛本人訓示他們去打擊他黨內的政治對手。全國那些毫無經驗而天真幼稚的青年學生，初時都反應狂熱，當自己是青年革命家，負有責任，組成一股震撼的力量，從首都到各省市去推動毛的運動。

六十年代的後期是全球性學生運動的蓬勃時期，在巴黎、紐約、伯克萊（加州）和東京等地都有發生。歐洲的叛逆青年，伯克萊的「嬉皮士」和紅衛兵都是有志於改變這個有缺憾的世界的。

然而不同的是紅衛兵只稱得上政治鬥爭的工具，手段兇殘，對人格的蹂躪無以復加。上千上萬的青少年跑到劉少奇寓所示威，要求他辭職。劉的下台牽連了很多共黨內的中堅幹部，包括創立人民解放軍的紅軍之父朱德，參謀長羅瑞卿，副總理薄一波。共黨黨政官員一個個被拖到街上遊行示眾，頭帶高帽，背負木板，寫上指稱他們的罪名。

毛的形象在大躍進的錯誤中遭到嚴重損壞，林彪全力重建毛的形象，青年學生對此幫了大忙。神化毛的過程在進行中，人們背誦他的言語，崇拜他的圖像，紅衛兵到處寫大字報，劫掠私有財產和在大城市橫衝直撞，他們乘搭火車不用付錢，可以在國內天南地北宣揚毛的革命教義。毛本人也發覺甚至他也難於控制這些年輕人，故在收拾敵人的目的達到後，就轉而對付紅衛兵，把他們解散了。六八年秋，毛決定把青年伙子送到農村「向農民學習」，紅衛兵對他的作用已告過去。據說有一千七百萬城市青年在一九六七年至七六年間不管願意與否都一律送到農村落戶。對於他們而言，革命理想的熱情早已冷卻，代之而起的是一種遭出賣與政治無情的感覺。他們追求更高教育和更好職業的可能性遭到剝奪，大部分最後淪爲所謂「失去的一代」。[39]紅衛兵以全國同胞爲芻狗，而他們又是毛澤東擺佈下的傀儡，一旦利用價值已失，迅即遭到棄置，他們才憬然覺悟，然而爲時已晚矣！

(四)原罪感的桎梏扭曲了曹禺的靈魂

在彭德懷被整肅忍辱病逝後；劉少奇也在受辱於紅衛兵之手，因病得不到適當治療而身亡收場（一九六九）。然而權力鬥爭並未停止，劉之後又有毛的「親密戰友」和指定接班人林彪元帥戲劇性的興亡。一九七一年，他被指稱陰謀奪權，搭飛機逃亡時墜機而亡。㊵林彪「自我爆炸」死亡的「事實」，經過「五七一工程紀要」的公布才從根本上喚醒了人們，這倒像一顆「威力無比」的「精神原子彈」，炸醒了人們的痴迷和噩夢，廣大幹部和群眾是通過「文革」後期特別是林彪事件而覺醒的。㊶而曹禺呢？他那善感的心靈如何看待失去理性、荒謬瘋狂的政爭與社會怪現狀呢？他那擅長寫實的文筆又將伸向何方呢？沒有！他僅是一隻瘖啞的寒蟬。

林彪政變失敗以後，中共權力核心的鬥爭更是白熱化，經由文革一步登天的王洪文爲中央委員會副主席，張春橋爲政治局常務委員，江青、姚文元各被選爲政治局委員。他們以毛澤東的威信爲背景，組成所謂的「四人幫」，主要掌握著新聞、出版、文藝等意識型態部門，與以周恩來、鄧小平爲中心的當權派對抗。從七四年二月，四人幫透過表面是把林彪和孔子連結在一起加以批判的「批林批孔運動」，實際上卻把周恩來喻爲孔子予以批判，企圖搖撼周的地位。㊷曹禺在文革初期，被揪出並斥爲「資產階級反動權威」、「黑線人物」，關進「牛棚」以來，就身心俱疲一夜數驚。六八年，因不堪精神折磨，病情愈發嚴重，不得不住院治療。七三年，妻子方瑞因曹禺受到「四人幫」迫害，精神受到折磨，因此致病而不幸去世，曹禺也因悲痛過度而染病。㊸周恩來聽說後，叫張穎來看他，並給他安排點社會工作。曹禺很感動，因爲周在七二年癌症已趨惡化，並受著「四人幫」「凶殘地迫害」。㊹這也植下了曹禺在周死後四人幫下台，寫作政策略爲寬鬆後，奮力完成周恩來曾經交下的任務。這時曹禺已是近七十的老翁，垂垂老矣，渾身多病痛，爲了表達對周的感念，他終於完成了《王昭君》。

自一九六二年《王昭君》寫成第一、二幕後，中斷了十六年才得完成此劇。十六年，對一個深具才華的劇作家是何等悠長、寶貴的漫長歲月！曹禺蹲「牛棚」，「在林彪、『四人幫』猖狂的時期，我和他（按：指焦菊隱）同住一間『牛棚』。十幾個人同擠在一間不大的屋子裡，潮濕，不見陽光，身下墊著稻草和自己家裡送來的一些被褥。」㊺或被派去看守傳達室，做應門打掃的工作，鎮日裡顫慄著鬥爭再度臨頭。往昔充滿義憤敢於向權威挑戰的青年曹禺何在呢？國民黨威權統治難道不恐怖嗎？當他寫《日出》時不是自陳有一些「有夜貓子眼睛的怪物無晝無夜，眈眈地守在一旁」㊻嗎？爲什麼他以及當時三十年代左翼作家的佳作，仍不斷如過江之鯽、絢爛多姿呢？雲南大學副教授李叢中曾對曹禺文革時期心理扭曲和精神危機作了深刻的探討與剖析：

這種精神危機，透過肉體的摧殘，深入到人的情感中，靈魂中，理念中，使精神的堤防全部崩潰，使人生的一線希望全部破滅，即使作為肉體的人還健在，而精神上就只有一個「空殼」了。這是何等駭人聽聞的精神酷刑呀！俗語說：哀大莫過於心死。曹禺到了最後，已經是萬念俱灰，心如死灰了。這種精神麻木式的自我懺悔，這種喪失良知後的自我譴責，遠比那種清醒地感到劇烈的疼痛的情況，還要令人辛酸十倍、百倍。㊼

曹禺一方面對無產階級的思想充滿了真誠的嚮往和憧憬，另一方面卻不由得對自己的小資產階級的思想意識產生了一種原罪感。這種原罪感，隨著極「左」思潮的泛濫，這種原罪感便成了曹禺思想上的桎梏，日甚一日地束縛著曹禺。他老覺得自己跟不上時代的發展，總是戰戰兢兢地檢查自己的思想感情有什麼不對之處，小心翼翼地在理念上作力不從心的追求。於是，曹禺的思想，便被自己編織的思想羅網所羈絆，以致進退維谷，瞻前顧後，無所適從。這種糾纏著他、困擾著他的原罪感，在平時還表現爲理念上的搖擺不定，創作上的左顧右盼，一旦政治運動不容分說的批判接踵而至，曹禺平時的一點獨立思考的防線便崩潰了。原罪意識加上新的負罪心理，便把曹禺徹底壓垮了。這種「自縛」和「他縛」的現象，交錯在曹禺身上。社會上極左思潮給予曹禺的「他縛」令人感到憤慨；另一方面也爲曹禺的「自縛」感到痛心。當作家以負罪的心理去懺悔自己的「過錯」（實際上並無過錯）的時候，真是令人感到一種「靈魂扭曲、精神自戕」的悲涼！當「文革」終於過去，曹禺的良知和他長期體驗過和思考過的情感和理念，重又被招回的時候，已是年近七旬的老翁了。㊽

正如邵玉銘爲聞一多的遽逝而道出了爲什麼「千古文章未盡才」的傷痛，在回顧曹禺大半生經歷的種種變故，也同樣使人有「千古文章未盡才」的慨嘆。不禁憶起邵玉銘所說：「我常想，如果聞一多不在一九四六年去世，以他激越的個性，對人民的摯愛，對國家未來深切的期許，當他看到大躍進的慘況，看到一九六〇年代文化大革命的暴動，他一定還會有第四次的大轉變，那時不只是會對中共暴政鳴鼓而攻之，一定會採取更激烈的手段來反共反毛，而其下場，恐會更爲慘烈。」㊾苦難多舛的時代造就了作家，作家憑藉他豐富的人生及社會閱歷描寫動盪的大時代。在政界搶奪政權的拉扯戰中，部分文人因反對某一政權而遇害；而大部分作家則依附另一政權，正深自慶幸美好的烏托邦實現在即，想不到那逐漸穩固的政權卻無情地吞噬他們，令人長嘆文學與政治該如何定位，文人在紛亂的政權爭霸戰中該如何自處呢？然而從曹禺在中共建立政權的遭遇看來，無論他如何赤忱與謹慎，密佈的文網遲早會當頭罩下，當他在整肅與鬥爭陰影下度過了一、二十年後，已成了精神上的「廢人」了，這毋寧是中國戲劇史上的一大損失。曹禺一生擅長寫悲劇，想不到自己也扮演了悲劇的角色，不！不只是悲劇，應是悲劇與荒謬劇的結合體。

註釋：

①金觀濤、劉青峰，《開放中的變遷》，頁四五八—四五九。

②文聿，《中國左禍——中共反右運動歷史紀實（下）》（台北：萬象圖書公司，一九九三年），頁三四七—三六九。

③同註②，頁三六九—四〇八。

④秦家懿著述，蘇紹興編修，《上下求索中國魂》（台北：允晨文化公司，一九九二年），頁六二—六四。

⑤小島晉治、丸山松幸合著，葉寄民譯，《中國近現代史》，頁二三九—二四一。

⑥葛一虹主編，《中國話劇通史》（北京：文化藝術出版社，一九九七年），頁三八八—三九一。

⑦曹禺，〈和劇作家們談讀書和寫作〉，原載《劇本》一九八二年十月號，《曹禺全集⑸》，頁三九〇。

⑧〈中國近現代史年表〉，書同註⑤，頁三一九。

⑨田本相，《曹禺傳》，頁四〇二。
⑩茅盾，〈關於歷史和歷史劇〉，原載《文學評論》一九六一年五、六期，《曹禺研究專集(下)》，頁四八四。
⑪同註⑨，頁四〇三—四〇七。
⑫潘克明，《曹禺研究五十年》（天津：教育出版社，一九八七年），頁一五五。
⑬周恩來，〈對在京的話劇、歌劇、兒童劇作家的講話〉，《周恩來論文集》（人民文學出版社，一九七九年），頁一〇五—一〇六。
⑭曹禺同田本相在一九八四年六月三日談話記錄，田本相，《曹禺傳》，頁四一一—四一二。
⑮田本相、張靖編著，《曹禺年譜》，頁一一五。
⑯曹禺，〈昭君自有千秋在——我爲什麼寫《王昭君》〉，原載《民族團結》一九七九年第二期，《曹禺文集⑷》，頁四二四。
⑰同註⑧，頁三一九—三二〇。
⑱同註⑥，頁四三。
⑲同註⑨，頁四一一。
⑳同註⑧，頁三二〇。
㉑同註④，頁六四。
㉒同註③，頁四六四—四七〇。

㉓同註④，頁六五—六六。

㉔同註③，頁五一〇—五一八。

㉕同註⑨，頁四一八。

㉖〈巴金年表〉，姚春樹、吳錦濂選評，《巴金》（台北：海風出版社，一九九〇年），頁三〇二。

㉗同註③，頁五二七—五二八。

㉘同註⑨，頁四一九—四二〇。

㉙曹禺同田本相一九八六年十月十八日談話記錄，《曹禺傳》，頁四二〇—四二一。

㉚《文藝革命》評論員，〈打倒反動作家曹禺〉，《文藝革命》一九六八年第五期，引自《曹禺傳》，頁四二四。

㉛同註⑨，頁四二五。

㉜趙浩生，〈曹禺從《雷雨》談到《王昭君》〉，原載香港《七十年代》一九七九年第二期，《曹禺研究資料（上）》，頁一三四—一三五。

㉝金達凱，〈中共對文藝界的摧殘〉，《中華雜誌》第一二三期，一九七三年九月，頁三九。

㉞同註③，頁五七八—五七九。

㉟同註③，頁五七二。

㊱同註⑨，頁三二〇。

㊲權延赤，《走下聖壇的周恩來》，頁三七三—三七四。
㊳鄧小平一九八〇年八月，對義大利記者法拉奇的談話，引自註㊲，頁三七四。
㊴同註④，頁一五二—一五五。
㊵同註④，頁二八七。
㊶同註②，頁二三九—二四〇。
㊷同註⑤，頁二九二—二九三。
㊸《曹禺年譜》，頁一二四—一二五。
㊹曹禺，〈獻給周總理的八十誕辰〉，原載《北京文藝》一九七八年第三期，《曹禺全集⑹》，頁三七五。
㊺曹禺，〈憶菊隱〉，原載《藝術世界》一九七九年第一輯，《曹禺全集⑹》，頁三九三。
㊻曹禺，〈《日出》跋〉，《曹禺文集⑴》，頁四五四。
㊼李羲中，《曹禺創作啓示錄》（雲南大學出版社，一九九〇年），頁一二三。
㊽同註㊼，頁一二三—一二五。
㊾邵玉銘，〈爲何「千古文章未盡才」（四）〉，《聯合報》副刊，一九九五年一月十一日。

第四節　新時期已成蠟燼絲殘一空殼

一、四人幫下台　曙光乍現

一九七六年對中國共產黨來說，是個多事之秋，首先是周恩來死亡，批判鄧小平運動開始；接著是四月五日發生了第一次天安門事件，七月二十八日河南唐山大地震，最少有六十萬人死亡；九月九日毛澤東去世，緊接著是逮捕江青等四人幫。①一連串的事件，讓民眾覺得中國再一次立於大變動的轉捩點，一九七六年開始，進入了學者所謂的「新時期」。

一九七六年一月七日晚上，周恩來因久病去世，他的死訊在一月九日凌晨宣布。周的葬禮不作更大的、公開儀式舉行，引起民眾的不滿。在文革期間，「左」的過激潮流中，周是唯一理智中和的聲音，在他死前就著手進行四個現代化政策，交由副總理鄧小平執行。周逝世後的二月初至三月底之間，上海《文匯報》和其他地方的報章，以及北京和全國各地的大學都有大字報，受江青那一黨指使寫的，說要繼續進行文化大革命和提升到更高的層次。他們的目標指向剛死的周恩來（批他爲反動的孔子），和周的同僚（批爲「走資本主義道路者」），以及他們的政策，特別是四個現代化，這是江青那一伙人合謀把副總理鄧小平趕下台，以便在毛死後繼毛之位。這些行動引起民眾的憤怒，上海報館被襲擊，在人民廣場的市政大廈前有九個人以汽油淋身自焚抗議。清明臨近，悼念周恩來的花圈開始在天安門的人民英雄紀念碑前出現，過了不久便有政治和軍方的人物送花圈來。四人幫將這種對周的尊崇視作對他們威權的挑戰，儘管官方禁止，花圈仍愈集愈多。四月四日夜晚，武裝軍人出現了，動員三百多架軍車，移走所有花圈，撕毀大字報，據說是江青指使的。

四月五日近凌晨六時，大量群眾集結在天安門廣場，發覺花圈全數被移走，不由惱怒起來。軍人想阻止群眾接近人民英雄紀念碑，卻不成功。上午七時過後不久，一批群眾抬著周恩來巨像從西長安街送入廣場，第一七三中學的學生手持花環尾隨著，在那時，聚集的群眾已增加到大約五萬人。上午八時半，群眾與軍隊開始衝突，各有受傷群眾突破了軍方封鎖，向人民大會堂前進，於是軍方來了增援，包括毛澤東的精銳近衛軍八三四一部隊，在把進入人民大會堂的群眾驅散的衝突中，有數以百計的受傷事件，群眾把中共公安部的宣傳車一把火燒掉，又推翻數輛救火車。下午二時，周的遺像和留下的花圈都給移走了。留下的群眾便把附近的軍營搗毀，一把火燒掉，在未散前又燒了其他軍車。到了下午六時，北京黨委主任吳德來到廣場，向群眾說話，斥責他們的行為和呼籲他們離開，但仍有約三千餘群眾，手牽著手，高唱「國際歌」。大約到了下午九時三十分，廣場燈光忽亮，成千上萬的軍人手持短棒，尾隨全副武裝的警察，一擁而入，人數約四萬，超過三百名群眾給逮捕了，隨之而來的迫害，單在北京市便約有四萬至五萬人民被逮捕。第一次天安門事件發生為期一週，現場活動的有一百五十萬人。②

不滿的情緒並不限於北京，在差不多同時的日子內，群眾聚在許多其他城市，多由學生率領。在所有這些地方，鎮壓之後都有死亡事件。這件事的立即後果是鄧小平第二次下台，他成了騷亂的代罪羔羊。四月五日的政治局緊急會議，決定這次事件是一次對革命本身的反革命行動，張春橋和王洪文兩人親自去現場視察，對毛澤東報告這次事件反革命的性質，兩天後由全體政治局成員認可這個判定。到了八月，毛的健康很快惡化，終於在九月九日與世長辭，繼承他的是華國鋒。華國鋒在葉劍英與精銳的八三四一部隊首領汪東興（鎮壓天安門事件他也有參與）協助之下，於十月六日即行逮捕江青和其餘孽的所謂四人幫。而鄧小平則於七七年七月十六日復出，七八年十一月，中共官方對天安門事件重予評價，承認它為「革命的群眾運動」。③在中共十屆三中全會，鄧小平回復全部職位；不久旋即舉行的十一屆全大會，宣布「第一次文革」結束。④華國鋒失勢，鄧小平重新掌權。

曹禺對於周恩來的逝世傷痛不已，而緊接來的四五運動，由於新聞媒體的封鎖並未馬上公開，然而他的孩子們每天從天安門廣場都會捎來一些令人振奮的消息；跟隨而來的卻是對四五運動的殘酷鎮壓，他又跌入失望的深淵。天災人禍相伴而來，七月間，唐山大地震，曹禺與小女艱難地躲在一個地震棚裡，過著暗淡的日子，又是病魔纏身，真是絕望極了。沒料到，毛澤東逝世不到兩個月，一夜之間，便又天翻地覆了，這一切都發生得那麼突然，「四人幫」被粉碎了！曹禺回憶起當時的情形，仍相當激動地說：

十年前的那天，我的小女兒很晚回到家裡。她一進門，徑直走到我床前。她的臉因為激

> 動而變得異樣，目光閃閃，聲音也有些顫抖。她說：「爸爸，咱們有救啦！」她告訴我「四人幫」被粉碎的消息。我不信，我也不敢信。我怕，怕這不是真的，還怕很多很多……，我記得那一夜我久久在街上走，我看到每一個窗口，整座整座的樓都亮著燈，就像過年時一樣。我走著，然而感到難以支持而站住了，我覺得我的心臟的承受力已經到了極限！人生，歷史，中國以及我自己的生命，在那時都化成了一個字眼，我的聲音有多大，或者究竟出沒出聲，我喊道：「天哪！」沒有經歷過「文化大革命」的人，他們是不可能明白的，那種深重的絕望，把人箍得有多麼緊！後來，我又聽到第二個、第三個人告訴我。雖然仍然是關著門，壓低了聲音才敢說的，可是我終於已經有了相信的勇氣和力量。我相信我已從大地獄裡逃出來了。⑤

漫長的文革浩劫終於過去了，曹禺終於等到了天曙，他激動得不敢置信。頓時，他覺得自己又活過來了。

二、《王昭君》譜下創作休止符

(一)奮力一搏答知音

曹禺覺得他從大煉獄逃出來了，終於熬過了那漫長的悲苦歲月。歷盡浩劫的曹禺，如今已是六十七歲的老翁了，他向來訪的記者表示，他「要趕快寫」，「要把『四人幫』耽誤的時間奪回來。我的筆要繼續爲革命衝刺，戰鬥到生命最後一息。」⑥然而整個七七年，曹禺似乎均處在精神亢奮中，他以極大的篇幅投入文藝界批判「四人幫」的鬥爭中；也寫了一系列紀念周恩來的文章表達對周的崇敬與愛護；另一方面繁忙的活動開始了，應接不暇的種種應酬，擺脫不得的各種會議。他有限的精力在做著無謂的浪費。一九七八年四月六日，北京市委決定，北京市話劇團恢復「文革」前的名稱：北京人民藝術劇院，由曹禺擔任院長。⑦基於職責，即將來臨的中共建國三十年大慶，他不能不寫劇本，他思索著，發現縈繞在他心懷的，是周恩來囑咐他寫的《王昭君》。七八年八月，他不顧年事已高，決定再去邊疆訪問，搜集資料。他由女兒萬方陪同去新疆，熱誠好客的維吾爾族朋友、哈薩克民族和蒙古族朋友，熱情地招待他們父女倆，然而曹禺也敏銳地感到所處的新疆北部離伊寧不遠，有一股動盪的氣息，邊境地區並不安寧，守邊的戰士們時刻警惕著，不敢稍有懈怠。⑧這也給他在《王昭君》一劇中，對破壞和平的溫敦、休勒大加撻伐的靈感。

事實上，漢族人民和其他少數民族的種族衝突和仇視是確實地存在著，少數民族對強迫遷入的漢族移民有著被淹沒的憂慮。文化大革命時，邊遠地區和少數民族都受到宗教迫害。「文革」結束後，如何修好邊政，對少數民族採懷柔政策自是當務之急，故曹禺創作《王昭君》正是深切符合中共政策面；加之又是遵奉周恩來生前的提議寫的，所以格外引起文藝界和廣大讀者、觀眾的熱烈反應，僅一年內報刊上發表的評介、研究文章就超過四十篇。一九七九年八月國家民族事務委員會和中國戲劇家協會特地聯合召開了座談會，對這個戲的創作和演出進行了討論。評論者一致肯定曹禺的這部新昭君戲，「爲鞏固和發展我國民族團結所作出的貢獻」；對王昭君的嶄新形象給予了高度的評價；還普遍贊揚了其他重要人物的刻劃、戲劇結構、詩劇風格和語言等多方面的藝術成就。一九八〇年初，《文學評論》、《戲劇界》等刊物上，發表了對《王昭君》創作成功質疑的文章，探討王昭君形象的歷史真實性，兼及歷史劇創作的原則和方法等問題。⑨新時期的曹禺研究逐漸能撥開歷史的迷霧，做出較中肯深入的剖析。

㈡歷劫餘生齊噤口

然而這部擱筆十七年，在熱愛他戲劇的人們「千呼萬喚」中，才於一九七八年完成，想不到竟成了他的廣陵絕響，從此曹禺的戲劇創作生涯譜上了休止符。什麼因素導致曹禺不再繼續創作呢？除了年事已高，心餘力絀外，曹禺的時間都被繁忙的社交活動給分割掉了，他的老友巴金在一九七九年時，寫給他一封信中，對他寄予深切的厚望：

> 但是我要勸你多寫，多寫你自己多年來想寫的東西。你比我有才華，你是一個好的藝術家，我卻不是。你得少開會，少寫表態文章，多給後人留一點東西，把你心靈中的寶貝全交出來……。⑩

然而巴金殷切的盼望落了空，經過漫長的悲慘歲月，歷劫餘生，老作家，除了巴金外，多半都採噤口不言的策略。而巴金說真話的尺度也自有拿捏，在官方許可的限度下說話，批判的矛頭指向萬惡的「四人幫」；至於「四人幫」的幕後老板毛澤東，甚至容許「四人幫」存在及猖狂的政治體制則不敢輕易碰觸。不過他仍從內心底處真誠地提出反思：

> 為什麼在國民黨反動統治時期，三十年代的上海，出現了文藝活躍的局面，魯迅、郭沫若、

> 茅盾同志的許多作品相繼問世，而在「四害」橫行的時期，文藝園中卻只有「一花」獨放、一片空白，絕大多數作家、藝術家或則擱筆改行，或則給摧殘到死呢？這難道不值得我們深思嗎？⑪

巴金僅提出問題，卻沒有說出答案，然而謎底無非是「苛政猛於虎」吧！雖不中亦不遠矣。馬森曾從共產黨組織對作家的鉗制，來說明共產體制下爲什麼無法產生像三十年代優秀作品的原因：共產黨的制度是對作家統一領導，對作品是統一出版發行。一個作家發表了幾篇作品稍有名氣之後，立刻就被納入當地作家協會的組織，作品比較受重視的，就給請到北京成爲全國性作家協會的成員，將來就拿國家的薪給成爲職業作家。薪水雖然不高，但也不比幹其他行業差。再加上所有的刊物，不管是報紙的副刊還是文藝性的雜誌，一律是官方的，受到黨組織的嚴密控制，什麼作品可以發表，什麼作品不可以發表，都有一定的尺寸。在這麼一種制度下，有幾個作家能夠保持一己獨特的觀點與見解，能夠發展出獨特的文學風格，是很值得令人懷疑的一件事。善於配合政策的幾位當令的作家，那就是一口場面話了。像什麼總理交下的任務要完成啦，像什麼要再爲社會主義奮鬥多少多少年啦。會說場面話，所換來的最少是兩房一廳的一所公寓和一級二級的作家頭銜。在房荒嚴重的中國，這幾句場面話是值得同情與原諒的。

大概最寬心的就數老年的一代，憑著一張老臉，坐吃國家供給的俸祿而一字不寫。有一位老作家就曾坦然地對馬森說：「要說的我早說了，要寫的我早寫了，到了我這把年紀兒，只有優遊餘生了！」這樣最安逸、最不冒風險，對他人對社會可也最沒有貢獻。但可幸的是中國正是一個不喜歡要文人貢獻什麼的國家，能夠做「歌德」派最好，不能做「歌德」派，至少做個啞巴派，國家也肯出錢白養著。當權的人最恨的是那些不肯安份守己而又一心要爲人民喉舌的瘋狗。所以要做瘋狗的作家，命運也就可想而知了。寫作總是種危險的事業，寫來寫去總有一天會在不知不覺中超越了允許的範圍。即使極端小心不去超越，衡量的標尺也會變動。今天認可的香花，到了明天標尺一變，可能就會成爲萬惡不赦的毒草。⑫這些例証，曹禺都親自體驗過，周遭也充斥著類似悲慘的例子；另一方面可能也是怕累及家人，株連兒孫。曹禺自一九七八年完成《王昭君》後，至一九九六年十二月十三日辭世，十八年間他都沒有作品問世。

三、坐擁過往榮耀　充當宣傳傀儡

「文革」結束，「新時期」開始後，曹禺的生活是優渥的，他有那麼多的頭銜，那麼安適的生活。而他以前的作品正是一大資產，只要不再犯了路線的錯誤，即可頤養天年。他的劇作，特別是在「解放」前的劇作，越來越受到研究者的關注和重視，他的劇作，特別是他解放前的劇作，又被一個又一個重新搬上舞台。在中國現代文學界、戲劇界，對曹禺的研究達到空前的高潮。據王興平、劉思久、陸文璧編輯的《曹禺研究專集》所提供的研究資料統計，從一九七八年到一九八三年，全國報刊共發表各種論文、劇評、專著等共三二二篇（部）。連自發表後即遭到否定性批評的《原野》，也在一九八一年拍成電影。隨著《原野》搬上銀幕，《雷雨》和《日出》也相繼改編爲電影，《日出》是由曹禺和女兒萬方改編的，由於改編成功，獲得金雞獎。一九八六年六月，《電影藝術》曾召開有二十多位專家、導演、演員參加的座談會，研究這三部名著搬上銀幕的得失成敗。《電影藝術》並以〈銀幕向舞台的挑戰〉爲總標題，連載了與會者的發言，在電影界、戲劇界、文學界產生了廣泛的影響。

曹禺的劇作在海外的影響也在擴展著，還在「四人幫」統治的歲月裡，香港二十四個劇社聯合演出，市政局主辦了「曹禺戲劇節」，上演了《北京人》、《蛻變》和《膽劍篇》。另由李援華從其他劇作中，抽取片斷編成第四個劇目，名爲《曹禺與中國》，全劇共三幕。打倒「四人幫」後，一九八〇年，北京人藝赴港演出《王昭君》；一九八六年，中國青年藝術劇院赴港演出《原野》，觀眾反應均十分熱烈。曹禺的劇作在國外的影響力也在擴展著，在蘇聯、東歐諸國，他的劇本早就被搬上舞台。一九八一年，《雷雨》在羅馬尼亞演出；一九八三年，《雷雨》在莫斯科再次上演；美國繼演出《日出》、《北京人》之後，一九八四年，在密蘇里大學演出《家》，獲得很大的成功；在日本，早就演出過曹禺的劇作，一九八一年十二月，又演出《日出》，一九八四年，大阪關西大學中文系學生用漢語演出了《雷雨》；一九八五年九月五日到十六日，上海人民藝術劇院在東京演出了《家》，十天演十場，魅力十足，深獲好評。而各國也有許多曹禺戲劇研究專家，或是畢業論文寫的就是曹禺；他的劇作也翻成各國語言，並廣泛流傳著。⑬甚至敵對的政治實體台灣，也在一九九三年，《原野》、《雷雨》、《北京人》逐一登上台北舞台。

曹禺頂著光輝絢爛的光環，是令人羨慕的，有那麼多讀者、那麼多榮譽。然而也是令人心酸的，他被肯定的作品，大都是在被他嚴厲批評的腐敗政權統治下寫出來的；而他所歌頌的中共政權統御下，僅有的幾部作品卻被視如敝屣。一個優秀的作家應該是善於思索的，對於大躍進、文化大革命對廣大人民群眾所造成的傷害，對於鬼魅隨形、失落的十多年歲月，曹禺到底如何反思、如何看待呢？由一個例子可看出曹禺此時已成了一具空殼，除了表態的文章外，他幾乎瘖啞無言。軍人作家白樺在他的劇作《苦戀》（一九八〇年）中描寫一位畫家對國家的愛，他選擇了從國外回歸中國，卻成了文化大革命的犧牲者。他女兒向他問了一個不能回答的問題：「你愛祖國，祖國愛你嗎？」畫家在受迫害中逃亡，凍死在雪中，身體蜷曲成個問號的形狀。

同樣是一九八〇年，曹禺卻心疲力盡於無謂的應酬中，出席各式各樣的會談，接待國內國外來訪的客人，還要看演出，應報刊之約寫各種各樣的文章。他的兼職也太多了，他是全國人大常務委員、文教委員會的委員、北京人民藝術劇院的院長、中國戲劇家協會主席、北京文聯主席、中央戲劇學院名譽院長，這麼多頭銜，有虛有實，但無論虛實，都可能找上門來，留給他自己的時間就少得可憐。一九八〇年，也是曹禺出國訪問最多的一年，他接連去了瑞士、英國、法國和美國。⑭三月十八日至四月三十日，曹禺應「美中學術交流委員會」、哥倫比亞大學「美中藝術交流中心」的邀請，赴美講學。美國哥倫比亞大學美籍華人教授夏志清，對於這位七十一歲高齡老態龍鐘的老作家訪美做了記實速寫，對他出訪時的窘態有了第一手的報導。四月三日，夏志清拿了一厚冊印第安那大學剛出版的《中共文學選集》，請曹禺簽名，曹禺在扉頁上簽了：「奉命簽名，曹禺，一九八〇年，四，三，紐約」。其實夏氏與曹禺已在不同場合見了五次面了，據夏的推想可能是「交情不夠」。⑮不過依筆者的看法，可能是因曹禺認爲夏志清是親台學者，有意劃清界線以保護自己吧！或者是經歷一連串文革鬥爭後，對人的防範與不信任感使然！

夏志清談到了數度返大陸的名作家於梨華，興致沖沖地趕來會見曹禺，想不到曹的態度很冷淡；甚至連美中藝術交流中心主要負責人周文中的名字也說不上來。後來夏志清弄清楚了，原來曹禺記性不好，耳朵又聾，頓時對他憐憫起來，「初見面那點反感早已化爲烏有，只覺得一個記憶力衰弱的老年人出差的可憐，他不善辭令，記性不好，得罪了我和我的友人；其他的舊雨新知，他得罪的一定更不知多少。這樣的欽差大臣，派出來有什麼用啊！」⑯

而曹禺赴美演講的主要目的是大罵「四人幫」。內容無非是江青時代的樣板戲多麼惡劣，劇作家遭殃的不知有多少。一九七六年後情形大爲改善，現代全國劇團一共有二千個，話劇團體也有二百個。當年知識分子被罵成「臭老九」，現在大家抬頭了。雖然不少人受了「文革」的震動，至今「心有餘悸」，或者「看破紅塵」，不再寫作，新興的業餘劇作家愈來愈多，他們屬於一個「思考的世代」，平均一年中出版的或者排演的話劇有一百種，新的「百花齊放」時代就要來臨了，「推行四個現代化的中國」，也即是「安定」、「團結」、「富足強大」、「愛和平」的中國。這類爲中共官方宣傳的講辭，讓夏志清聽了很不舒服。不禁嗤之以鼻，後來寫文章加以駁斥：把一切罪惡加在「四人幫」頭上，表示大陸文藝又在「大躍進」，又在「百花齊放，百家爭鳴」，騙得了誰？江青掌權之前，中共又出了些什麼偉大的作品呢？曹禺自己的《明朗的天》比起那些樣板戲來，又好到那裡去呢？至少《紅色娘子軍》裡還有些舞蹈、武打場面，老百姓還懂得欣賞

（當然天天看，也要看厭了）；《明朗的天》講美國人當年在北平研究細菌戰，完全配合韓戰時期的中共宣傳，一點事實的根據也沒有，這算是什麼戲？⑰

三月廿八日午餐席上，夏志清與曹禺、周文中、英若誠同桌，英若誠是北京人藝的名演員，曹禺最近兩次出國他都充任口譯。英原是前台大外文系主任英千里的二公子，北平淪陷前，國民政府專機飛進城，把胡適等名學人接出，英千里也在其內，可是飛機座位太少，英千里的家屬只好留在北平，從此兩岸分隔。英若誠家學淵源，講得一口好英文，中共正需要會講、會口譯英文的人才，故頗受重用。夏志清與英若誠談話頂投機的，與英若誠談起李少春、葉盛蘭、石揮這些夏志清喜歡的演員，一個個都已死了，不禁感慨系之。英君也提到鄭君里（三十年代的男星，《林則徐》的導演）死得最慘，因爲他知道江青的底細最多。老舍究竟怎麼死法，至今還不清楚。席間英若誠還對夏說，曹禺患心臟病已有二十年了，雙腿無力，所以站立走路非持手杖不可。又謂曹禺未去英國前，也到過一趟瑞士，代表中共作家協會出席過一個會議。七八十歲的文藝工作者，只要他們懂得些外國語言，可同外國人會談，都得出差。話劇名導演黃佐臨現在西德，詩人卞之琳不久就要來哥大作客；不多天，費孝通又要來哥大領一個榮譽博士學位。夏志清聽了不禁感慨地對英若誠說：曹先生當年被罰看守豬圈，固然受苦不少，現在這樣馬不停蹄，到處開會訪問，這也是一種懲罰。曹禺附耳過來聽了也未作申辯，可能默認這句話沒有說錯吧。⑱在中共政權體制下，也培養不出什麼好作家來，只有動用這批老「古董」作家，僕僕風塵到異邦爲中共政權做宣傳，這也未必不是一大諷刺及千古蒼涼。

四、失去創作本能是心靈底處的傷痛

曹禺一直是個敏於思考的人，他並沒有被目前的掌聲陶醉，也沒有被遲來的權勢沖昏了頭，在他的心靈底處似乎隱藏著一處傷痛，爲他的不能寫，寫不出作品而鬱悶不安。一九八三年春，阿瑟·米勒應北京人藝的邀請，來京執導他的《推銷員之死》，曹禺請他到家作客，並很珍重地展示一本裝幀講究的專冊，上面裱著著名畫家黃永玉寫給曹禺的一封信，曹禺很慎重地唸給阿瑟·米勒及在場的朋友聽。信中大約是說，黃曾到阿瑟·米勒家住過幾天，發現他年紀雖大卻渾身充滿了生命力，他勸曹禺要學習阿瑟·米勒的「草莽精神」。接著他又直言不諱地批評曹禺：「我不喜歡你解放後的戲，一個也不喜歡。你心不在戲裡，你失去偉大的靈通寶玉，你爲勢位所誤！從一個海洋萎縮爲一條小溪流，你泥溷在不情願的藝術創作中，像晚上喝了濃茶清醒於混沌之中。命題不鞏固，不縝密，演繹、分析得也不透徹。過去數不盡的精妙的休止符、節拍、冷熱、快慢的安排，那一籮一筐的雋語都消失了。」當曹禺恭恭敬敬地逐句唸完這封信時，阿瑟·米勒覺得非常疑惑，爲什麼把別人批評自己的信唸給他人聽呢？[19]然而他不明白，這正是曹禺內心深處最真誠的懺悔，他無法再秉持以往堅持的寫實原則去創作。

田本相是替曹禺寫傳，接觸他最多的學者，他也深深感覺到曹禺並非是那種沉迷於掌聲的人。曹似乎有一種難言的苦悶和痛苦，他心底的真情，被一層一層的東西遮掩著，但又掩飾不住，曹禺確實有著許多懊悔，幾乎來不及挽回的懊悔，他覺得自己寫得太少。他很少對田本相談他解放後的創作，他總是搖搖頭、擺擺手，不願提起它。有一次，他同田本相談起黃永玉給他的信，引起他的感慨，說：「多年來，我寫戲都是領導上交給我的任務，我也寫了幾個，有的沒寫出來，像河北省的抗洪鬥爭，像私營工商業改造，都搜集了不少材料，沒有寫出來。現在歲數大了，更寫不出來了。……解放後，總是搞運動，從批判《武訓傳》起，運動沒有中斷過。雖然，我沒當上右派，但也是把我的心弄得都不敢跳動了……明白了，人也殘廢了，大好的光陰也浪費了……這也是悲劇，很不是滋味的悲劇。我們付出的代價是太多太大了。我是真想在八十歲的時候，或者是八十歲之前，寫出點像樣的東西來！」⑳曹禺胸中的火花沒有完全熄滅，他仍然渴望寫出好作品來。然而他終究沒有寫出來。中共的政局變幻並不是那麼讓人安心寫作。

五、政治箝制文藝的支配模式依舊不變

㈠文化界反思的影響微乎其微

「四人幫」垮台後，中共政權核心的矛盾逐漸顯露出來，一九七七年，華國鋒主導的「兩個凡是」在「兩報一刊」（《人民日報》、《紅旗》雜誌、《解放軍報》）聯合發表一篇社論：〈學好文件抓住綱〉，第一次向全黨全國提出嚴正聲明：「凡是毛主席作出的決策，我們都堅決維護，凡是毛主席的指示，我們都始終不渝地遵循。」「兩個凡是」的「左」傾錯誤，引起廣大群眾和

幹部的強烈反對。一九七八年五月十一日，經十次修改以後，鄧小平派提出〈實踐是檢驗真理的唯一標準〉一文，發表在《光明日報》上，新華社、《人民日報》、《解放軍報》紛紛轉播、轉載，一時引起全國上下的關注。㉑毛的個人崇拜有被撼動之虞，因爲它含有假設毛澤東的政策和指示實踐結果不好的話，還是可以加以批評的。

一九七八年十二月中共第十一屆三中全會成爲邁向大轉變的畫時代的第一步，三中全會對第一次天安門事件給予肯定。並回復彭德懷等的名譽，將支持鄧小平的人安排於重要職位。非正式地發表因爲文革死亡的約有四十萬人，被害者多達一億人，文革被決定性地否定。會中並決定以「四個現代化」建設爲重點課題。在黨組織方面，起碼有二百九十萬人以上，經反右鬥爭以來的各種運動被整的幹部、知識分子獲得平反和復職；政治方面，以「民主和法制」爲口號，喊出政治制度化，強調黨也要服從憲法。似乎大陸恢復光明的曙光在望。然而一九八二年制定的新憲法，卻將毛澤東時代的「四大」自由（大鳴、大放、大字報、大辯論）的權利刪除，規定人民要服從黨的領導。一九七八年十二月，以北京「民主牆」爲首，開始獨立思考的知識青年民主運動遭到鎮壓；被指爲向外國洩露對越南戰爭情報的魏京生，及眾多民主活動家被逮捕，這些都表示著由黨權力的一元性統治的支配框框仍然不變。㉒

毛氏逝世，一個時代終於結束了。「四人幫」很快就垮台，「凡是」派也沒能支持幾天。「實踐是檢驗真理的唯一標準」，將鄧小平捧上政治高峰，完成它的政治使命之後，也就沒能再繼續。在馬克思主義理論領域中則展開了關於「人道主義」的論爭。「文革」，使人不再是人，在被迫或自願地出賣自己、踐踏自己、喪失掉自己，人們在思想、心理、身體、生活各方面受到空前的痛苦和損傷。而「文革」的崩潰也象徵神的崩潰，人的吶喊、人的價值、人的尊嚴、人性復歸、人道主義成爲新時期開始的時代最強音，它在文學上突出地表現出來，也在哲學上表現出來。它表現爲哲學上重提啓蒙，反對獨斷（教條），反對愚昧，反對異化，當然最集中地表現爲呼喊人道主義，把馬克思主義解釋（或歸納或規範）爲「人道主義」，這當然是對文化大革命以及以前數十年把馬克思主義強調爲階級鬥爭學說的徹底反動，是對「以階級鬥爭爲綱」的根本否定。事實上，強調馬克思主義具有人道主義性質是不錯的，但把馬克思主義解說爲人道主義，也不盡符馬克思當年的原意。㉓然而卻有助於使人從「革命的」、「集體的」旗號下種種抹煞、輕視個體的桎梏中掙脫出來。

大陸文藝界對於文藝與政治關係的再反省，也起始於對毛澤東「延安文藝講話」的質疑入手。毛在講話中明確地規定了「文藝從屬於政治」，「文藝爲政治服務」。一九八〇年中共社會科學院出版的《文學評論》雙月刊，展開文藝和政治關係問題理論性的探討，中共文藝刊物紛紛響應。大約分成四派代表性的意見。儘管這四派人士對文藝與政治關係的討論還在馬克思主義的框框打轉，但是政治迫害文藝、控制文藝的慘痛教訓，促使所有文藝工作者與文藝理論家強烈地要求把文藝從錯誤的控制中解放出來。因此，他們的論點有一個共同的特色，就是一再強調文藝有文藝的特殊規律，爭取文藝相對的獨立與自由。然而官方的意識形態仍未放鬆。（參見第二章第四節第三小節〈鄧小平及後鄧時期的文藝政策與文學新走向〉）

文化大革命結束後，撥亂反正的初年，有關文革的怒氣，可以公開宣洩了，中國學者和知識分子慢慢地回復自我。國內的研究院課程甚至也都恢復了，成千上萬的學生出國深造，在學術會上，中國的學者重新回復人性，可以彼此作意見交流。中國的高等教育在八十年代以促進四化爲名有長足的進步，學校的教育行政人員不再出現如文革中由解放軍派來初中畢業生的情況，代之而起的是由受過大學教育的人擔任。但是，一年復一年，人們注意到有些非常不對的事情發生，這是一種無力的、窮困的、羞辱的感覺。知識分子對政府繼續漠視他們的需要，挫折他們的合理願望很感不滿，而歸國的學者發現他們新學的技能學非所用，在人人都急謀「致富」之際，政府所給予各階層教育的經費是嚴重不足的。一九八七年十一月十五日紐約時報刊登了一篇霍斯·布達菲爾德的特稿，對中國的教育現象表示驚心，他報導中國用於教育經費的平均支出在一百四十九位國家中排名一百三十二。㉔

著名的異議分子方勵之對中共教育政策和它繼續對知識分子採取的菲薄待遇是最有力的批評者。他指出政府給予教師和在工作隊伍中其他知識分子的待遇，在世界上居於最末幾位，待遇僅高於柬埔寨，教育經費僅高於海地。對一個有四千多年文化傳統的國家，這情況是應予譴責的。更嚴重的是國家現存的道德真空。掌權的共產黨人把舊道德摧毀了，但新道德卻遲遲未見，那些所謂革命或共產主義道德已經成爲笑柄。鄧政權告訴人民「致富是光榮的」，無疑鼓勵個人主義最惡劣的一種，卻未能解除社會那些社會主義的束縛，整個形勢變成了「人人爲己」。㉕由此可推知八十年代的學生運動，是有其軌跡可尋的。

(二)六四天安門血腥鎮壓的殘酷事實

一九八六年十二月十五日，保安警察在上海逮捕了參加舞會的學生，對這種沒有逮捕令，又加上無理毆打的非法逮捕，其他同輩學生通過校方提出抗議，要求釋放受害者，也要求警方道歉。各校學生數以千計走上街頭，民眾向他們歡呼並給以飲食。一九八七年一月，中央政府插手處理學運，使用眾所熟知的鎮壓手段解決，許多學生領袖被捕，其他的就被校方開除。一些同情學生的知識分子被驅逐出黨，其中包括了物理學家方勵之，記者劉賓雁，文學批評家劉曉波和作家王若望。最嚴重的還是黨總書記胡耀邦因處理學生騷動事件不當，而遭到法律以外的手段去職。所有這些政府「反自由化」運動的受害人，頓時在知識界人士的心中成為英雄。㉖

一九八九年是中國多事之秋，這一年是五四運動七十週年，也是中華人民共和國在大陸建國四十周年。年初，方勵之寫信給鄧小平，請求大赦政治犯，特別是魏京生。他的行動得到中國三十三位知識分子署名公開支持，許多海外的中國人也紛起響應。香港的「大赦」團體帶著千百計的簽名上京，也在大陸遭到不少阻撓。全國瀰漫著緊張的氣氛，改革運動受挫，貪污橫行，物價高漲，都使得群眾不滿，如火上加油。八九年四月八日，危險訊號出現，政治局在中南海開會，主題是中國教育的諸多問題。在激辯當中，遭貶職的前黨總書記胡耀邦，他素來非常偏向教育改革，突然心臟病發，立刻被送往醫院，七天後的四月十五日不治死去。學生們知悉後立刻張貼大字報以哀悼，和把一個花圈置在天安門廣場上。四月十六日的翌晨，廣場上滿是破碎的瓶子，這是對鄧小平不滿的象徵。鄧是八六年學運後，於八七年下令免胡耀邦之職的。㉗

緊接著就是震驚海內外的六四天安門廣場大屠殺。五四運動後的整整七十年，中國人還在要求起碼的民主人權；在號稱「解放」已四十年的中國大陸，學生及群眾還在嚮往最起碼的自由，這不能不說是中國人的悲哀。更可悲的是，這些謙遜的要求非但不被接受，反而引來暴力的鎮壓，竟演成了六月四日天安門廣場的血腥大屠殺。全世界的眼睛對著螢光幕上的慘劇，穿膛的子彈，壓頂的坦克，民運學生一夕之間成千上百地壯烈犧牲了。據所知，中共政權是以南韓政府處理光州學運的手法做例子，不過南韓學生是武裝的；而北京的學生卻是理性、和平有序的。余光中曾痛心地將此事件與七十年前的五四運動相比較：

> 和七十年前的五四運動相比，這一次的天安門民主運動，始於靜坐，繼以絕食，終於被屠、被捕、被迫逃亡，論態度之堅決、呼聲之沈痛、秩序之井然、時間之持久、人數之眾多、市民之支持、海外與國際之響應，都遠遠超過了從前。但是論場面之慘烈、犧牲之重大，這一次也遠甚於上一次，足見北洋軍閥對待學生運動，比起今日的中共政權來，還顯得溫和許多。㉘

所有這些風起雲湧的民主運動、思想啓蒙活動，對於窒息人性的黑暗社會的批判，曹禺通通缺席了。他的筆尖已澀，口誅筆伐的義憤已凝凍。他一直想再寫出超越年輕時的作品，然而始終沒有寫出來。但是除了周恩來死前囑咐他寫的《王昭君》外，他不再以最心愛的戲劇來寫「遵命文學」，這一點「阿Q式」的骨氣倒還值得肯定的。他轉而寫戲劇評論，提攜後進；並且對民族戲曲的提倡頗爲重視，曾爲文贊賞吉劇、蒲州梆子、川劇、梨園戲等。然而他最關注的還是話劇。

六、遵命文學者的輓歌

㈠懊悔當初太聽話

一九九四年，曾被打入右派的硬骨頭劇作家吳祖光，曾發表〈與曹禺病榻一夕談〉，吳祖光於一九五七年反右運動中，曾經提出一個問題：「屈原是誰領導的？李白、杜甫是誰領導的？關漢卿、湯顯祖是誰領導的？」吳因此受到嚴厲的批判，被判成戲劇界第一號右派分子。但是在無數次批判大會上，也沒有人答得出吳提出的問題。吳祖光一直認爲對於一個國家、一個政府、一個部門、機關、學校都要領導，軍隊尤其要領導。但是文藝創作卻是另外一回事，她是藝術品，她是公開的，不是秘密活動；亦可以說，除法律對她的限制之外，廣大的讀者和觀眾都是她的領導，每個人都有權批評她和欣賞她。因此她的成就和失敗都理當由她自己負責。但她的創作只能是自由的。在過去不久的「四人幫」時代居然有過這樣的說法：「領導出思想，群眾出生活，作家出技巧。」吳祖光痛斥這只能是那個是非顛倒，人妖混淆的時代才能產生這樣的「領導」。曹禺青年時期「三部曲」造就了他一世的輝煌，後來被「領導」後，半個世紀的作品均黯淡無光，正是最佳的例證。㉙

曹禺一直想完成一部表現中國傳統戲曲女演員的生活經歷的劇本，而最終沒有完成。他曾長時間作準備和思考，他的第三任夫人京劇名演員李玉茹也能夠提供更豐富的素材。但使曹禺不能繼續他的宏偉事業的是久久纏身不去的病痛。他住進醫院已經長達六年之久，腎功能衰竭是主要的病，難以根治。伴隨的是其他的老年疾病，曾經有幾次病體稍癒回家，但不久便又回到醫院。吳祖光於六月十八日去醫院看他，和每次相見一樣，雖然時間短暫，總不忘悠悠往昔，曹緊緊握著吳的手，滿懷悵惘，滿腔失落感。而吳祖光也感慨萬千，想著這位不世的作家、戲劇大師，中央戲劇學院院長、北京人民劇院院長、中國戲劇家協會主席、中國文學藝術聯合會主席委員、代表、顧問……浪費了多少精力？消磨了多少年華？他得到的是什麼？讀者和觀眾得到的又是什麼？㉚

這一天同往昔一樣，吳祖光去醫院看他，想到進入這個夏季以來，這一個月中陳白塵、黃佐臨等相繼辭世，不知還有多少次能和曹禺在這個北京醫院坐在一起，拉著手談話？曹禺忽然滿面愁容，又說起了一生寫作上的失落。吳祖光不禁脫口而出地說了一句憋了多年從來沒說出口的話：「你太聽話了！」曹禺的反應太出吳的意料！他幾乎是在喊著：「你說的太對了！你說到我心裡去了！我太聽話了！我總是聽領導的，領導一說什麼，我馬上去辦，有時候還得揣摩領導的意圖，……可是，寫作怎麼能聽領導的？」曹禺激動的情緒慢慢過去，聲音漸漸低下去了。顯然，他明白過來了。但是歲月不居，餘年衰朽，錦繡年華已經過去了。㉛吳祖光為進入桑榆暮年，病榻前真誠懺悔的曹禺，留下一幕最發人省思的速寫畫面。一個被譽為「攝魂」㉜的偉大劇作家，他的作品感動了多少觀眾、讀者。然而他的靈魂卻被穿戴著馬克思社會主義的中國幽靈所「攝」去了，只剩下一具生命的空殼；待他魂魄歸來，人明白了，生命已將走到盡頭了。

㈡唯有死能解脫緊緊綑綁的靈魂

曹禺在臥病多年後，於一九九六年十二月十三日凌晨三時五十五分，在北京病逝，享年八十六歲。沒有留下任何遺言。本來十二月十五日「文聯」將在北京召開第六次代表大會，曹禺原是內定的下一屆「文聯」主席，他在大會召開前逝世，給中共高層的人事安排帶來複雜變數。曹禺一生服從領導，這次做了一次小小的「反叛」，用消極的死來拒絕這個當傀儡的職位。據報載大陸中國作家協會第五次全國代表大會，及中國文學家藝術聯合會第六次大會，將在十五日同時在北京召開，由於這兩項會議在中共內部定爲中共中央召開，規格很高，中共總書記江澤民將發表重要講話。中共中宣部最近已召開會議並作相關部署，以確保大會「萬無一失，不出紕漏」。「作協」及「文聯」此次召開大會，主要工作之一爲選舉主席。中共高層原內定「文聯」主席曹禺連任，和「作協」主席巴金留任，但曹禺前天逝世，打亂是項人事規畫。「文聯」已八年沒有開會，「作協」則是十二年未開會，此次大會，在使文藝在政治上和江澤民爲核心的中共第三代集體領導保持高度一致，強調穩定壓倒一切。若有出席會議的代表發表對中共領導階層批評的言論，一律不得見諸報導，全部以新華社通稿爲準。㉝還是老一套箝制思想模式，而曹禺「缺席」了。

文聯、作協在北京人民大會堂開幕，江澤民在會上要求中共文藝界，要在提高民族自尊心和抵制殖民文化侵蝕上作出更大成績，他說：

社會主義精神文明建設包括文藝工作者，都要堅持以馬克思列寧主義，毛澤東思想，鄧小平建設有中國特色的社會主義理論為指導，……文藝工作者要努力在自己的作品和表演

中，灌注愛國主義、集體主義和社會主義的崇高精神，鞭撻拜金主義、享樂主義、個人主義和一切消極腐敗的現象……。㉞

這時，耳際彷彿傳來曹禺激動的喊聲：「可是，寫作怎麼能聽領導的？」曹禺終於累了，他第一次不服從「領導」，在上級規劃他當文聯主席的前兩天走了，這是一種解脫，唯有死亡能將他被緊緊綑綁的靈魂解脫，他飽受折磨的軀體決定不出席這次會議，不再做黨的馴服工具。

註　釋：

①小島晉治、丸山松幸合著，葉寄民譯，《中國近現代史》，頁三三一。

②秦家懿著述，蘇紹興編修，《上下求索中國魂》，頁二〇九—二一四。

③同註②，頁二一五—二一七。

④同註①，頁三三一。

⑤曹禺，〈應該記住〉，《戲劇電影報》一九八六年十月五日第四十期，引自田本相，《曹禺傳》，頁四二八。

⑥〈擱筆十年的劇作家曹禺重新提筆〉，《中國新聞》一九七八年二月十一日，引自田本相，《曹禺傳》，頁四三〇。

⑦《曹禺年譜》，頁一二九。

⑧曹禺，〈新疆札記〉，原載《文匯報》一九七八年十月八日，《曹禺全集(6)》，頁二五一—二五二。

⑨潘克明，《曹禺研究五十年》，頁一七一—一七二。
⑩巴金，〈毒草病——隨想錄六〉，《講真話的書》（成都：四川文藝出版社，一九九三年），頁一八六。
⑪巴金，〈長官意志——隨想錄八〉，書同註⑩，頁一九六。
⑫馬森，《大陸啊！我的困惑》（台北：聯經出版公司，一九八八年），頁一〇五—一〇八。
⑬田本相，《曹禺傳》，頁四六〇—四六九。
⑭同註⑬，頁四四七。
⑮夏志清，〈曹禺訪哥大紀實——兼評《北京人》〉，《夏志清文學評論集》（台北：聯經文學雜誌社，一九八七年），頁一〇三。
⑯同註⑮，頁一一二—一一三。
⑰同註⑮，頁一二三—一二四。
⑱同註⑮，頁一二六—一二九。
⑲阿瑟．米勒，《美國人看中國人》（海天出版社），引自《曹禺傳》，頁四七一—四七三。
⑳曹禺同田本相在一九八六年十月十八日的談話記錄，《曹禺傳》，頁四七三—四七四。
㉑文事，《中國左禍——中共反右運動歷史紀實（下）》（台北：萬象圖書公司，一九九三年），頁六五〇—六五四。
㉒同註①，頁三〇三—三〇四。

㉓、李澤厚，《中國現代思想史論》，頁二四二—二四三。

㉔、同註②，頁一五九—一六一。

㉕、同註②，頁一六一—一六二。

㉖、同註②，頁一六三—一六四。

㉗、同註②，頁二一八—二一九。

㉘、余光中，〈《我的心在天安門》序言〉，余光中主編，《我的心在天安門》（台北：正中書局，一九八九年），頁一—二。

㉙、吳祖光，〈六十年交情——與曹禺病榻一夕談〉，《聯合報》副刊，一九九四年十月二十日。

㉚、同註㉙。

㉛、同註㉙。

㉜、一九三七年文藝獎金審查委員會對《日出》作者的評語：「他（按：指曹禺）由我們這腐爛的社會裡雕塑出那麼些有血有肉的人物，責貶繼之以撫愛，真像我們這時代突然來了一位攝魂者……。」曹樹鈞、俞健萌，《攝魂——戲劇大師曹禺》（北京：中國青年出版社，一九九〇年）卷頭引語。

㉝、《聯合報》一九九六年十二月十五日兩岸港澳版。

㉞、《聯合報》一九九六年十二月十七日兩岸港澳版。

結　論

曹禺的個人生命史，紀錄著知識分子因對社會的不滿而向「左」靠攏，將共產世界視爲寄寓理想的烏托邦，樂於爲其所用，爲其搖旗吶喊，最終卻受其奴役、迫害的血淚史。曹禺的一頁戲劇創作史，見證著左翼勢力的崛起及開展，以至成爲沛然莫之能禦的澎湃巨流；然而這股洶湧的洪流未經任何節制與導正，旋即形成一股橫肆的亂流，反過頭來吞噬歌頌它的知識分子。在曹禺的身上，也令人信服地看到了一個在野的政治新興勢力，居然可以透過一套高明的文藝策略，輕易地將知識分子玩弄於指掌間，供其運用、操縱，甚至爲它九死而其猶不悔的血淋淋的教訓；文學竟可以成爲顛覆政權及奪權、掌權的工具，成爲滲透及打擊異己的利刃，曹禺的劇作，提供了最佳的典範。

中國左翼文人始終未形成一股激濁揚清足以制衡政治的清流，卻往往淪爲政治的附庸，甚至爲其所利用來打壓異己。曹禺揭發國民黨的腐敗時，是多麼意氣風發，多麼具有道德勇氣！然而他服侍新神祇時，卻又唯唯諾諾、卑躬屈膝，縱然知道新主人給自己甚至整個中國帶來莫大的痛苦，亦不敢大聲質疑。

中共建國後，曹禺正如一尊走了「神」的木偶，寫作的技巧更爐火純青，然而三魂七魄已被攝走了。爲何對國民黨的執政，採道德絕對主義，將政治批判得一無是處；卻輕易地寬容他的政黨，眼睜睜地看著它迫害人民，卻依然做它的應聲蟲？昔日爲民喉舌的現實主義劇作家於今安在呢？不禁又浮現起薩依德對知識分子的高度期許：知識分子是全身投注於批評意識的人，不願接受簡單的處方，現成的陳腔爛調，或平和、寬容的肯定權勢者或傳統者的說法或作法；把知識分子的職責想成是時時維持著警覺狀態，永遠不讓似是而非的事物或約定俗成的觀念帶著走。這些言詞縈懷不去，具有發聾震聵的震撼力。

令人慨嘆的是曹禺之類的左翼文人，懷抱滿腔愛國赤忱與人道主義，卻因強烈的社會關懷而不滿現狀；因不滿現狀而主張激進改革。將奪權的一方視若神祇般供奉，不但自己敬若神明，並且鼓吹大家去膜拜。缺乏分析時弊的能力，對未來出路迷惘無知，卻又率爾提出解決之道。身兼社會現象的分析者、社會問題的診斷者、社會改革的建議者，甚至充當社會改革的行動者，然而他所根據的藍圖竟是虛無縹緲的海市蜃樓。等到聖王的期待落空了，幻想破滅後，一陣尋找替罪羔羊的儀式過後，迫害者依然可以利用美麗的藉口奴役知識分子，民族主義就是屢試不爽的妙方。可怕的是社會意識竟可以經過建構並加以利用，知識分子的確有許多迷思與坎陷尚待克服。如何培養獨立與批判的精神，以及抵抗強權並拒絕權勢誘惑的強項精神，是今日知識分子必須更審愼以對的課題。

附錄：曹禺劇本著譯、刊載、初版及首演時間表

劇名	著（譯）時間	刊載及初版時間	首演時間
雷雨	一九二八年開始構思 一九三三年夏完成①	一九三四年7月《文學季刊》1卷3期 一九三六年文化生活出版社②	一九三五年4月27日在日本東京神田一橋講堂首演。③
日出	一九三四年夏開始構思 一九三五年完成	一九三六年6—9月《文季月刊》1卷1—4期 一九三六年文化生活出版社④	一九三七年2月2日至5日在上海卡爾登大戲院首演。
原野	一九三六年下半年	一九三七年4—8月《文叢》1卷2—5期 一九三七年文化生活出版社	一九三七年8月7日至14日在上海卡爾登大戲院首演。
黑字二十八	一九三八年秋曹禺與宋之的合作改編《全民總動員》，後更名爲《黑字二十八》。	一九四〇年重慶正中書局	一九三八年10月29日在重慶國泰戲院公演。

蛻　變	一九三七年秋開始醞釀 一九三九年完成	一九四〇年4月16日—6月3日《國民公報》 一九四〇年商務印書館	一九三九年秋冬之際在重慶公演
正在想（譯）	一九三九年秋，曹禺根據《紅絲絨的山羊》改編的獨幕劇	一九四〇年7月10日上海《劇場藝術》第二卷六、七期合刊 一九四〇年文化生活出版社	一九三九年10月19日國立劇校演出。
北京人	一九四〇年秋冬	一九四一年文化生活出版社⑤	一九四一年10月24日在重慶抗建堂首演。
家	一九四〇年著手準備 一九四二年夏完成	一九四二年文化生活出版社	一九四三年4月18日在重慶公演。
鍍　金	一九四三年夏，曹禺根據《迷眼的砂子》改編成獨幕喜劇	一九四三年11月《戲劇時代》創刊號	一九四四年2月下旬在重慶首演
柔密歐與幽麗葉（譯）	一九四三年譯自英國莎士比亞劇本	一九四四年3、6月《文學修養》2卷3、4期 一九四四年文化生活出版社	一九四三年在成都公演
橋	一九四二年春—一九四六年初	一九四六年4—6月《文藝復興》1卷3—5期（只發表二幕三場，未完）	
艷陽天（電影劇本）	一九四七年下半年	一九四八年文化生活出版社	一九四七年秋由上海文華影業公司拍攝。
明朗的天	一九五二年開始準備 一九五四年夏完成	一九五四年9月《劇本》及《人民文學》9—10月號合刊⑥ 一九五六年人民文學出版社	一九五四年12月18日北京人民藝術劇院公演。

膽劍篇	曹禺與梅阡、于是之合作 一九六〇年開始準備 一九六一年初夏完成	一九六一年7月《人民文學》7—8月號合刊 一九六二年中國戲劇出版社	一九六一年北京人民藝術劇院公演
王昭君	一九六〇年開始準備 一九七八年10月完成	一九七八年《人民文學》11月號 一九七九年四川人民出版社	一九七九年7月北京人民藝術劇院公演

註　釋：

①由於劇本創作及發表時間，有數種不同說法，本文的著譯時間、刊載及初版時間主要採中國大陸學者王興平精心考證的時間表。見王興平，〈曹禺劇本寫作和發表時間考辨〉，王興平、劉思久、陸文璧主編，《曹禺研究專集（上）》（福州：海峽文藝出版社，一九八五年），頁二七八—二七九；或有闕漏之處，則以《曹禺年譜》等書補遺。

②《雷雨》自發表以來，受到普遍的歡迎，曾印行過許多次，曹禺對劇本也曾進行過幾次程度不同的修改，故《雷雨》的版本基本上有五種：一種是一九三四年發表在《文學季刊》第一卷第三期上的，這是最早的本子；其次是一九三六年文化生活出版社的單行本，作了點小修改，這個本子在中共建國前一直沒再變動；第三種是一九五一年開明書店出版的《曹禺選集》，這一次改動很大，有幾個人物面目大變，第四幕等於重寫；第四種是一九五四年人民文學出版社的

《曹禺劇本選》，又從開明版回到老本子，但作了些必要的修改；一九五七年中國戲劇出版社又根據這個本子出版單行本，一九五九年單行本印行第二版時，又作了不少修改，這就是目前通行的本子。見廖立，〈談曹禺對《雷雨》的修改〉，《曹禺研究專集（上）》，頁六四九。

③田本相、張靖編著，《曹禺年譜》（天津：南開大學出版社，一九八五年），頁二八。以下首演日期主要均據此年譜；或有不足之處，則採相關書籍補遺。

④一九五一年開明書店出版的《曹禺選集》，曹禺對《日出》做了很大的更動，又增添了許多情節及人物，幾乎推翻了原有的架構。一九五四年人民文學出版社的《曹禺劇本選》又回到了老本子，只是文字上略加整理。

⑤一九五一年開明書店出版的《曹禺選集》裡，曹禺也對《北京人》做了修改，只是改動的幅度沒有《雷雨》與《日出》那麼大；一九五四年出版的《曹禺劇本選》，除了文字略加整理外，又回到老本子。

⑥《明朗的天》於一九五四年在《人民文學》和《劇本》開始連載時，預告爲四幕八場，但刊載時卻只有四幕七場，將第四幕的兩場戲刪爲一場；後又再度修改則是爲了參加第一屆全國話劇觀摩演出，由原來的四幕七場改爲三幕六場，刪掉一些蕪雜的情節及不必要的人物。見田本相，《曹禺傳》，頁三七九。